朱伯玉　管洪彦 / 著

HETONGFA FENZE YANJIU

合同法分则

研究

人民出版社

目　　录

第一章　合同法分则概述

　　《中华人民共和国合同法》（以下简称《合同法》）从体例上分为总则、分则和附则三大部分，其中分则部分（第九章至第二十三章）对 15 种有名合同作了明确规定。《合同法》共计 428 条，其中分则部分占 299 条。从法条数量上看，可见分则分量之重。然而，目前学界对合同法的研究有偏爱总则研究的倾向，正如有学者所言："目前，我国大陆对合同法分则中各种典型合同的研究十分薄弱。受各个典型合同的立法规范架构所限，理论上更是缺少合同法分则为主体的宏观研究，这就使得我们对合同法分则的认识基本上处于一种支离破碎的状态，难以把握其整体。"① 合同法作为调整各类交易关系的法律，对市场起着极大的支撑作用，同时也随着市场经济的发展而不断演化和发展。近几十年来，市场经济的发展以及经济全球化的推进，有力地促进了合同法的发展。就典型合同立法而言，其发展趋势展现出一系列的新特征，主要体现在："在价值上注重人文关怀，强化对消费者权益的保护，发展新的典型合同类型，承认混合合同制度，合同规则日益复杂化和技术化，合同法的发展出现国际化与趋同化趋势，示范法功能日趋重要。"②

　　本书运用民法解释方法对合同法分则的法律规范及其相关司法解释进行解释与适用，突出对合同法理论和司法实践中的疑难问题的剖析。

---

　　① 易军、宁红丽：《合同法分则制度研究》，人民法院出版社 2003 年版，第 3 页。
　　② 王利明：《典型合同立法的发展趋势》，载《法制与社会发展》2014 年第 2 期，第 162 页。

一、合同法分则的内涵与外延

合同法分则是指规定各种有名合同的类型、订立、内容以及违约责任等制度的法律规范的统称。简单说就是关于各种有名合同（典型合同）的规定。合同法分则是相对于合同法总则而言的，它是合同法规范体系中的核心组成部分之一，合同法分则主要规范的是各种有名合同。① "在我国民法典尚付阙如，但合同法如辉煌巨制般地对典型合同作出了规定与调整，合同法分则就是在典型合同的基础上所形成的完整体系。"② 有名契约之规范功能最主要体现在其强制性规定对系争契约类型之强制的规整作用，及其任意性规定对系争契约类型之补充的调整作用。③《合同法》分则共15章，分别规定了15种有名合同。

合同法分则可以分为广义的合同法分则和狭义的合同法分则。狭义的合同法分则仅指我国《合同法》中分则（有关15种有名合同）的规定。广义的合同法分则指所有调整各种有名合同的法律规范。广义的合同法分则不仅限于《合同法》分则的规定，还包括《保险法》中的保险合同，《著作权法》中著作权转让合同、许可合同，《物权法》的抵押合同、保证合同、定金合同等。本书的研究仅限于对狭义的合同法分则的研究。

二、合同法分则的功能

合同法分则作为整个合同法规范体系中的骨干部分，对指导立法、规范司法、引导缔约等方面起着重要作用。

（一）指导立法

从立法层面分析，合同法分则承担着两项基本功能：一是将合同法总则中的一般性规定结合典型的交易类型进行具体化规定；二是结合各种具

---

① 有名合同是相对于无名合同而言的概念。有名合同是指法律上或者经济生活习惯上按其类型已确定了一定名称的合同，又称典型合同。无名合同，又称为非典型合同，是指法律上未设特别规定的合同。

② 王利明：《典型合同立法的发展趋势》，载《法制与社会发展》2014年第2期，第162页。

③ 黄茂荣：《买卖法》，中国政法大学出版社2002年版，第4页。

体交易类型的自身特点作出不同于总则一般规定的特别性规定。从立法视角分析，合同法分则对于合同法功能的实现具有不可或缺的作用。

（二）规范司法

合同法分则为法官裁判各种有名合同纠纷提供了较为明确的规范指引。这是因为："合同法分则中包含有大量的裁判规范，用来指导法官正确地解决纠纷。合同法分则具有类型化功能，并允许在类似情况下类推适用。"[①] 而且，合同法分则的明确性规定可以避免法官的自由裁判权过大，有助于实现合同司法裁判的正义价值。更为重要的是，合同法分则为现实生活中实际缔结的不明了、不完全的合同内容起到解释补充作用，使它们成为一个明了、完全的契约提供了解释根据。

（三）引导缔约

现实生活中，缔约当事人基于自己的经济目的和认识的有限性，在订立合同的过程中对各种规则的设计难免有思考不周全之处，造成意思表示的不明确或者不一致的漏洞。合同法分则对各种有名合同的概念、内容、订立、成立、效力、履行、变更、解除、违约责任等做了明确的规定，这能够为当事人正确缔约起到有效的指引作用，获得有效弥补当事人认识能力不足的效果。缔约当事人参照合同法分则规定签订合同，能够在较大程度上避免合同漏洞的出现，进而降低交易成本、提高交易效率。

三、合同法分则的内在逻辑性

民法的理论体系极具逻辑体系性。就债法而言，债法总则是各种具体之债的抽象性规则和原理的提炼。合同法总则与合同法分则是一般和具体的关系。"作为整个合同运行的基本规范，抽象的合同法总则多辅之以具体的合同法分则，这样便形成了以合同法总则为指导，以合同法分则为具体表现，总则与分则相结合，抽象与具体相结合的立法模式。"[②] 就合同法分则而言，合同法分则规定的各种有名合同也具有其内在逻辑性。"我国

---

① 王利明：《合同法研究》（第三卷），中国人民大学出版社 2012 年版，第 21 页。
② 陈小君主编：《合同法学》，高等教育出版社 2003 年版，第 22 页。

《合同法》规定的 15 种有名合同，具有自身的内在逻辑性，这不仅是因为它们符合有名合同的共性，而且，它们主要是围绕交易关系而形成的，所以《合同法》关于有名合同的规定，基本上都是围绕交易实践而构建出来的。我国《合同法》分则的规定基本上是按照债务人给付的标的物的依据物、工作成果、劳务的基本体系展开的。"①

基于合同法分则的内在逻辑体系性，本书的体系设计真实地反映合同法分则的内在规则体系，从宏观上对合同法分则的规范体系进行了科学的理论整合。具体而言，将 15 种有名合同分为 5 类。

1. 转移财产所有权的合同。包括买卖合同，供用电、水、气、热力合同，赠与合同以及借款合同。考虑到买卖合同地位的重要性和体系的庞大性，将本类合同再分为买卖合同和其他转移财产所有权的合同。

2. 转移财产使用权的合同。包括租赁合同和融资租赁合同。

3. 完成并交付工作成果的合同。即成果之债，包括承揽合同和建设工程合同。

4. 提供劳务的合同。即行为之债，又分为三小类，分别为：运输合同，保管合同和仓储合同，委托合同、行纪合同和居间合同。

5. 技术合同。考虑到技术合同的复杂性，将技术合同（包括技术开发合同、技术转让合同、技术咨询合同和技术服务合同）单列作为一种独立的类型。

四、合同法分则的法律适用

（一）合同法分则与总则的关系

合同法总则和分则的关系总体而言是普通法和特别法的关系。总则规定的是有关合同的订立、合同的效力、合同的履行、合同的变更和转让、合同的权利义务终止、违约责任的有关规定；分则规定的是各种有名合同的概念、内容、订立、成立、效力、履行、变更、解除、违约责任等。一方面，合同法总则对分则具有指导作用。合同法总则作为高度抽象的规则，

---

① 王利明：《合同法研究》（第三卷），中国人民大学出版社 2012 年版，第 9 页。

它是从各种有名合同中提取的共性规则，总则中的规则对分则中各种有名合同均具有一定的指导作用。另一方面，根据"特别法优先于普通法"的法律适用规则，在适用合同法规范的过程中，分则的规定具有优先于总则规定的效力。《合同法》第一百二十四条的规定体现了该种精神："本法分则或者其他法律没有明文规定的合同，适用本法总则的规定，并可以参照本法分则或者其他法律最相类似的规定。"

（二）无名合同规则的"参照"适用

合同法分则中有名合同的规定为有名合同的缔约当事人和法院裁判提供了有效的规范指引，但是现实生活中有名合同毕竟是少数。从法制史和比较法的角度考察，合同的有名或无名纯粹是成文法文化的产物，成文法文化伴随着列举不周全的局限。"以成文法形式表现的合同法则，不可能穷尽社会中所有的（包括现在和将来的）交易形态，有名合同仅是具有一定的成熟性和交易上的典型性的合同。在社会生活中，除有名合同外，还有为数众多的无名合同。从合同法的基本原则来看，无名合同的存在是合同自由原则的客观表现。合同法的精神是自由，当事人在不违反社会公德和社会公共利益以及强行性法律规范的前提下，可以自由地决定合同的类型及其内容，在有名合同有限的情况下，相当数量的合同即表现为无名合同。"① 因此无名合同的法律适用问题就成为一个不可忽略的问题。

无名合同的基本类型主要是三种。其一是纯粹的无名合同，指合同的内容与有名合同毫不关涉的合同，这种无名合同以不属于任何有名合同的事项为内容。其二是准混合同，即在一个有名合同中，既有属于典型合同的内容，也有有名合同的有关法律中未予涉及的内容。换言之，这种无名合同是有名合同与无名合同混合在一起的合同。其三是混合合同，指一个合同所包含的内容是几个有名合同内容的综合的合同。对于各种类型的无名合同的处理理论上有不同观点。通说认为，对于纯粹的无名合同，应该按照合同法的一般规则处理。对于混合合同和准混合合同则有不同的理解，主要有三种观点：一是吸收主义，即区分合同的主要内容和次要内容，由

---

① 屈茂辉：《论无名合同及其法律适用》，载《人民法院报》2000年11月4日，第3版。

主要内容吸收次要内容，从而适用主要内容的有名合同的规则；二是结合主义，即分解各种有名合同的规定而寻求其法律要件，以发现其法律加以调和统一，创造一种混成法而予以适用；三是类推适用主义，即考虑当事人订约的经济目的及社会机能，就无名合同的事项类推适用有关各有名合同的特别规定。[①] 第三种观点是各国民法的通说。《合同法》第 124 条明确了无名合同的法律适用规则："本法分则或者其他法律没有明文规定的合同，适用本法总则的规定，并可以参照本法分则或者其他法律最相类似的规定。"因此，根据该条的规定，对于合同法分则以及其他法律没有明确规定的无名合同，可以适用合同法总则的规定。最为重要的是可以"参照本法分则或者其他法律最相类似的规定"。这事实上明确了无名合同的参照适用规则，即类推适用规则。

值得探讨的是，判定无名合同与有名合同"最相类似"的标准。此处的"最相类似"是一个内涵非常模糊的概念。对此，按民法学界的通说，一般是以主给付义务为标准对各种有名合同进行分类的。如无名合同的主给付义务为转移所有权的，则其与买卖合同最相类似，若其给付义务是提供劳务，则其与委托合同最相类似。[②] 当然，除了"参照"适用其他类似规定外，其他为公认的法律适用规则同样是适用的。正如台湾"民法"第 1 条所规定的："民事，法律所未规定者，依习惯，无习惯者，依法理。"因此，在无名合同的法律适用过程中，习惯和法理在符合一定条件下也可以作为补充性法律渊源。

[①] 郭明瑞、房绍坤：《新合同法原理》，中国人民大学出版社 2000 年版，第 21 页。
[②] 屈茂辉：《论无名合同及其法律适用》，载《人民法院报》2000 年 11 月 4 日，第 3 版。

第二章　买卖合同

　　买卖合同是《合同法》规定的最重要的一种有名合同，在《合同法》中共有 46 个条文（第 130 条—175 条）；《最高人民法院关于审理买卖合同纠纷案件适用法律问题的解释》（以下称《买卖合同司法解释》）再次设 46 个条文对买卖合同的成立及效力、标的物交付和所有权转移、标的物风险负担、标的物检验、违约责任、所有权保留、特种买卖以及其他问题做了详细的规定。从法律规范的配置数量上就足可以看出买卖合同的重要性。从经济学意义上说，买卖合同是财产流转的基本法律形式。买卖合同是商品交换的典型形式。买卖是商品经济的产物，又是促进商品经济发展的手段。从法律意义上讲，买卖合同是典型的双务有偿合同，是财产流通的基本法律形式。[①] 不少学者对买卖合同的重要性均做了经典表述。"买卖为关于交易之基本的契约，自古行之。契约法之理论，多胚胎于此。买卖在自由经济社会，为营利行为之代表的方法"。[②] "买卖作为人类经济生活中最普遍的法律行为，它也是人类社会最原始、最基本的交易形式。人类社会最早的合同法，是以买卖规则为基本内容的。各国合同法设定的规则，也是在买卖规则的基础上发展起来的"。[③] "买卖合同——这种最原始，也是最现代的工具，一次次地完成了物权在不同主体间的移转，维系着社会的

[①]　郭明瑞、王轶：《合同法新论·总则》，中国政法大学出版社 1997 年版，第 9 页。
[②]　史尚宽：《债法各论》，中国政法大学出版社 2000 年版，第 1 页。
[③]　崔建远主编：《新合同法原理与案例评释》，吉林大学出版社 1999 年版，第 926 页。

分工协作，同时也实现着法典化国家物权与债权的完美结合"。① "买卖合同是所有有偿合同的典范，是社会经济生活中最典型、最普遍、最基本的交易形式。人民法院司法统计数据显示，历年来民商事纠纷案件中，买卖合同纠纷案件的数量一直相当庞大，即便是 2008 年全球金融危机蔓延过程中发生的民商事纠纷，买卖合同纠纷数量也是位居首位。无论是交易实践还是审判实务，均表明买卖合同是现实经济生活中最基本、最常见也最重要的交易形式。合同法第九章通过 46 个条文规定了买卖合同法则，居于合同法分则规定的有名合同之首，买卖合同案件审理中需要遵循的原则和判断标准亦常为其他有名合同所借鉴，因此，在合同法分则中占据统领地位的买卖合同堪称合同法的'小总则'。"②

基于买卖合同在市场经济环境下的重要地位和买卖合同规则法律适用中的复杂性，本书设专章对买卖合同进行研究。

第一节　买卖合同概述

一、买卖合同的概念和特征

买卖合同，是出卖人转移标的物的所有权于买受人，买受人支付价款的合同。在买卖合同中，按照合同的约定转移标的物的所有权的人称为出卖人或卖方、卖主，按照合同约定取得财产并支付价款的人称为买受人或买方、买主。买卖合同是最基本、最大量、最典型的一种合同，在社会生活中最为常见。

买卖合同具有以下特征：

1. 买卖合同是转移标的物所有权的合同

买卖合同是转移财产所有权的合同，买方支付价金取得的是对方交付财产的所有权，即实现标的物的权利义务完整的转移。这一点与其他交付

---

① 李永军：《合同法》，法律出版社 2010 年版，第 793 页。

② 最高人民法院民二庭庭长宋晓明就《最高人民法院关于审理买卖合同纠纷案件适用法律问题的解释》答记者问，载《人民法院报》2012 年 6 月 6 日，第 1 版。

标的物的合同如保管合同、租赁合同、运输合同等合同区别开来。在买卖合同中，出卖人对合同标的物的所有权因出卖而消灭，买受人对合同标的物的所有权因买受而发生，从而使标的物的所有权由出卖人转移至买受人。同时，买卖合同又是以金钱作为财产所有权转移对价的合同，与其他非以价金作为合同标的的转让财产所有权的合同区别开来，如互易合同。由于买卖合同是对标的物所有权的处分，所以，出卖人一般要有处分权，《合同法》第 132 条规定，出卖的标的物，应当属于出卖人所有或者出卖人有权处分。法律、行政法规禁止或者限制转让的标的物，依照其规定。

2. 买卖合同是双务合同、有偿合同

买卖合同中，双方当事人都享有一定的权利，互负相应的义务。卖方负有交付标的物并转移所有权给买方的义务，买方也同时负有向卖方支付价款的义务，从而形成对价关系。这一特征使得买卖合同与其他无偿转移财产所有权的合同如赠与合同等区别开来。

3. 买卖合同是诺成性合同

买卖合同，双方当事人意思表示一致，合同即成立生效，而不需要当事人一方交付合同标的物，所以是诺成合同，不属于实践合同。买卖双方当事人交付合同标的物的行为，是合同的履行行为，与合同本身的成立与生效无关，这与须转移标的物才成立生效的合同如保管合同等区别开来。

4. 买卖合同一般是不要式合同

买卖合同的成立和生效，法律法规并未要求特别形式，所以买卖合同为不要式合同。至于合同双方当事人选择何种形式成立合同，是采用书面形式抑或口头形式等，双方当事人有选择权，不影响合同本身的成立与生效。但是，这并不否定在特殊情况下，法律法规规定合同须满足特殊的形式，即合同成为要式合同。如《合同法》第 10 条规定："当事人订立合同，有书面形式、口头形式和其他形式。法律、行政法规规定采用书面形式的，应当采用书面形式。当事人约定采用书面形式的，应当采用书面形式。"

5. 买卖合同为有名的要因合同

买卖合同是合同法上明确规定的合同，因而属于有名合同。买卖合同的当事人都有明确的目的；卖方以取得价款为目的，买房以取得标的物的所有权为目的。当事人的这一目的，也就是买卖的原因。因此，买卖合同为要因合同。但买卖当事人实施买卖的动机并不构成买卖合同的原因。因此，买卖双方当事人的动机如何，一般不影响合同的效力。[①]

6. 买卖合同属于负担行为

买卖行为是典型的债权行为。"债权行为的效力特征在于使当事人之一方或双方因之对于他方负给付义务，因此，债权行为属于一种负担行为。"[②] 负担行为是相对于处分行为而言的，它是指一个人相对于另一个人（或若干人）承担为或不为一定行为之义务的法律行为。它的首要义务是确定某项给付义务，即产生债务关系。一般说来，负担行为是以发生债权债务为内容的法律行为，也叫债权行为。一般说来，对于交易的过程，负担行为仅仅是手段而非目的，是暂时的，是物权或其他权利变动的准备阶段。国内学者一般认为，我国立法中不承认物权行为的独立性，我们认为承认负担行为和处分行为的区分并不意味着承认物权行为的独立性。"买卖契约成立生效，除同时完成处分行为外，当事人间之权利义务，并不因之发生变动。惟买卖关系的成立，出卖人负有移转财产权之义务，同时取得请求支付价金之权利；反之，买受人负有支付价金之义务，同时取得请求移转财产权之权利，故买卖属于债权契约，亦属负担行为。"[③]

二、买卖合同的种类

买卖合同依据不同的标准，可以作不同的分类，主要分类如下。

（一）一般买卖合同和特种买卖合同

这是根据法律有无特别的规定来区分的。一般买卖合同是指法律上未作特殊规定的买卖，它适用于合同法关于买卖合同的一般规定，此类买卖合同是最常见的，占绝大多数。特种买卖合同是法律有特别规定的买卖，适用法律关于买卖合同的特别规定。合同法规定的特种买卖包括分期付款

---

① 郭明瑞、王轶：《合同法新论·总则》，中国政法大学出版社 1997 年版，第 5 页。
② 黄茂荣：《买卖法》，中国政法大学出版社 2002 年版，第 4 页。
③ 邱聪智：《新订债法各论》（上），中国人民大学出版社 2006 年版，第 59 页。

买卖、样品买卖、试验买卖、招标投标买卖、拍卖等。对特种买卖合同而言，除适用合同法关于买卖合同的一般性规定外，应优先适用合同法关于该类合同的特别规定。

（二）特定物买卖合同和种类物买卖合同

这是根据标的物性质的不同来区分的。特定物买卖合同是以特定物为合同的标的物的买卖合同。《合同法》第133条规定："标的物的所有权自标的物交付之日起转移，但法律另有规定或者合同另有约定的除外。"这里的"另有规定或者另有约定"一般指特定物的所有权转移的情形。由于特定物不可替代，一旦作为买卖合同的标的物的特定物毁损、灭失，则发生合同履行的不能。种类物买卖合同是以种类物作为合同的标的物的买卖合同。由于种类物未特定化，可以用其他品质、特征、价值相同的同种物予以替代，所以，一旦买卖合同的标的物毁损、灭失，则不发生合同的履行不能。

（三）强制买卖合同与任意买卖合同

这是根据当事人有无订立买卖合同的自由来区分的。强制买卖合同是以国家强制力而非基于当事人的自由意志产生的买卖合同，包括强制收购、国家计划合同、强行拍卖等。由于此类合同在一定程度上违反了合同的基本原则，所以其适用应受到严格限制，一般来说，只有法律明确规定时才能适用。任意买卖合同是基于当事人的自由意志而产生的合同，此类合同是最普遍、大量的，绝大多数均是。

（四）即时买卖合同和非即时买卖合同

这是根据合同履行时间的不同来区分的。即时买卖合同是在买卖合同成立时即为给付并完结的合同。平常所说的一手交钱一手交货的买卖即是此类合同。非即时买卖合同是订立合同以后的一定期限内履行的买卖合同，又分为定期买卖合同和不定期买卖合同。

（五）竞争性买卖合同和非竞争性买卖合同

这是根据合同订立方式的不同来区分的。竞争性买卖合同是指以公开竞价的方式，将标的物出卖给出价最高的竞价者而成立的合同。拍卖和招标是典型的竞争性买卖。非竞争性买卖合同是指当事人双方协商一致成立的买卖合同，这种成立买卖合同的过程是一对一式的。

（六）一次性买卖合同和连续交易买卖合同

这是根据当事人的买卖是否一次完结来区分的。一次性买卖合同是指当事人只给付一次即完结的买卖合同。而连续交易买卖合同是指当事人在一定的期限内连续多次交易的买卖合同。这种合同的每次履行都具有关联性，时间越长给付越多，如长期供货合同等。

第二节　买卖合同的成立与效力

一、买卖合同的成立

买卖合同的成立需要具备合同成立的一般要件。一般来说，买卖合同的成立需要主体、意思表示和标的。《合同法》第8条对合同应该具备的条款进行列举性规定，然而一般情况下并非需要具备上述全部的列举性规定合同才能成立。出于鼓励交易、繁荣市场经济的考虑，合同一般只要具备当事人、标的和数量就可以成立。《合同法》司法解释（二）对此作了规定。① 买卖合同是大量合同中的一种，除需要具备合同成立的一般规定外，还有其特殊性。

（一）买卖合同的当事人

买卖合同的当事人就是指出卖人和买受人，与其他合同相比较没有特殊的要求。出卖人是指在买卖合同中负有交付标的物并移转标的物所有权，收取标的物价金的当事人。根据我国合同法第132条的规定，出卖人应当是标的物的所有人或者有权处分标的物的人。买卖合同的双方当事人可以

---

① 《最高人民法院关于适用〈中华人民共和国合同法〉若干问题的解释（二）》（法释〔2009〕5号）第一条规定：当事人对合同是否成立存在争议，人民法院能够确定当事人名称或者姓名、标的和数量的，一般应当认定合同成立。但法律另有规定或者当事人另有约定的除外。对合同欠缺的前款规定以外的其他内容，当事人达不成协议的，人民法院依照合同法第61条、第62条、第125条等有关规定予以确定。

是自然人、法人或其他组织，但双方应当具备订立合同相应的行为能力。

1. **出卖人**

根据法律法规的规定，出卖人除了标的物的所有权人以外，还主要包括：

（1）抵押权人或质权人。依据物权法的规定，抵押权人或质权人在债务人不履行债务时，有权将抵押物或质物进行变卖或拍卖，以所得价款优先受偿。

（2）留置权人。依据物权法的规定，留置权人依照合同合法占有债务人的动产，当债务人在规定的期限内不履行债务时，依法可以将该留置财产折价或拍卖，以所得价款优先受偿。

（3）行纪人。行纪人是接受委托人的委托，以自己的名义为委托人进行交易的人。为委托人办理寄卖、寄买等业务时，可以成为买卖合同的卖方来处分受托人的财产。

（4）经营权人。国有企业对国家授予它经营管理的财产享有经营管理权，即有占有、使用和依法处分的权能，因此国有企业虽然不是所有权人，仍然可以成为买卖合同的卖方。

（5）人民法院。依据民事诉讼法规定，人民法院可以按照规定交有关单位拍卖或者变卖被查封、扣押的财产。此时，人民法院成为有权处分财产的卖方。

另外，还有破产企业的管理人。在企业申请破产的情形下，管理人有一定的权限，其中包括在一定条件下处分破产企业财产的权利。[①]

需要说明的是，无权处分人出卖他人财产，如果买受人为善意而满足善意取得制度的构成要件，则买受人可以取得该项财产。在这种情况下，处分人虽无处分该财产的权利，但仍然可以成为出卖财产的卖方。

2. **买受人**[②]

买受人是买卖合同中接受标的物并支付价款的一方当事人。除法律有特别规定的情况外，任何公民、法人和其他社会组织均可成为买卖合同的

---

① 王利明：《合同法研究》（第三卷），中国人民大学出版社 2012 年版，第 59 页。
② 李玫：《买卖合同的当事人资格》，载《法学研究》1999 年第 2 期，第 149—150 页。

买受人。我国合同法没有对买受人的资格问题作出限制性的规定，但是根据其他法律的直接规定或者民法的基本原则，或者具体买卖合同的特别性质，某些具有特别身份的人不得成为某些特定买卖合同的当事人尤其是买受人。

（1）监护人

监护人负有保护被监护人、维护被监护人合法利益的责任。如果监护人购买被监护人的财物，监护人就很难正确履行监护职责，并有可能侵害被监护人的利益。因此，监护人不得成为被监护人出卖的标的物的买受人。

（2）代理人

代理人不能购买其受委托出卖的财产而成为该买卖合同的买受人（即禁止"自己代理"）。禁止自己代理形成买卖关系，是为了维护基于信任而建立的代理关系，维护被代理人的合法权益，避免代理人从中作弊，为自己谋取不当利益。

（3）拍卖公司及其职员

拍卖公司及其职员不得购买受委托拍卖的财产，成为该买卖合同的当事人。禁止拍卖公司及其工作人员购买受委托拍卖的财产，是为了保证拍卖的公开、公平和公正，避免拍卖公司及其职员作弊或者利用对拍卖品的信息优势而为自己谋取不当利益，损害委托人的利益或者损害公众竞买人的利益。

（4）公务官员

公务官员出售变卖财产，是一种行使国家权力的公法行为。其在行使这一权力时往往对标的物的定价等方面具有决定权。允许其购买此等财物，存在营私舞弊之嫌疑。为了维护公权行使之公正，杜绝公务官员以权谋私，对于依职权由公务官员出售、变卖的财产，该公务官员不得购买，其配偶等近亲属也不得购买。

（5）法官、检察官、其他司法人员和中介服务人员

法官、检察官、行政执法官员以及律师等中介服务人员，对于罚没财产、争讼财产等不得购买，其配偶等近亲属也不得购买。作出此等限制，或者是为了保障执法环节的廉政，或者是为了保障相对人的合法权益免受

不法侵害。

（6）军队、司法机关和其他禁止经商的部门

我国已经明文规定军队、司法机关和行政执法机关禁止经商，因此这些机关单位不得成为经营性买卖合同的当事人。作出这样的规定，是为了维护社会主义市场经济的正常秩序，避免权钱交易，防止不平等契约和腐败现象的发生。

（7）公司的董事、经理

我国公司法第61条第2款规定："董事、经理除公司章程规定或者股东会同意外，不得同本公司订立合同或者进行交易。"（此规定同样适用于股份有限公司的董事、经理——公司法第123条）作此规定，是为了防止公司的经营管理人员为牟取私利，利用其在公司中的特殊地位损害公司的利益。

（二）买卖合同的标的物

买卖合同的成立生效，需要合同的标的物符合法律的规定要求。所谓标的，是指合同当事人双方权利义务共同指向的对象。

1. 买卖合同标的物的范围

买卖合同的标的物的范围，大体有两种立法例：一是买卖仅限于货物买卖，以英美法的买卖为代表。依此立法例，买卖合同是指卖方向买方转移货物的所有权，买方为此支付价款的合同。二是买卖合同不仅限于货物买卖，也包括其他财产权利的交易，以大陆法系的立法为代表。依此立法例，买卖合同是指卖方将财产所有权及其他财产权利移转给买方，买方为此支付价款的合同。① 台湾地区"民法典"第345条第1款规定："称买卖者，谓当事人约定一方转移财产于他方，他方支付价金之契约。"《德国民法典》、《日本民法典》等也有相似规定。这里的财产是指财产权。"财产权者，具有经济利益而得为交易标的之法益。其范围包括物权、准物权、债权、无体财产权、社员权、电话使用权，以及占有等。"②

我国合同法中的买卖仅指以物为标的物即转移所有权的买卖，不仅不

---

① 郭明瑞、房绍坤：《新合同法原理》，中国人民大学出版社2000年版，第417—418页。

② 邱聪智：《新订债法各论》（上），中国人民大学出版社2006年版，第49页。

包括诸如土地使用权的转让、专利权转让的买卖，而且也不包括习惯称为"买卖"的其他交易，如股票买卖、路名权买卖、电话号码拍卖。[①] 这从我国合同法中买卖的定义可窥一斑。[②] "从《合同法》第 130 条的规定来看，买卖合同的标的物限于有体物。因为只有有体物才能实际交付，并移转所有权。所谓有体物，是指具有一定的物质形体，能够为人们所感知的物。有体物包括的范围非常广泛，除权利以外的一切物质实体，即物理的物。它不仅包括占有一定空间的物（各种固体、液体和气体），还包括电、热、声、光等自然力或能（energies）。"[③] "买卖合同的标的物必须是有体物，不包括财产权。既然《合同法》第 130 条明确规定为移转标的物的所有权，因此我国买卖合同的标的物不包括其他财产权，如债权、知识产权等，对于这些权利的买卖应当是参照买卖合同的有关规定处理。"[④] 《买卖合同司法解释》确认了权利转让等有偿合同的参照适用规则。该司法解释第 45条规定："法律或者行政法规对债权转让、股权转让等权利转让合同有规定的，依照其规定；没有规定的，人民法院可以根据合同法第一百二十四条和第一百七十四条的规定，参照适用买卖合同的有关规定。权利转让或者其他有偿合同参照适用买卖合同的有关规定的，人民法院应当首先引用合同法第一百七十四条的规定，再引用买卖合同的有关规定。"

需要注意的是，买卖合同的标的物不断扩张是发展趋势。"在未来民法典的构建中，有必要扩张买卖合同的标的物范围，使其包含一些新型的财产类型，同时其应具有一定的开放性，以适应未来市场经济的需要。"[⑤] 值得关注的是，《最高人民法院关于审理买卖合同纠纷案件适用法律问题的解释》（法释〔2012〕8 号）对此作了突破。该司法解释第 5 条规定："标的物为无需以有形载体交付的电子信息产品，当事人对交付方式约定

[①] 郭明瑞、房绍坤：《新合同法原理》，中国人民大学出版社 2000 年版，第 418 页。

[②] 《合同法》第 130 条规定：买卖合同是出卖人转移标的物的所有权于买受人，买受人支付价款的合同。这里的买卖标的物仅限于"所有权"的转移。而根据《物权法》第 39 条的规定，所有权人的客体仅限于不动产或者动产。

[③] 李双元主编：《比较民法学》，武汉大学出版社 1998 年版，第 247 页。

[④] 姚欢庆、陈亚飞：《买卖合同若干法律问题研究》，载《浙江社会科学》2002 年第 6 期，第 84 页。

[⑤] 王利明：《合同法研究》（第三卷），中国人民大学出版社 2012 年版，第 46 页。

不明确，且依照合同法第六十一条的规定仍不能确定的，买受人收到约定的电子信息产品或者权利凭证即为交付。"该条的主要目的在于明晰电子信息产品的交付规则，但实际上从侧面反映了最高人民法院认为买卖合同标的物已经不仅限于传统的动产和不动产，电子信息产品这种新型的物也成为买卖合同的标的物。对此，有学者指出："买卖的标的物，应不限于物的所有权，还应包括债权（一般债权、证券债权）、所有权外的其他物权（基地使用权、农地承包经营权等）、准物权（水权、矿业权、渔业权等）、知识产权（著作权、商标权、专利权）、社员权（如公司股票）等财产权以及占有。我国合同立法实有必要将买卖标的物的范围由'所有权'扩展至财产权。"① 该学者还指出："我国《合同法》第一百三十条将买卖合同内涵规定得较为狭窄。其实，买卖的标的物，应不限于物的所有权，而应扩及于财产权。《买卖合同司法解释》第五条将电子信息产品纳入买卖标的物的范畴，在制度上已有所突破。未来物作为买卖交易客体具有充分的必要性，从买卖合同司法解释起草的过程来看，起草者已承认未来物得为买卖标的物。从民法技术层面而言，出卖他人之物的买卖合同完全有效，他人之物可作为买卖合同的标的物。而处分权受限制的自己之物亦可作为买卖标的物，其合理性自不待言。"②

买卖合同的标的物除了有上述物理形态的要求外，还有质的要求，那就是"法律上得为交易的标的"，即必须是法律上可融通物。"基于公益，法律禁止买卖者；法律上禁止让与之权利，一般所称之专属性权利"，不得为买卖合同的标的。③ 我国《合同法》第 132 条规定，出卖的标的物，应当属于出卖人所有或者出卖人有权处分。④ 法律、行政法规禁止或者限

---

① 宁红丽：《论我国买卖合同的标的物范围——以〈买卖合同司法解释〉为主要分析对象》，载《宁夏社会科学》2013 年第 5 期，第 11 页。

② 宁红丽：《论我国买卖合同的标的物范围——以〈买卖合同司法解释〉为主要分析对象》，载《宁夏社会科学》2013 年第 5 期，第 14 页。

③ 邱聪智：《新订债法各论》（上），中国人民大学出版社 2006 年版，第 50 页。

④ 《最高人民法院关于审理买卖合同纠纷案件适用法律问题的解释》第 3 条规定："当事人一方以出卖人在缔约时对标的物没有所有权或者处分权为由主张合同无效的，人民法院不予支持。出卖人因未取得所有权或者处分权致使标的物所有权不能转移，买受人要求出卖人承担违约责任或者要求解除合同并主张损害赔偿的，人民法院应予支持。"该条实际上反映了《物权法》中确定的债权行为与物权变动的区分原则。

制转让的标的物，依照其规定。可见，买卖合同一般为财产性合同，买卖合同的标的物一般应为实物。标的物可以是动产，也可以是不动产；可以是特定物，也可以是种类物；可以是现实存在的物，也可以是将来产生的物。但是，无论如何，买卖合同标的物都应符合法律规定，否则，该买卖合同无效。

禁止转让的标的物不能作为买卖合同的标的物。依我国法律、行政法规的规定，下列物品属于禁止转让的标的物：（1）专属国家或集体所有的财产。如土地、森林、矿藏、水流、山岭、荒地等。（2）禁止自由流通买卖的财产。如毒品、枪支弹药、淫秽、走私物品、受国家保护的珍贵文物等。（3）违反产品质量法规定的产品。如假冒伪劣产品、没有检验合格证的产品、国家明令淘汰的产品、已过保质期的产品等。（4）受国家保护的珍贵动植物。如国家一级保护动物等。（5）违反其他法律、行政法规规定的产品。如违反安全、卫生、环保、计量等法律、法规的产品等。

2. 出卖人缔约时对标的物无权处分及其法律后果

《合同法》第 132 条第 1 款规定："出卖的标的物，应当属于出卖人所有或者出卖人有权处分。"《合同法》第 51 条规定："无处分权的人处分他人财产，经权利人追认或者无处分权的人订立合同后取得处分权的，该合同有效。"根据上述条文，出卖人在缔约时对标的物无处分权会产生什么样的法律后果呢？一般人会根据上述条文得出这样的结论：无处分权的人处分他人财产，如果未经权利人追认或者无处分权的人订立合同后也没有取得处分权的，该合同就是无效的。对此问题，当然对此问题有合同无效说、效力待定说和完全有效说等多种观点之争。这些结论是否正确，应该如何取舍，这需要结合有关民法原理和《合同法》、《物权法》有关规定进行综合分析。

无权处分是指没有处分权而处分他人财产。无权处分的意义与民法理论上的负担行为和处分行为紧密相关。负担行为是指发生债法上给付义务效果的行为，它表现为债权行为；处分行为是指直接发生财产权利移转或消灭的行为，它表现为物权行为和准物权行为。负担行为的法律效果是债权的产生和变更，处分行为的效果是财产权利的产生和变更。区分二者实际主要意义在于：处分行为的有效需要以处分权人具有处分权为要件，而负担行为则不需要负担义务者有处分权为必要。所以在出卖人缔约时对标的物无权处分的情形下的行为效力如何关键在于认定这里的处分是负担行为还是处分行为。如果认为是处分行为的话，那么行为效力肯定会有影响，如果认定为是负担行为的话则不受影响。目前我国已经接受"物权变动的原因和结果的区分原则"。《物权法》第 15 条规定："当事人之间订立有关设立、变更、转让和消灭不动产物权的合同，除法律另有规定或者合同另有约定外，自合同成立时生效；未办理物权登记的，不影响合同效力。"根据此规定，将《合同法》第 51 条规定的处分定位为处分行为，而不包括负担行为，问题就迎刃而解。即可以认为无处分权的人处分他人财产订立的合同是负担行为，该行为不受有无处分权的影响，即该合同仍然是有效的。只不过物权变动的效力，因为处分人没有处分权而受到影响而已。正如有法官指出的："我国立法采纳不动产物权变动的原因与结果的区分原则，即债权合同与不动产登记相结合才能发生物权变动的效果。因此，作为原因行为一部分的债权合同效力的评价当然应与物权变动的事实相分离，尽管无权处分订立的合同有效，但不与登记相结合并不必然产生不动产物权变动的法律效果。物权是否变动，既要看债权合意是否有效，也要看登记是否践行。"[1]

《买卖合同司法解释》接受了这种观点，其第 3 条规定："当事人一方以出卖人在缔约时对标的物没有所有权或者处分权为由主张合同无效的，人民法院不予支持。出卖人因未取得所有权或者处分权致使标的物所有权不能转移，买受人要求出卖人承担违约责任或者要求解除合同并主张损害赔偿的，人民法院应予支持。"根据该规定，出卖人在缔约时对标的物没有所有权或者处分权的，其订立的买卖合同仍然是有效的，因为这里仅涉及负担行为，不涉及处分行为。但是由于出卖人未取得所有权或者处分权，其物权变动确是处于效力待定状态。"最高人民法院对于实务中常见的出卖人在缔约和履约时没有所有权或处分权的买卖合同的效力问题以司法解

---

[1]　姜凤武、贾宏斌：《不动产交易中无权处分合同的效力——兼评买卖合同司法解释第 3 条》，载《人民司法》（应用版）2012 年第 17 期，第 37 页。

释的形式对其效力明确予以肯定，旨在防止大量买卖合同遭遇无效认定之命运，更周到地保护买受人的权益，明晰交易主体之间的法律关系，强化社会信用，维持交易秩序，确保市场交易顺畅，推动市场经济更加健康有序地发展。"① 既然该合同是有效的，就自然可以得出第 2 款的结论：买受人有权利要求出卖人承担违约责任或者要求解除合同并主张损害赔偿。对此请求人民法院应该支持。但是需注意的是，本解释作出这样的规定，主要依据的是《物权法》第 15 条关于"原因行为与物权变动结果"的区分原则，而未采纳德国民法中的物权行为无因性理论。无权处分的讨论与物权行为无因性并没有必然联系，物权行为独立于债权行为独立存在，是区分对世权和对人权的逻辑必然。②

（三）买卖合同的内容

买卖合同的内容由当事人共同约定，包括合同的全部事项：合同条款、合同附件等。《合同法》第 131 条规定，买卖合同的内容除依照本法第 12 条的规定以外，还可以包括包装方式、检验标准和方法、结算方式、合同使用的文字及其效力等条款。据此可知，买卖合同的内容主要包括以下几个方面：

1. 当事人的名称或者姓名和住所

买卖合同的当事人是法人或其他组织的，在合同中应写明法人或其他组织的名称、主营业场所或住所、法定代表人或主要负责人的姓名、职务、联系方式等。当事人是自然人的，要写明其姓名、性别、年龄、联系方式等。当事人一方为外国人的，还应写明其国籍或法人注册地。

2. 标的

标的是买卖合同的必备条款，没有标的或标的不明确的买卖合同不能成立和生效。对标的物的要求，前已述及，不再赘述。

---

① 姜凤武、贾宏斌：《不动产交易中无权处分合同的效力——兼评买卖合同司法解释第 3 条》，载《人民司法》（应用版）2012 年第 17 期，第 37 页。

② 最高人民法院民事审判第二庭编著：《最高人民法院关于买卖合同司法解释理解与适用》，人民法院出版社 2012 年版，第 87 页。

3. 数量

数量即对买卖合同标的的计量，包括计量单位和计量方法，由数字和计量单位组成。数量条款是买卖合同标的的具体化条款，是衡量当事人权利、义务大小的一个尺度。数量条款应明确、具体，计量单位应统一，尽量采用通用单位。最好明确合理的磅差或尾差以及自然损耗等。

4. 质量

质量是对买卖合同标的品质的综合反映，是衡量标的内在素质和外观形态的重要参数指标。它通常通过一些因素反映出来，包括标的物的品种、规格、等级、型号、花色、质地、性能等。质量条款是最主要的条款之一，也是实践中最容易引起纠纷的内容，当然也是最不可忽视的。质量条款要明确、具体。

5. 价款

价款是指买卖合同中买受人为了取得到标的物的所有权而向出卖人支付的货币。买卖合同的特点之一就是其对价性，所以，价款同样是买卖合同的重要条款之一。

6. 履行期限、地点和方式

履行期限是当事人在买卖合同中约定的履行合同义务的时间界限，它直接关系到义务完成的时间，涉及期限利益的如期实现问题，常常是违约的原因之一。它包括卖方的交货时间和买方的付款时间。

履行地点是买卖合同当事人履行合同义务的地点，如交货地点、付款地点等。履行地点是所有权是否转移、风险谁来负担，甚至是诉讼管辖的重要依据之一。因此，也是要明确的重要条款之一。

履行方式是指买卖合同当事人履行合同义务的具体方式，如是送货上门还是买方自提，是铁路运输还是公路或水路运输等。

7. 违约责任

违约责任是促使买卖合同当事人按约定履行义务，保障权利人利益实现的重要条款。违约责任应当明确、具体。一般来说，既可以约定违约金也可以约定造成损失的赔偿计算办法。另外，违约后可以免则的条款也属于违约责任的条款内容。需要说明的是，即使买卖合同中未约定违约责任条款，也并不表明违约方就不承担违约责任，只要有违约的事实存在且不符合免责事由，违约方就应承担责任。

8. 解决争议的方法

买卖合同的双方当事人，可以在合同中约定，一旦发生争议采用何种方式来解决纠纷。可以选择的方式主要有自行和解、第三人调解、申请仲裁或诉讼。在约定解决争议的方法条款时，可以选择一种，也可以在允许的情况下多种共同适用。不同的约定会导致不同的法律后果。如当事人约定通过仲裁解决争议，就不能向法院起诉。若在国际买卖合同中，当事人在约定合同争议解决方法的同时，还应约定解决合同争议所适用的法律。

9. 包装方式

为了保证标的物顺利的运输及交付，保护标的物质量安全和数量完整，标的物在需要的情况下应当按照合理的方式予以包装。在买卖合同中，由于买卖双方可能路途较远，标的物需要运输，标的物本身也需要一定的包装处理，特别是在国际货物买卖中不同国家对包装使用的材料、尺寸、重量等会有不同的要求，双方在签订合同时应对包装作明确规定。除国家另有规定外，包装费用由卖方负担，一般情况下无须在合同中专门规定，包装费用直接包括在标的物售价之内。如果买方对标的物包装有特殊要求，双方应在合同中约定。包装费用超过原定标准的，超出部分由买方承担。

10. 检验标准和方法

买卖合同标的物的检验通常是在买方接收卖方交付的货物之前，依据合同约定的检验标准和方法，自己或聘请有关检验机构对卖方交付标的物的品质、规格、数量、包装以及卫生等情况进行检查并作出货物是否符合合同约定或法律、行政法规的规定的鉴定结论。对标的物的检验标准，一般来讲，如果当事人没有特殊要求的，可依据国家标准或者行业标准。如果有特殊要求的，则应在合同中作出明确的约定。对于检验方法，也应在买卖合同中明确合理的、科学的检验方法。

11. 结算方式

结算方式是指买方应向卖方支付价款等有关费用的方式。结算一般分为现金结算和银行结算两种，双方当事人可以选择，但是不得违反国家法律、行政法规关于结算方式的强制性规定。须采用银行结算的，应当在合同中明确约定是托收承付方式，还是票据等结算方式。使用托收承付方式的，应明确是验单付款还是验货付款。

12. 合同使用的文字及其效力

合同使用的文字及其效力，在涉外合同或者在使用不同文字的买卖双方的买卖合同中为重要的条款。如在涉外合同中，通常都要使用中、英文两种合同文本。在合同使用两种以上的文字时，当事人应当约定各种文字的合同文本的效力。比如一般规定，"本合同使用中、英文两种文字，两种文字的合同文本具有同等的效力"，或"本合同只承认中文合同文本的效力"等。

13. 其他条款

其他条款主要包括保险条款、风险条款以及在涉外合同中的法律适用条款等。

（四）买卖合同成立的证明

市场经济条件下，买卖交易频繁，买卖形式多样。在大量的买卖交易实践中，有的有书面合同，有的没有书面合同。司法实践中对买卖合同的证明问题时有争议，因此有必要明确用以证明买卖合同成立的几种常见的书面凭证的证明力问题。《买卖合同司法解释》反映现实的要求，对此作了明确规定。该司法解释第 1 条规定："当事人之间没有书面合同，一方以送货单、收货单、结算单、发票等主张存在买卖合同关系的，人民法院应当结合当事人之间的交易方式、交易习惯以及其他相关证据，对买卖合同是否成立作出认定。对账确认函、债权确认书等函件、凭证没有记载债权人名称，买卖合同当事人一方以此证明存在买卖合同关系的，人民法院应予支持，但有相反证据足以推翻的除外。"

司法实践中，一方当事人以交货凭证（送货单、收货单）等交货单据、结算凭证、发票凭证等主张存在买卖合同关系的，人民法院能否直接认定或否定买卖合同关系的存在，这个问题是存在争议的。但是仅有这些证据一般难以独立证明买卖合同的成立，故该司法解释指出，人民法院应当结合当事人之间的交易方式、交易习惯以及其他相关证据，对买卖合同是否成立作出认定。

二、买卖合同的效力

买卖合同的效力是指依法订立的买卖合同对双方当事人应具有的法律拘束力。此处所指效力仅涉及买卖合同的对内效力，即主要体现在双方当事人各自的权利和义务方面。由于买卖合同为典型的双务有偿合同，双方的权利义务相互对应，即一方的权利就是另一方的义务，所以，本节仅从双方的义务方面进行探讨。

（一）出卖人的义务

出卖人的义务主要有交付标的物的义务、转移标的物所有权的义务、瑕疵担保义务以及交付有关单证和资料等。

1. 交付标的物的义务

交付标的物，是指出卖人将合同所约定的标的物转移给买受人占有的行为。《合同法》第 135 条规定，出卖人应当履行向买受人交付标的物。可见，交付标的物是出卖人的基本义务。这就要求，双方当事人应在合同中明确约定交付买卖合同标的物的方式、时间、地点等内容，当然，出卖人也应依合同约定的方式、时间、地点等来履行交付的义务。

（1）交付方式

交付方式包括现实交付和拟制交付两种。所谓现实交付，是指出卖人将标的物的实际占有移转给买受人而处于买受人的掌控之下。所谓拟制交付，是指出卖人对标的物的占有的权利移转给买受人，以代替实物的交付。拟制交付又分为简易交付、占有改定和指示交付三种。简易交付是指在买卖合同订立前买方已实际占有标的物时，自合同生效之时即视为交付。对此，《合同法》第 140 条规定，标的物在订立合同之前已为买受人占有的，合同生效的时间为交付时间。这一规定即是对简易交付效力的规定。占有改定是指当事人双方通过订立合同，使买方取得标的物的间接占有，以代替标的物的实际交付。对于占有改定，标的物虽然由出卖人继续占有，但双方通过协议而使买受人取得间接占有。指示交付是指买卖合同的标的物由第三人占有时，卖方将对于第三人的返还请求权转让给买受人，以代替标的物的实际交付。① 《合同法》第 135 条所规定的出卖人应当履行向买受人即买方交付提取标的物的单证，即是对指示交付的规定。

出卖人应当按照约定采用以上交付方式完成标的物的交付，同时按照《合同法》第 136 条的规定，出卖人应当按照约定或者交易习惯向买受人交付提取标的物单证以外的有关单证和资料。交付标的物既可以买方亲自为之，也可以由第三人代为履行。

《买卖合同司法解释》对电子信息产品的交付方式作了明确规定。② 电子信息产品的出现及其交易量的激增，不仅给民法理论带来了新的课题，而且给各国的立法和司法提出了新的挑战。《买卖合同司法解释》的该规定，解决了以无实物载体的电子信息产品为标的物的买卖合同中，如何认定交付的问题。通说认为，作为买卖合同交易对象的电子信息产品，主要是指以 "0" 和 "1" 的二进制编码方式存在的计算机信息产品。从内容上看，常见的电子信息产品主要包括以下五类：（1）电子书；（2）歌曲和音乐；（3）图像和视频、影视作品；（4）计算机软件；（5）视频游戏、计算机娱乐游戏。③ 根据该司法解释的规定对于电子信息产品的交付方式，首先按照合同法第六十一条的规定进行确定，即先有当事人进行协议补充；不能达成补充协议的，按照合同有关条款或者交易习惯确定。但是仍然不能确定的，则按照 "买受人收到约定的电子信息产品或者权利凭证即为交付" 的规则认定。可见司法解释采纳了 "买受人收到主义" 的观点。这是因为："由于技术、网络、计算机系统的原因，出卖人发出电子信息产品并不必然引起买受人收到电子信息产品的后果。因此，如果以出卖人发出

---

① 对拟制交付方式，《物权法》做了明确的法律规定。《物权法》第 25 条规定：动产物权设立和转让前，权利人已经依法占有该动产的，物权自法律行为生效时发生效力。第 26 条规定：动产物权设立和转让前，第三人依法占有该动产的，负有交付义务的人可以通过转让请求第三人返还原物的权利代替交付。第 27 条规定：动产物权转让时，双方又约定由出让人继续占有该动产的，物权自该约定生效时发生效力。

② 《买卖合同司法解释》第 5 条规定：标的物为无需以有形载体交付的电子信息产品，当事人对交付方式约定不明确，且依照合同法第六十一条的规定仍不能确定的，买受人收到约定的电子信息产品或者权利凭证即为交付。

③ 最高人民法院民事审判第二庭编著：《最高人民法院关于买卖合同司法解释理解与适用》，人民法院出版社 2012 年版，第 108 页。

电子信息产品为交付标准，有可能产生买受人虽未能收到该产品，仍须承担给付价款的合同义务，难免陷于不公。考虑到电子信息产品出卖人在电子信息产品的制作和传输方式选择方面有更强的专业优势，司法解释规定：买受人收到约定的电子信息产品为完成交付的标准。"① 可见，该司法解释贯彻了保护信息弱势群体权益的实质正义观念。

（2）交付时间

交付时间即交付标的物的时间。《合同法》第 138 条规定，出卖人应当按照约定的期限交付标的物。约定交付期间的，出卖人可以在该交付期间内的任何时间交付。依据这一规定，约定期限可以是具体的日期，也可以是一个具体的时间段。当事人明确约定了履行日期的，出卖人应在约定的日期履行；约定的是履行期间的，出卖人则可在该期间内的任何时间交付。当事人对履行时间没有约定或者约定不明，《合同法》第 139 条规定，当事人没有约定标的物的交付期限或者约定不明确的，适用本法第 61 条、第 62 条第四项的规定。依此规定，当事人可以协议补充，如果协议补充不成的，出卖人可以随时履行，买受人也可以随时请求履行，但应当给对方必要的准备时间。

（3）交付地点

《合同法》第 141 条规定，出卖人应当按照约定的地点交付标的物。当事人没有约定交付地点或者约定不明确，依照本法第六十一条的规定仍不能确定的，适用下列规定：①标的物需要运输的，出卖人应当将标的物交付给第一承运人以运交给买受人；②标的物不需要运输，出卖人和买受人订立合同时知道标的物在某一地点的，出卖人应当在该地点交付标的物；不知道标的物在某一地点的，应当在出卖人订立合同时的营业地交付标的物。

（4）出卖人应按约定的数量交付标的物

出卖人少交标的物的，买受人在不损害出卖人利益的情况下，可以拒绝接受，也可以请求出卖人补交其少交的部分，并追究其违约责任；出卖

---

① 最高人民法院民事审判第二庭编著：《最高人民法院关于买卖合同司法解释理解与适用》，人民法院出版社 2012 年版，第 116 页。

人多交标的物的，买受人享有接收或者拒绝接收多交部分的权利。《合同法》第 162 条规定，出卖人多交标的物的，买受人可以接收或者拒绝接收多交的部分。买受人接收多交部分的，按照合同的价格支付价款；买受人拒绝接收多交部分的，应当及时通知出卖人。

在买受人拒绝接收多交付部分标的物的场合，标的物的保管费用应该由谁承担？损失应该由谁承担？有观点认为，多交付的标的物属于出卖人的瑕疵履行，该部分标的物与买受人无关，买受人并无保管义务。另有观点认为，买受人拒绝接受出卖人多交付的标的物的，此部分标的物可能处于无人管领的状态而损毁灭失。因此，买受人应当暂时代为保管。① 《买卖合同司法解释》第 6 条对此作了明确规定："根据合同法第一百六十二条的规定，买受人拒绝接收多交部分标的物的，可以代为保管多交部分标的物。买受人主张出卖人负担代为保管期间的合理费用的，人民法院应予支持。买受人主张出卖人承担代为保管期间非因买受人故意或者重大过失造成的损失的，人民法院应予支持。"该司法解释作出该规定的理由是：买受人此时对多交付的标的物进行保管的义务是出于诚实信用原则和协助履行义务所产生的合同附随义务。因为如果让多交付的标的物处于无人保管的状态，可能导致标的物的灭失毁损，造成社会资源浪费。买受人是最为便利的保管人，由买受人代为保管具有经济上的合理性。对于保管期间的损失承担，原则上仍然由出卖人承担。理由在于：①损失因保管行为而起，而代为保管的行为系因出卖人的瑕疵履行所引发。②买受人代为保管系为出卖人的利益所为，出卖人是保管行为的出卖者。③买受人代为保管，系基于诚实信用原则和协助履行原则而承担的善意协助义务，只要其对损失的发生已尽善良管理人之一般注意义务即可。④如损失系因买受人故意或重大过失所致，则说明买受人未尽保管之责，由此造成的损失则无权要求出卖人承担。如果买受人对损失的产生并无故意或重大过失，基于买受人此种保管行为的特殊性质以及"轻微过失免责"之法理，出卖人仍应当对

---

① 最高人民法院民事审判第二庭编著：《最高人民法院关于买卖合同司法解释理解与适用》，人民法院出版社 2012 年版，第 120 页。

损失承担赔偿责任。[1]

（5）出卖人应按约定的包装方式交付标的物

《合同法》第156条规定，出卖人应当按照约定的包装方式交付标的物。对包装方式没有约定或者约定不明确，依照本法第61条的规定仍不能确定的，应当按照通用的方式包装，没有通用方式的，应当采取足以保护标的物的包装方式。

（6）出卖人交付标的物的证明问题

现实生活中存在着出卖人以增值税专用发票及税款抵扣资料证明其已履行交付标的物义务的情形，据此能否认定出卖人已经履行了交付标的物的义务？《买卖合同司法解释》第8条第1款规定："出卖人仅以增值税专用发票及税款抵扣资料证明其已履行交付标的物义务，买受人不认可的，出卖人应当提供其他证据证明交付标的物的事实。"这是因为：一般认为，增值税发票本身仅仅是交易双方的交易凭证，只能证明双方存在债权债务关系的可能性，并不能证明双方存在债权债务关系的必然性。因此，仅凭增值税专用发票不能证明标的物已经交付。但是，增值税发票与其他证明形成证据链的情况下，增值税发票可以作为定案证据予以采信：①双方当事人对交付或支付本身无异议；②增值税专用发票的出具和抵扣符合双方的交易习惯；③增值税专用发票的出具和抵扣与合同约定或其他证据能够形成完整的证据锁链，足以证明买卖合同一方当事人履行了交付或给付义务；④与有关税务机关或司法机关对当事人对与本案有关的虚开增值税专用发票的行为进行认定和处理的决定或裁判文书相互印证。[2]

2. 转移标的物的所有权

买卖合同的特征之一就是卖方将标的物的所有权移转至买方，这也是买方订立买卖合同的目的之所在。因此，卖方的另一项主要义务就是要把标的物的所有权移转给买方。因此，卖方应按约定或法律规定的方式转移

---

[1]　最高人民法院民事审判第二庭编著：《最高人民法院关于买卖合同司法解释理解与适用》，人民法院出版社2012年版，第125页。

[2]　杨晓梅、喻明健、邱寒：《增值税专用发票不能单独证明买卖合同中卖方已履行标的物的交付义务——上海风速童车有限公司诉成都市昌信商贸公司其他买卖合同纠纷案》，载成都法院网：http：//cdfy. china court. org/article/detail/2006/08/id/555708. shtum，2014年3月29日浏览。

标的物的所有权，并完成相应的手续，使买方真正成为标的物的所有权人，实现订立合同的目的。转移标的物的所有权如何才能实现转移，何时才算转移，将在下一节详述。

（1）所有权保留的内涵与功能

与转移标的物所有权相关的制度是所有权保留制度。所谓所有权保留是指在移转动产所有权的过程中，根据当事人的约定，动产所有人移转动产的占有与对方当事人而其仍保留该动产的所有权，以作为实现价金债权或其他特定条件的担保，待对方当事人完全给付了价金或满足特定条件时，该动产的所有权才发生移转的一种法律制度。[①] 所谓的"所有权保留"，是指买卖双方约定，买卖合同生效后，出卖人之标的物所有权附条件地转移与买受人的制度，即交付并不转移所有权，而是将占有和用益转移于买受人。[②]《合同法》第 134 条[③]和《买卖合同司法解释》第 34 条至第 37 条构成了我国的所有权保留制度的规范体系。

所有权保留的主要特点在于：其一，它仅适用于动产买卖。所有权保留主要适用于买卖合同，但是各种买卖合同中，它又仅适用于动产买卖。《合同法》第 134 条规定采用"标的物"的提法，也未具体确定所有权保留的适用范围。《买卖合同司法解释》对此进行了明确，该司法解释第 34 条规定："买卖合同当事人主张合同法第 134 条关于标的物所有权保留的规定适用于不动产的，人民法院不予支持。"其起草者的根据是："在不动产买卖中，鉴于我国物权法采用了债权形式主义的不动产物权变动模式，通过预告登记等制度即可发挥相应的功能。而且，在我国，作为不动产的主要内容的房屋，也大多采用按揭的方式以保障作为抵押权人的银行的利益，不必采取所有权保留方式。因而，所有权保留不必要适用于不动产。"[④] 但

---

① 柴振国、史新章：《所有权保留若干问题研究》，载《中国法学》2003 年第 4 期，第 71 页。

② 李永军：《所有权保留制度的比较法研究——我国立法、司法解释和学理上的所有权保留评述》，载《法学论坛》2013 年第 6 期，第 12 页。

③ 《合同法》第 134 条规定："当事人可以在买卖合同中约定买受人未履行支付价款或者其他义务的，标的物的所有权属于出卖人。"

④ 最高人民法院民事审判第二庭编著：《最高人民法院关于买卖合同司法解释理解与适用》，人民法院出版社 2012 年版，第 525—526 页。

是也有学者指出："绝对禁止在不动产买卖中约定所有权保留，也未免过于绝对和僵化。从比较法上看，所有权保留的适用范围发生了扩展。笔者认为，所有权保留可以适用于各类财产，主要适用于有形的动产，但也不必绝对禁止所有权保留在不动产中的适用。"① 其二，它属于交付移转所有权的例外。所有权保留制度实际上是当事人以特别约定的形式改变了法律关于交付移转所有权的一般规则。其三，它是一种非典型担保。所有权保留制度虽然不是以典型担保的形式出现，但实际上起着担保债权实现的功能。其四，一般适用于分期付款买卖。应该说，所有权保留多与分期付款的买卖有关，因此，日本学者我妻荣甚至直接将"所有权保留"制度直接放在"分期付款买卖"中论述。特别是在当今世界许多国家，分期付款买卖的形式一般通过"格式条款"（一般交易条件）体现出来，也多有所有权保留的条款。但是，不能认为凡是分期付款的买卖必然有所有权保留，所有权保留也不是分期付款买卖的专利，只有在转移所有权上有这种条件约定时，才产生所有权保留。②

所有权保留制度对于担保出卖人的债权实现，实现物尽其用和促进交易均具有积极意义。从今后的发展趋势来看，所有权保留的适用范围将不断扩大，但是所有权保留制度也存在其固有的缺陷，主要表现在出卖人保留所有权仅仅是当事人双方之间的约定，并没有公示方法予以配合，因此很难为第三人知晓。故如果买受人将占有的标的物占有后然后转卖善意第三人，使得其担保功能难以实现，损及出卖人的利益。

（2）所有权保留的内部结构：取回权、回赎权与再出卖权

所有权保留制度的内部结构非常复杂，在综合平衡出卖人、买受人、善意第三人的原则下分别配置了出卖人的取回权制度、买受人的回赎权制度和出卖人的再出卖权制度，三个制度支撑着所有权保留制度的内部运行机制。

---

① 王利明：《所有权保留制度若干问题探讨——兼评〈买卖合同司法解释〉相关规定》，载《法学评论》2014 年第 1 期，第 177 页。

② 李永军：《所有权保留制度的比较法研究——我国立法、司法解释和学理上的所有权保留评述》，载《法学论坛》2013 年第 6 期，第 15 页。

①取回权。所有权保留条款的设定目的即在于保护出卖人的利益，防止买受人在支付全部价款前擅自处分标的物，导致出卖人债权难以实现。为了充分发挥所有权的担保功能，并保障出卖人权利的实现，法律通常承认出卖人享有取回权。① 所谓取回权，就是指在买受人违约的情形下，出卖人享有的取回标的物的权利。具体来说，在所有权保留买卖中，标的物在实际交付、所有权移转于买受人之前，因买受人不按约定支付价款；不履行其他特定义务；未经出卖人同意，擅自转让标的物或在其上设定负担；恶意损毁标的物，造成标的物价值减损的；当事人之间约定的其他条件未满足时等损害出卖人权益的情况下，出卖人有权取回标的物。②《买卖合同司法解释》第 35 条对出卖人行使取回权的情形作了列举性规定："当事人约定所有权保留，在标的物所有权转移前，买受人有下列情形之一，对出卖人造成损害，出卖人主张取回标的物的，人民法院应予支持：未按约定支付价款的；未按约定完成特定条件的；将标的物出卖、出质或者作出其他不当处分的。取回的标的物价值显著减少，出卖人要求买受人赔偿损失的，人民法院应予支持。"此外该条还对出卖人的损害赔偿请求权作了规定。但是，取回权的行使需要受到一定的限制，否则有可能损及买受人的利益和善意第三人的利益。《买卖合同司法解释》第 36 条规定："买受人已经支付标的物总价款的百分之七十五以上，出卖人主张取回标的物的，人民法院不予支持。在本解释第三十五条第一款第（三）项情形下，第三人依据物权法第一百零六条的规定已经善意取得标的物所有权或者其他物权，出卖人主张取回标的物的，人民法院不予支持。"作出此限制的理由是基于利益平衡。因为买受人已经支付标的物总价款的百分之七十五以上后，不会对出卖人的利益造成重大影响。相反，取回权制度及与之相关的回赎制度运行成本比较高昂，在出卖人利益已经大部分实现的情况下没有必要再行使取回权，但可以行使其他救济权利，要求继续履行剩余价款等。在第三人已经构成善意取得的情况下，基于所有权保留制度的不能公示性，

---

① 王利明：《所有权保留制度若干问题探讨——兼评〈买卖合同司法解释〉相关规定》，载《法学评论》2014 年第 1 期，第 180 页。

② 柴振国、史新章：《所有权保留若干问题研究》，载《中国法学》2003 年第 4 期，第 74 页。

出卖人需要容忍善意取得制度而丧失标的物的所有权，转而寻求其他救济方式。

②回赎权。与取回权相关的一个制度是买受人的回赎权制度。买受人的回赎权是指所有权保留买卖中，出卖人依法取回标的物后，在法定或出卖人指定的回赎期内，买受人履行支付价款等义务后，重新占有标的物的权利。买受人回赎标的物的目的在于使交易本身重新回到正常的轨道，阻止出卖人对标的物再行出卖实现债权。买受人回赎标的物的前提条件是其履行合同义务，因此回赎权并无妨害出卖人债权之虞。买受人行使回赎权应在一定期限内进行，该期限分为法定的和出卖人指定的两种，其中由出卖人指定的期限应是一个不违反诚实信用原则的合理期限。①《买卖合同司法解释》第 37 条第 1 款对此作了规定："出卖人取回标的物后，买受人在双方约定的或者出卖人指定的回赎期间内，消除出卖人取回标的物的事由，主张回赎标的物的，人民法院应予支持。"

③再出卖权。再出卖权是与回赎权紧密相关的制度，是指买受人在回赎期间内没有回赎标的物的，出卖人可以另行出卖标的物的权利。《买卖合同司法解释》第 37 条第 2 款、第 3 款对此作了规定："买受人在回赎期间内没有回赎标的物的，出卖人可以另行出卖标的物。出卖人另行出卖标的物的，出卖所得价款依次扣除取回和保管费用、再交易费用、利息、未清偿的价金后仍有剩余的，应返还原买受人；如有不足，出卖人要求原买受人清偿的，人民法院应予支持，但原买受人有证据证明出卖人另行出卖的价格明显低于市场价格的除外。"

3. 瑕疵担保义务

出卖人保证出卖的标的物不存在瑕疵，这是卖方的一项担保义务。标的物瑕疵包括物的瑕疵和权利的瑕疵，前者指标的物质量不合合同约定，后者指标的物的权利归属争议。卖方负有瑕疵担保义务或者说卖方承担瑕疵担保责任，这是由买方订立买卖合同的目的所决定的。因为买方取得标的物的所有权，是要满足自己生产、经营和消费的需要。如果标的物不符

---

① 柴振国、史新章：《所有权保留若干问题研究》，载《中国法学》2003 年第 4 期，第 75 页。

合约定的质量要求，显然未满足买方的要求和无法达到订立买卖合同的目的。若标的物存在权利瑕疵，就意味着第三人可能对标的物主张权利，则买方有难以取得标的物所有权之虞，从而损害买方的利益。对于卖方来说，就需要保证出卖的标的物质量和权利没有瑕疵，尽到瑕疵担保义务。

（1）物的瑕疵担保义务

物的瑕疵担保义务，是指出卖人负有就其所交付的标的物担保其符合约定或者法定质量要求的义务。《合同法》第 153 条规定，出卖人应当按照约定的质量要求交付标的物。出卖人提供有关标的物质量说明的，交付的标的物应当符合该说明的质量要求。买卖合同双方当事人可以对标的物的品种、规格、性能、包装、储存等方面进行约定。出卖人交付的标的物应当符合约定的质量标准。《合同法》第 154 条规定，当事人对标的物的质量要求没有约定或者约定不明确的，当事人可以达成补充协议；不能达成补充协议的，按照合同有关条款或者交易习惯确定；仍不能确定的，出卖人交付的标的物应当具有同种物的通常标准，或者应当具有为实现合同目的的特定标准。

《合同法》第 155 条规定，出卖人交付的标的物不符合质量要求的，买受人可以依照本法第 111 的规定要求承担违约责任。也就是说，出卖人交付的标的物不合质量要求的，构成物的瑕疵担保义务的违反，此时的出卖人应承担瑕疵担保责任，买受人可以依约请求其承担违约责任。对违约责任没有约定或约定不明确，双方又不能达成补充协议的，受损害方根据标的的性质以及损失的大小，可以合理选择要求对方承担修理、更换、重做、退货、减少价款或者报酬等违约责任。《合同法》第 148 条规定，出卖人交付的标的物不符合质量要求，致使不能实现合同目的，买受人可以拒绝接受标的物或者解除合同。买受人拒绝接受标的物或者解除合同的，标的物毁损、灭失的风险由出卖人承担。

应当指出的是，《合同法》第 158 条规定，当事人约定检验期间的，买受人应当在检验期间内将标的物的质量不符合约定的情形通知出卖人。买受人怠于通知的，视为标的物的质量符合约定。当事人没有约定检验期间的，买受人应当在发现或者应当发现标的物的质量不符合约定的合理期间内通知出卖人。买受人在合理期间内未通知或者自标的物收到之日起两年内未通知出卖人的，视为标的物的质量符合约定，但对标的物有质量保证期的，适用质量保证期，不适用该两年的规定。出卖人知道或者应当知道提供的标的物不符合约定的，买受人不受前两款规定的通知时间的限制。可见，出卖人的物的瑕疵担保义务，还要受到买受人在规定期间内为通知出卖人义务的限制。

司法实践中存在的一个问题是，如果买受人在缔约时买受人在缔约时知道或者应当知道标的物质量存在瑕疵，而后又主张出卖人承担瑕疵担保责任的，能否再追究出卖人的瑕疵担保责任？《买卖合同司法解释》第33条对此作了明确："买受人在缔约时知道或者应当知道标的物质量存在瑕疵，主张出卖人承担瑕疵担保责任的，人民法院不予支持，但买受人在缔约时不知道该瑕疵会导致标的物的基本效用显著降低的除外。"据此解释，买受人在缔约时已经知道标的物存在质量瑕疵的不能要求出卖人承担瑕疵担保责任；但是如果买受人在缔约时不知道该瑕疵会导致标的物的基本效用显著降低的，出卖人仍然要承担瑕疵担保责任。

（2）权利的瑕疵担保义务

权利的瑕疵担保义务，是指出卖人负有就其所移转的标的物担保不存在第三人向买受人主张任何权利的义务。《合同法》第150条规定，出卖人就交付的标的物，负有保证第三人不得向买受人主张任何权利的义务，但法律另有规定的除外。本条即是法律关于权利的瑕疵担保义务的规定。这是由买卖合同为转移标的物所有权的合同这一法律特征和出卖人须移转标的物的所有权于买受人这一义务所决定的。买卖合同就是要实现标的物所有权的转让，因此，出卖人的标的物权利瑕疵担保义务也就是其一项最基本的义务。值得注意的是，此项义务是买卖合同中出卖人的一项默示担保义务，即使合同中对其未作约定，出卖人也必须履行。

权利的瑕疵担保义务受到一定的限制。《合同法》第151条规定，买受人订立合同时知道或者应当知道第三人对买卖的标的物享有权利的，出卖人不承担本法第150条规定的义务。这是因为在订立合同时，如果买受人已经知道或者应当知道标的物在权利上存在缺陷，合同没有另外的约定，就应当认为买受人抛弃了对出卖人要求承担瑕疵担保义务的权利。

出卖人未能尽到权利的瑕疵担保义务，往往导致的结果是买方订立合同的目的无法实现，此时，出卖人应承担违约责任。另外，《合同法》第152条规定，买受人有确切证据证明第三人可能就标的物主张权利的，可以中止支付相应的价款，但出卖人提供适当担保的除外。这主要是对买受人的合法权益的保护，但要求买受人要有确切的证据。

（3）瑕疵担保责任减免特约之效力

所谓瑕疵担保责任减免特约，是指缔约当事人在订立合同时作出了免除瑕疵担保责任的特别约定。"买卖合同当事人约定免除出卖人瑕疵担保责任的，可以认为是对于出卖人负担过重的一种调整，是公平合理、诚实信用原则之体现。"① 因此对于瑕疵担保责任减免特约应该肯定其效力。但是如果出卖人故意或者因重大过失不告知买受人标的物的瑕疵而又依约主张减轻或者免除瑕疵担保责任的，应该如何处理？《买卖合同司法解释》第32条对此作了规定："合同约定减轻或者免除出卖人对标的物的瑕疵担保责任，但出卖人故意或者因重大过失不告知买受人标的物的瑕疵，出卖人主张依约减轻或者免除瑕疵担保责任的，人民法院不予支持。"因为在这种情况下，买卖双方缔结合同的基础条件有失公平，致使买受人在错误信赖的基础上接受了责任减免特约，买受人的利益因此受到侵害，显然违反了民法之诚实信用原则。故出卖人故意或者因重大过失不告知买受人标的物的瑕疵，出卖人主张依约减轻或者免除瑕疵担保责任的，人民法院不予支持。

4. 交付有关单证和资料

《合同法》第136条规定，出卖人应当按照约定或者交易习惯向买受人交付提取标的物单证以外的有关单证和资料。这是出卖人所承担的从合同义务，该项义务辅助主合同义务，以实现买受人的交易目的。《买卖合同司法解释》对有关单证和资料的范围作了进一步界定。该司法解释第7条规定："合同法第一百三十六条规定的'提取标的物单证以外的有关单

---

① 最高人民法院民事审判第二庭编著：《最高人民法院关于买卖合同司法解释理解与适用》，人民法院出版社2012年版，第487页。

证和资料'，主要应当包括保险单、保修单、普通发票、增值税专用发票、产品合格证、质量保证书、质量鉴定书、品质检验证书、产品进出口检疫书、原产地证明书、使用说明书、装箱单等。"但是需要注意的是，出卖人交付"提取标的物单证以外的有关单证和资料"是从合同义务，与标的物的所有权转移无关，所以亦不影响标的物毁损、灭失风险的转移。①

（二）买受人的义务

买受人的主要义务有支付价款的义务、受领标的物的义务以及其他义务。

1. 支付价款的义务

出卖人出卖标的物的目的是取得价款，买受人获得标的物的代价就是要支付价款，这是买卖合同的必然结果。因此，买受人依约支付价款是买受人最主要的义务。买受人应按约定正确的履行支付价款的义务，以确保出卖人权利的实现。正确履行支付价款的义务，应符合以下要求。

（1）按照约定的数额支付价款

买受人应当按照约定的数额支付价款。《合同法》第159条规定，买受人应当按照约定的数额支付价款。对价款没有约定或者约定不明确的，适用本法第61条、第62条第二项的规定。依此规定，合同有约定的按照约定支付价款；对价款没有约定或者约定不明确的，双方当事人可以协议补充；不能达成补充协议的，按照合同有关条款或者交易习惯确定。如仍不能确定的，按照订立合同时履行地的市场价格履行，依法应当执行政府定价或者政府指导价的，按照规定履行。如果买卖合同是执行政府定价或者政府指导价的，在合同约定的交付期限内政府价格调整时，按照交付时的价格计价。逾期交付标的物的，遇价格上涨时，按照原价格执行；价格下降时，按照新价格执行。逾期提取标的物或者逾期付款的，遇价格上涨时，按照新价格执行；价格下降时，按照原价格执行。

按照《合同法》第162条的规定，出卖人多交标的物的，买受人可以

---

① 《合同法》第147条规定："出卖人按照约定未交付有关标的物的单证和资料的，不影响标的物毁损、灭失风险的转移。"

接收或者拒绝接收多交的部分。买受人接收多交部分的，应当对多收部分支付价款。若出卖人少支付标的物的，除买受人追究出卖人的违约责任或者解除合同外，按实际交付的标的物支付价款。

（2）按照约定的地点支付价款

按照《合同法》第160条的规定，买受人应当按照约定的地点支付价款。对支付地点没有约定或者约定不明确，依照本法第61条的规定仍不能确定的，即双方当事人可以协议补充；不能达成补充协议的，按照合同有关条款或者交易习惯确定。如仍不能确定的，买受人应当在出卖人的营业地支付，但约定支付价款以交付标的物或者交付提取标的物单证为条件的，在交付标的物或者交付提取标的物单证的所在地支付。

（3）按照约定的时间支付价款

按照《合同法》第161条的规定，买受人应当按照约定的时间支付价款。对支付时间没有约定或者约定不明确，依照本法第61条的规定仍不能确定的，即双方当事人可以协议补充；不能达成补充协议的，按照合同有关条款或者交易习惯确定。如仍不能确定的，买受人应当在收到标的物或者提取标的物单证的同时支付。延期支付价款是买方常常违约的情形之一，除应承担违约责任外，应继续支付价款并支付迟延利息。

（4）已经支付价款的证明

司法实践中，如果当事人以普通发票作为付款凭证，人民法院能否认定其已经履行了付款义务？普通发票是在购销商品、提供或接受服务以及从事其他经营活动中开具、收取的收付款凭证，作为收付款凭证的普通发票在买卖合同关系中具有兼具收据功能的，因此作为收付款证明的普通发票，对收付款具有一定的证明效力。加之，如果现实生活中合同约定或者当事人之间习惯以普通发票作为付款凭证的，一般就可以认可买受人已经履行付款义务。故《买卖合同司法解释》第8条第2款对此作了规定："合同约定或者当事人之间习惯以普通发票作为付款凭证，买受人以普通发票证明已经履行付款义务的，人民法院应予支持，但有相反证据足以推翻的除外。"但是，如果出卖人有其他证据证明买受人没有付款的，则应该根据出卖人提供的证据，进行综合分析认定。

2. 受领标的物的义务

按约定及时地受领标的物是买受人的一项义务。尽管受领标的物能否作为买受人的一项义务各国立法有不同规定，但一般认为，买受人有此项义务。因为买受人迟延受领，会影响出卖人资金的周转，增加出卖人的费用负担，给出卖人可能带来不应有的损失。因此，按约定及时地受领标的物是买受人的一项义务。当然，买受人承担此项义务的前提条件是出卖人交付的标的物没有瑕疵，否则，买受人有权拒绝受领。

买受人应当按照约定的时间、地点、方式接受标的物，如无正当理由拒绝接受标的物，则要承担违约责任。

3. 其他义务

（1）对标的物进行检验

《合同法》第157条规定，买受人收到标的物时应当在约定的检验期间内检验。没有约定检验期间的，应当及时检验。依此规定，对标的物进行检验是买受人的义务之一。买受人受领标的物后应当按照约定及时对标的物的数量和质量进行检验，对接受标的物未约定检验期间的，买受人应当及时检验。

《买卖合同司法解释》第四部分专门对标的物的检验做了细致规定。主要体现在以下方面。

①标的物数量和外观瑕疵检验（第15条）。当事人对标的物的检验期间未作约定，买受人签收的送货单、确认单等载明标的物数量、型号、规格的，人民法院应当根据合同法第一百五十七条的规定，认定买受人已对数量和外观瑕疵进行了检验，但有相反证据足以推翻的除外。

②向第三人履行情形的检验标准（第16条）。出卖人依照买受人的指示向第三人交付标的物，出卖人和买受人之间约定的检验标准与买受人和第三人之间约定的检验标准不一致的，人民法院应当根据合同法第六十四条的规定，以出卖人和买受人之间约定的检验标准为标的物的检验标准。

③瑕疵检验提出异议的合理期间（第17条）。人民法院具体认定合同法第一百五十八条第二款规定的"合理期间"时，应当综合当事人之间的交易性质、交易目的、交易方式、交易习惯、标的物的种类、数量、性质、

安装和使用情况、瑕疵的性质、买受人应尽的合理注意义务、检验方法和难易程度、买受人或者检验人所处的具体环境、自身技能以及其他合理因素，依据诚实信用原则进行判断。合同法第一百五十八条第二款规定的'两年'是最长的合理期间。该期间为不变期间，不适用诉讼时效中止、中断或者延长的规定。

④检验期间或质量保证期间过短（第 18 条）。约定的检验期间过短，依照标的物的性质和交易习惯，买受人在检验期间内难以完成全面检验的，人民法院应当认定该期间为买受人对外观瑕疵提出异议的期间，并根据本解释第十七条第一款的规定确定买受人对隐蔽瑕疵提出异议的合理期间。约定的检验期间或者质量保证期间短于法律、行政法规规定的检验期间或者质量保证期间的，人民法院应当以法律、行政法规规定的检验期间或者质量保证期间为准。

⑤瑕疵异议的效果（第 19 条）。买受人在合理期间内提出异议，出卖人以买受人已经支付价款、确认欠款数额、使用标的物等为由，主张买受人放弃异议的，人民法院不予支持，但当事人另有约定的除外。

⑥异议期间经过的法律效果（第 20 条）。合同法第一百五十八条规定的检验期间、合理期间、两年期间经过后，买受人主张标的物的数量或者质量不符合约定的，人民法院不予支持。出卖人自愿承担违约责任后，又以上述期间经过为由反悔的，人民法院不予支持。

（2）通知义务

买受人不仅要及时检验标的物，而且还要及时将检验结果通知出卖人。《合同法》第 158 条规定，当事人约定检验期间，买受人应当在检验期间内将标的物的数量或者质量不符合约定的情形通知出卖人。买受人怠于通知的，视为标的物的数量或者质量符合约定。当事人没有约定检验期间的，买受人应当在发现或者应当发现标的物的数量或者质量不符合约定的合理期间内通知出卖人。买受人在合理期间内未通知或者自标的物收到之日起两年内未通知出卖人的，视为标的物的数量或者质量符合约定，但对标的物有质量保证期的，适用质量保证期，不适用该两年的规定。

何谓第 158 条中的"合理期间"？《买卖合同司法解释》对此作了明确

界定。该司法解释第 17 条规定："人民法院具体认定合同法第 158 条第 2 款规定的'合理期间'时，应当综合当事人之间的交易性质、交易目的、交易方式、交易习惯、标的物的种类、数量、性质、安装和使用情况、瑕疵的性质、买受人应尽的合理注意义务、检验方法和难易程度、买受人或者检验人所处的具体环境、自身技能以及其他合理因素，依据诚实信用原则进行判断。合同法第一百五十八条第二款规定的'两年'是最长的合理期间。该期间为不变期间，不适用诉讼时效中止、中断或者延长的规定。"

（3）暂时保管和紧急处置的义务

根据《合同法》第 162 条的规定，出卖人多交标的物的，买受人可以接收或者拒绝接收多交的部分。买受人拒绝接收多交部分的，应当及时通知出卖人并妥善保管多交部分的标的物，保管费由出卖人承担。可见，对于出卖人提供的存在瑕疵的标的物，买受人有权拒绝接受，但是负有暂时保管义务。买受人拒绝接受时的保管义务是有条件的：①必须是异地交付；②出卖人在标的物接受交付地点没有代理人，即标的物在法律上已处于无人管理的情况下；③一般物品由买受人暂时保管，但出卖人接到买受人的拒收通知时应立即以自己的费用将标的物提回或作其他处置，并支付买受人的保管费用。

对不易保管的易变质物品，如水果、蔬菜等，买受人可以紧急变卖，但变卖所得在扣除变卖费用后需退回出卖人。

第三节　买卖合同标的物所有权转移与风险负担

一、买卖合同标的物所有权的转移

（一）标的物所有权转移的含义

标的物所有权的转移，是指出卖人将自己对标的物的所有权转让给买受人，使买受人成为标的物的所有权人。买方订立买卖合同的目的就是要取得标的物的所有权。标的物所有权的转移，既是卖方获取价款的基础，也是合同得以履行的完美结果，关乎双方当事人的利益的实现。所以，是否转移标的物的所有权，何时转移标的物的所有权，将对双方当事人乃至第三人产生重大影响。

（二）标的物所有权转移的时间

《民法通则》第72条第2款规定，按照合同或者其他合法方式取得财产的，财产所有权从财产交付时起转移，法律另有规定或者当事人另有约定的除外。《合同法》第133条规定，标的物的所有权自标的物交付时起转移，但法律另有规定或者当事人另有约定的除外。

根据上述规定，标的物所有权的转移时间有以下几种情况：

（1）一般情况下，法律没有规定或者当事人没有约定的，标的物所有权自标的物交付时起转移。

（2）法律规定了标的物所有权转移时间的，按法律规定的时间转移。如房屋所有权的转移须办理变更登记等。否则，所有权不发生转移。

（3）当事人约定标的物所有权转移时间的，按约定的时间转移。比如，当事人约定合同成立时标的物的所有权发生转移的，自合同成立时标的物所有权发生转移。当事人也可以约定交付标的物后一定时间内所有权发生转移或约定买受人履行合同义务后转移等。

《合同法》第134条规定，当事人可以约定买受人未履行支付价款或者其他义务的，标的物的所有权属于出卖人。本条为所有权保留条款的规定。其立法目的在于保障出卖人实现权利，约束买受人，促使买受人积极履行义务。

（三）多重买卖的履行顺序

多重买卖，通常又称为一物二卖、一物数卖等，其基本含义是指出卖人将某一特定物分别出卖给两个以上买受人的法律现象。[①]《买卖合同司法解释》区分普通动产的多重买卖和特殊动产的多重买卖，并分别作了规定。

对于普通动产的多重买卖合同，该司法解释第9条规定："出卖人就同

[①] 刘保玉：《论多重买卖的法律规制——兼评〈买卖合同司法解释〉第9、10条》，载《法学论坛》2013年第6期，第22页。

一普通动产订立多重买卖合同，在买卖合同均有效的情况下，买受人均要求实际履行合同的，应当按照以下情形分别处理：先行受领交付的买受人请求确认所有权已经转移的，人民法院应予支持；均未受领交付，先行支付价款的买受人请求出卖人履行交付标的物等合同义务的，人民法院应予支持；均未受领交付，也未支付价款，依法成立在先合同的买受人请求出卖人履行交付标的物等合同义务的，人民法院应予支持。"

对于特殊动产的多重买卖合同，该司法解释第 10 条规定："出卖人就同一船舶、航空器、机动车等特殊动产订立多重买卖合同，在买卖合同均有效的情况下，买受人均要求实际履行合同的，应当按照以下情形分别处理：先行受领交付的买受人请求出卖人履行办理所有权转移登记手续等合同义务的，人民法院应予支持；均未受领交付，先行办理所有权转移登记手续的买受人请求出卖人履行交付标的物等合同义务的，人民法院应予支持；均未受领交付，也未办理所有权转移登记手续，依法成立在先合同的买受人请求出卖人履行交付标的物和办理所有权转移登记手续等合同义务的，人民法院应予支持；出卖人将标的物交付给买受人之一，又为其他买受人办理所有权转移登记，已受领交付的买受人请求将标的物所有权登记在自己名下的，人民法院应予支持。"[①]

二、买卖合同标的物的风险负担

（一）标的物风险承担的一般标准

标的物风险，是指合同成立后履行完毕前，标的物可能遭受的各种意外损失，如盗窃、火灾、沉船、破碎、渗漏、非正常腐烂变质等。标的物的风险负担，即标的物风险所造成的损失的承担。一旦标的物发生意外损失，究由谁来负担其损失，如何来合理分配，是买卖合同中的一个重要问题。

---

① 对该问题的研究，请参阅王利明：《特殊动产一物数卖的物权变动规则——兼评〈买卖合同司法解释〉第 10 条》，载《法学论坛》2013 年第 6 期；周江洪：《特殊动产多重买卖之法理——〈买卖合同司法解释〉第 10 条评析》，载《苏州大学学报》2013 年第 4 期；刘保玉：《论多重买卖的法律规制——兼评〈买卖合同司法解释〉第 9、10 条》，载《法学论坛》2013 年第 6 期。

标的物的风险负担有两种不同的观点和立法体例。一种观点认为，标的物的风险随着所有权的转移而转移，即谁有所有权谁就承担标的物毁损灭失的风险。《法国民法典》采纳了这一观点。另一种观点认为，标的物的风险随标的物的交付而转移，即交付前风险由卖方负担，交付后风险由买方负担。《德国民法典》采纳了这一观点。

《合同法》第 142 条规定，标的物毁损、灭失的风险，在标的物交付之前由出卖人承担，交付之后由买受人承担，但法律另有规定或者当事人另有约定的除外。由此可见，我国采纳了德国民法典的立场。

（二）标的物风险承担的特殊标准

1. 因买受人的原因致使标的物不能按照约定的期限交付的，买受人应当自违反约定之日起承担标的物毁损、灭失的风险。

2. 出卖人出卖交由承运人运输的在途标的物，除当事人另有约定的以外，毁损、灭失的风险自合同成立时起由买受人承担。《买卖合同司法解释》对在途标的物出卖人隐瞒风险情况下的风险负担作了规定，《买卖合同司法解释》第 13 条规定："出卖人出卖交由承运人运输的在途标的物，在合同成立时知道或者应当知道标的物已经毁损、灭失却未告知买受人，买受人主张出卖人负担标的物毁损、灭失的风险的，人民法院应予支持。"

3. 当事人没有约定交付地点或者约定不明确，依照本法第 61 条的规定仍不能确定的，标的物需要运输的，出卖人应当将标的物交付给第一承运人以运交给买受人，出卖人将标的物交付给第一承运人后，标的物毁损、灭失的风险由买受人承担。《买卖合同司法解释》对"标的物需要运输的"作出了解释，解释第 11 条规定："合同法第一百四十一条第二款第（一）项规定的'标的物需要运输的'，是指标的物由出卖人负责办理托运，承运人系独立于买卖合同当事人之外的运输业者的情形。标的物毁损、灭失的风险负担，按照合同法第一百四十五条的规定处理。"

4. 标的物不需要运输，出卖人和买受人订立合同时知道标的物在某一地点的，出卖人应当在该地点交付标的物；不知道标的物在某一地点的，应当在出卖人订立合同时的营业地交付标的物。出卖人按照约定或者依照上述规定将标的物置于交付地点，买受人违反约定没有收取的，标的物毁损、灭失的风险自违反约定之日起由买受人承担。

5. 因标的物质量不符合质量要求，致使不能实现合同目的的，买受人可以拒绝接受标的物或者解除合同。买受人拒绝接受标的物或者解除合同的，标的物毁损、灭失的风险由出卖人承担。

6. 双方当事人对标的物的风险负担有约定的，从其约定。即法律首先尊重当事人的选择，当事人可以约定于合同成立时标的物风险负担转移，可以约定交付标的物时风险负担转移，也可以约定于交付后的一定时间转移。只要这种约定不违反法律、行政法规的强行性规定，都应该是有效的。

7. 特定地点风险转移规则。出卖人根据合同约定将标的物运送至买受人指定地点并交付给承运人后，标的物毁损、灭失的风险由买受人负担，但当事人另有约定的除外。①

8. 未经特定的标的物的风险负担。当事人对风险负担没有约定，标的物为种类物，出卖人未以装运单据、加盖标记、通知买受人等可识别的方式清楚地将标的物特定于买卖合同，买受人主张不负担标的物毁损、灭失的风险的，人民法院应予支持。②

《合同法》第147条规定，出卖人按照约定未交付有关标的物的单证和资料的，不影响标的物毁损、灭失风险的转移。第149条规定，标的物毁损、灭失的风险由买受人承担的，不影响因出卖人履行债务不符合约定，买受人要求其承担违约责任的权利。

第四节　特种买卖合同

一、分期付款买卖合同

分期付款买卖合同是指在合同中约定买方受领标的物后，将其应付的总价款按照一定期限分批向卖方支付价款的买卖合同。《买卖合同司法解释》第38条规定："合同法第一百六十七条第一款规定的'分期付款'，

---

① 《买卖合同司法解释》第12条。
② 《买卖合同司法解释》第14条。

系指买受人将应付的总价款在一定期间内至少分三次向出卖人支付。"这事实上是对分期付款的界定。

分期付款买卖与一般买卖的不同之处主要体现在买受人支付价款的方法上，一般认为，当事人虽可自由约定价款的支付期数，但只有标的物交付后，买受人至少应支付两期或两期以上价款的买卖才是分期付款买卖。[①] 德国、欧盟、日本均有专门的《分期付款买卖法》。瑞士债务法、我国台湾地区"民法典"等立法也均设有明文。分期付款买卖属于典型的消费者合同，鉴于消费者与经营者之间在信息获取以及交涉能力等方面存在的结构性差距，各国或地区立法均对分期付款买卖合同进行"实质化"控制，使当事人的信息较为均衡，交易不至于偏离交换正义的要求。[②] 分期付款买卖合同，也有国家称为附带分期付款条款的买卖，是指附带有价金每隔一定期间分割支付的特别约定的买卖。在日本，基本上都是每个月支付的特别约定，所以一般称为"分月付款销售制度"。[③] 分期付款对于刺激消费、繁荣经济，方便工薪阶层的消费生活具有积极意义，现在各国多被普遍接受。但是，"分期付价买卖为信用买卖之一，出卖人先行给付，但未现实收到价金，其债权之实现，不免冒有风险。出卖人为避免此风险，于分期价款买卖，往往同时附加保障价金债权实现之条款，买受人迫于情势，亦莫下忍痛接受，形成极不公平现象。分期附价买卖附有保障价金保障债权实现约款，乃其最大特色，如何限制出卖人利用约款，苛待买受人，则成为分期付价买卖法律规定之重心，亦其成为特种买卖之由来。"[④]

《合同法》第 167 条对分期付款买卖合同作了有关规定。仅凭这一简单的条文，很难期待能为整个交易类型提供完善的规范。正如有学者指出的："在目前各国立法强化消费者保护的大趋势之下，《合同法》第 167 条在措辞上过于简略，在立场上摇摆不定，在效果上力不从心。消费者很难

---

① 史尚宽：《债法各论》，中国政法大学出版社 1998 年版，第 91 页。

② 宁红丽：《分期付款买卖法律条款的消费者保护建构》，载《华东政法大学学报》2013 年第 2 期，第 86 页。

③ ［日］我妻荣：《债法各论》（中卷一），徐进、李又又译，中国法制出版社 2008 年版，第 94 页。

④ 邱聪智：《新订债法各论》（上），中国人民大学出版社 2006 年版，第 145 页。

基于这一规定获得实质性的保护。对于现代社会的立法者而言，保护消费者不能只是空洞的口号，而是应落实为切实可行的措施。在未来的立法中，对分期付款买卖增补作为缔约前预防措施的形式强制和作为缔约后补救保障的消费者撤回权两项程序性规则，并优化现行规定中的出卖人的解除权。在进行制度设计时，立法者尤其应慎重把握民法标准人像与消费者保护之间的平衡。"① 为弥补这一缺陷，《买卖合同司法解释》第 38 条、第 39 条对分期付款买卖合同作了进一步规定。

分期付款买卖合同与一般买卖合同的最主要区别在于，分期付款买卖合同的买方是分几次支付价款而不是一次性地支付完毕。因此，对于出卖人来说，难免有价金不能收回的危险性，而且商品的价值越大，其所负的危险性也越大。为了保证出卖人的债权到期能够实现，当事人往往在该类合同中约定一定的条款，以预防这些危险的发生以及发生后获得救济。实践中，预防价款不能收回的约定条款往往有以下几种：一是约定在出卖人将标的物所有权转移给买受人时，同时由买受人将标的物抵押给出卖人。这种抵押的担保方式一般是在标的物交付前订立，可能依法需要办理登记等手续；二是约定在各期价款完全付清以前，虽由买受人占有使用标的物，但标的物所有权不发生转移，仍归出卖人所有，此即是所有权保留条款；三是约定提供其他担保等。

《合同法》第 167 条规定，分期付款的买受人未支付到期价款的金额达到全部价款的五分之一的，出卖人可以要求买受人支付全部价款或者解除合同。出卖人解除合同的，可以向买受人要求支付该标的物的使用费。依此规定，分期付款的出卖人只有在买受人未支付到期价款的金额达到全部价款的五分之一的，才可以要求买受人支付全部价款或者解除合同。《买卖合同司法解释》第 38 条第 2 款规定："分期付款买卖合同的约定违反合同法第一百六十七条第一款的规定，损害买受人利益，买受人主张该约定无效的，人民法院应予支持。"据此可以得出：分期付款买卖中，出卖人不得与买受人约定"即使买受人未支付的到期价款金额低于全部价款

---

① 宁红丽：《分期付款买卖法律条款的消费者保护建构》，载《华东政法大学学报》2013 年第 2 期，第 94 页。

五分之一的，出卖人也可以要求买受人支付全部价款或者解除合同。"这是因为，实践中分期付款买卖的出卖人常常通过合同条款排除自身风险，加重买受人义务，故相较于买受人而言，出卖人常常处于更优势的地位，为了平衡出卖人和买受人的利益，特别是避免买受人不至于因弱势地位而权益受损，特作出上述规定。"出卖人为确保价金的完全支付，其约定条款往往是对买受人不利、不合理的。当然也有买受人方面恶意利用这一制度给出卖人带来不利后果的。其实，这大体上都可以通过惩罚性损害赔偿规定进行打击。"①

在分期付款买卖合同结构中，出卖人交付标的物与其回收价款在时空上发生分离，所以出卖人回收价款实际上存在着一定的风险。那么分期付款合同解除后出卖人的利益如何保护？出卖人为了规避风险，往往通过合同约定强化解除条款和限制买受人的返还价金的请求权。但是考虑到一般情况下买受人，处于弱势地位，故对出卖人扣留价金的约定一般需要作出限制，以实现交易公平。《买卖合同司法解释》第 39 条对此作了规定："分期付款买卖合同约定出卖人在解除合同时可以扣留已受领价金，出卖人扣留的金额超过标的物使用费以及标的物受损赔偿额，买受人请求返还超过部分的，人民法院应予支持。当事人对标的物的使用费没有约定的，人民法院可以参照当地同类标的物的租金标准确定。"因此法院在裁判该类案件时需要对扣款约定进行司法审查，不能仅仅依照双方的约定支持出卖人的扣款请求，而应该综合平衡约定的扣款数额同标的物的使用费以及标的物受损赔偿额之后再作出判断。此外，当事人对标的物的使用费没有约定的，人民法院可以参照当地同类标的物的租金标准确定。

二、样品买卖合同

样品买卖合同是指买卖双方在合同中约定，出卖人按照样品交付标的物的合同。所谓样品是指当事人选定的用以决定标的物品质的货物。样品买卖，即凭样品买卖合同，又称凭货样买卖合同，是特种买卖的一种，是

---

① ［日］我妻荣：《债法各论》（中卷一），徐进、李又又译，中国法制出版社 2008 年版，第 95 页。

指买卖双方按货物样品确定买卖标的物品质，出卖人交付的货物应与样品具有相同品质的买卖。较之普通买卖，凭样品买卖的特殊性在于：其一，合同标的物的品质以样品确定；其二，出卖人有义务按样品交付标的物。换言之，出卖人是否承担瑕疵担保责任，原则上应以交付的标的物是否符合样品而确定。凭样品买卖是以样品确定出卖人应履行的合同义务，而不是以出卖人交付的货物符合样品为买卖合同的生效条件，即凭样品买卖不是附生效要件的买卖。如果出卖人交付的标的物与样品不符，应承担瑕疵担保责任，而不是据此确认凭样品买卖合同未生效。①

样品即等于双方约定的履行标准，样品买卖合同的主要特点在于出卖人交付的标的物须与样品具有同等的品质。"在不特定物的买卖中比较多，但是特定物的买卖中也不是没有。不管哪种情况，出卖人都负有保证标的物有同样的性质、性能的意思。因此，交付的标的物与样品不同时，如果是不特定物的买卖则成为不完全履行，如果是特定物的买卖则发生瑕疵担保责任。"②

《合同法》第168条规定，凭样品买卖的当事人应当封存样品，并可以对样品质量予以说明。出卖人交付的标的物应当与样品及其说明的质量相同。第169条的规定，凭样品买卖的买受人不知道样品有隐蔽瑕疵的，即使交付的标的物与样品相同，出卖人交付的标的物的质量仍然应当符合同种物的通常标准。"隐蔽瑕疵，是指存在于标的物内部的凭一般买受人的经验，经一般、通常的检查不易发现的样品品质缺陷。本身的隐蔽瑕疵应于一方当事人将样品提交给对方当事人时即亦存在，而不是在样品提交后，封存期间样品品质本身发生变化而导致的。理由是一方提示时的样品为对方接受，是双方当事人合意的体现，因此它理应成为出卖人应交付的标的物的品质标准。"③ 依我国台湾学者史尚宽先生的观点，如凭样本身有隐蔽之瑕疵，而未约定仅以货样为标准时，则货物虽与货样相合，出卖人

---

① 翟云岭：《论凭样品买卖》，载《法学》2004年第1期，第73页。

② ［日］我妻荣：《债法各论》（中卷一），徐进、李又又译，中国法制出版社2008年版，第102页。

③ 翟云岭：《论凭样品买卖》，载《法学》2004年第1期，第76页。

仍不能免其瑕疵担保责任。显然，依《合同法》规定，即使当事人约定出卖人交付的标的物仅以样品为标准时，亦不能免除出卖人因违反特殊瑕疵担保义务所应承担的违约责任。

现实生活中经常出现的纠纷是样品质量与文字说明不一致的情形，对此应该如何处理？《买卖合同司法解释》对此作了规定，司法解释第 40 条规定："合同约定的样品质量与文字说明不一致且发生纠纷时当事人不能达成合意，样品封存后外观和内在品质没有发生变化的，人民法院应当以样品为准；外观和内在品质发生变化，或者当事人对是否发生变化有争议而又无法查明的，人民法院应当以文字说明为准。"

三、试用买卖合同

试用买卖合同，指合同成立时出卖人将标的物交给买受人试用，买受人使用后在一定期限内决定是否购买的买卖合同。

试用买卖合同具有以下特征：

第一，试用买卖合同由当事人双方在合同中约定，于合同成立时卖方将标的物交付给买受人试验或检验标的物。这一特征是试用买卖合同的前提或基础，也将其与一般买卖合同区别开来。

第二，在买方认可标的物之前，买卖合同并不生效。买受人最终是否购买，经试用以后才能决定。如果认可，则合同生效；如果经试用不认可，则买卖合同不发生效力。因此，在试用买卖中，卖方虽交付标的物，但所有权并未移转。也有学者认为："试用买卖并非处于'成立尚未生效'的状态。试用买卖是附随意条件的预约，是附买受人承认形成权的单务预约。这种预约，是已经发生效力的合同。它设立了缔约义务，存在着区别于本约（买卖）的独立给付，在试用期内，买受人享有无偿用益债权。由于买受人行使承认形成权，试用买卖从预约转化为本约（买卖），两个法律关系前后衔接。在试用买卖，可发生现实交付，在买受人已经占有标的物的场合，于转化为本约的同时实现简易交付，买受人占有的本权从债权转化为自物权。"①

第三，试用买卖合同的当事人可以约定标的物的试用期间。《合同法》第 170 条规定，试用买卖的当事人可以约定标的物的试用期间。对试用期间没有约定或者约定不明确，依照本法第 61 条的规定仍不能确定的，由出卖人确定。

第四，买受人在试用期内可以购买标的物，也可以拒绝购买。试用买卖合同属于一种附条件合同，买受人于试用期内对是否购买享有选择的权利。《合同法》第 171 条规定，试用买卖的买受人在试用期内可以购买标的物，也可以拒绝购买。试用期间届满，买受人对是否购买标的物未作表示的，视为购买。除了上述沉默推定外（"未作表示的"），司法实践中买受人还可能采取其他一些让出卖人认为其有购买意思的行为，《合同法》对此没有规定，存在明显法律漏洞，《买卖合同司法解释》对"推定同意购买"作了进一步规定。该司法解释第 41 条规定：试用买卖的买受人在试用期内已经支付一部分价款的，人民法院应当认定买受人同意购买，但合同另有约定的除外。在试用期内，买受人对标的物实施了出卖、出租、设定担保物权等非试用行为的，人民法院应当认定买受人同意购买。同意购买需要同意购买的效果意思，是一种意思表示，而不仅仅是一种观点认知。同意购买的推定是以可推断行为作出的同意购买意思表示，其性质上是一种意思表示。统一购买的推定是一种特殊的意思表示。② 由于试用买卖是以买受人认可标的物为生效条件的买卖，因此，如果买受人不认可标的物，则为条件不成立，合同未生效。买受人是否认可，完全取决于其自己意愿，而不应受其他条件的限制。试用标准买卖、第三人实验后买卖、保留换货买卖以及保留退货买卖等均不属于试用买卖。《买卖合同司法解释》第 42 条对此作了规定："买卖合同存在下列约定内容之一的，不属于试用买卖。买受人主张属于试用买卖的，人民法院不予支持：约定标的物经过试用或者检验符合一定要求时，买受人应当购买标的物；约定第三人经试验对标

---

① 隋彭生：《论试用买卖的预约属性》，载《政治与法律》2010 年第 4 期，第 109 页。

② 最高人民法院民事审判第二庭编著：《最高人民法院关于买卖合同司法解释理解与适用》，人民法院出版社 2012 年版，第 603 页。

的物认可时，买受人应当购买标的物；约定买受人在一定期间内可以调换标的物；约定买受人在一定期间内可以退还标的物。"

试用买卖中标的物灭失的风险如何承担存有争议。有观点认为："出卖人将标的物交给买受人试用的时候，就是现实交付，既然已经交付，在法律未设专门规定的情况下，就要适用合同法第一百四十二条风险随之发生转移的规定。风险的转移与条件的成就无关。从立法的层面来考虑，仍然应当采取现实交付后应当由买受人承担风险的政策。"[1] 也有学者认为，买受人不承担试用期间标的物的风险责任，只有买受人承认标的物时风险才移转于买受人。"在试验买卖，出卖人纵为试验而将标的物交付于买受人，买卖标的物之利益及危险仍直至买受人承认标的物时，方始移转于买受人。"[2] 对此问题《买卖合同司法解释》亦没有作出进一步的规定。

关于试用期间试用费用的承担，我国《合同法》没有具体规定，学术界主要有以下三种观点：（1）应由买受人承担。（2）应由双方分摊。（3）应由出卖人承担。[3]《买卖合同司法解释》第43条规定："试用买卖的当事人没有约定使用费或者约定不明确，出卖人主张买受人支付使用费的，人民法院不予支持。"其原因主要在于："试用所产生的费用是出卖人应承担的成本中的必要组成部分，而且该费用占成本的比例一般相对较小，出卖人有足够的经济能力承担这一费用。其二，如果由买受人承担试用期间产生的费用，则会产生同分期付款买卖相类似的后果，而试用买卖主要出现在新产品的推介过程中，有偿试用将不利于激发消费者试用新产品的积极性，从而不利于新产品开拓市场销路。"[4]

四、招标投标买卖合同

招标投标买卖合同，是指招标人公布买卖标的物的出卖条件，投标人

---

① 隋彭生：《试用买卖标的物风险负担》，载《法制日报》2004年1月1日。

② 黄茂荣：《买卖法》，中国政法大学出版社2002年版，第527页。

③ 吴志忠：《论我国〈合同法〉有关试用买卖规定的完善》，载《暨南学报》（哲学社会科学版）2008年第6期，第151页。

④ 吴志忠：《论我国〈合同法〉有关试用买卖规定的完善》，载《暨南学报》（哲学社会科学版）2008年第6期，第151页。

参加投标竞买，招标人选定其中之一作为中标人的买卖合同。招标投标买卖合同的主体有出卖人（又称为招标人）和买受人（又称为投标人或竞买人）。招标投标买卖合同的突出特点是合同的订立采用了公开竞价的方式，出卖人有权从众多的买受人中选择最佳出价者订立合同。

招标投标买卖的程序，可分为招标、投标、开标、评标、定标。首先由招标人发出招标公告。招标公告性质上为要约邀请。然后由众投标人进行投标，投标在性质上为要约。再开标，尔后招标人组织评标。评标的结果确定一位中标人，即为定标，定标在性质上为承诺。招标人定标，招标投标买卖合同成立。与同为竞争买卖的拍卖不同，拍卖以最高应价者确定为买定人，而招标投标买卖合同的中标人不一定是出价最高者，招标人要综合衡量投标人条件选择中标人。

《合同法》第 172 条规定，招标投标买卖的当事人的权利和义务以及招标投标程序等，依照有关法律、行政法规的规定。我国 1999 年 8 月 30 日通过，2000 年 1 月 1 日实施《中华人民共和国招标投标法》，所以招标投标买卖合同依此来订立。

五、拍卖合同

拍卖是拍卖人以公开竞价的方式．将拍卖标的出售给最高应价人的买卖方式。和招标投标买卖合同一样，拍卖合同的订立采用了公开竞价的方式，出卖人在众多的买受人中选择最高出价者而订立合同。所以，拍卖合同的订立为一个竞争程序。拍卖作为一种经济现象是社会主义市场经济所必不可少的组成部分，许多物品通过拍卖转让不仅形成了合理的市场价格，解决了某些物品不易定价的难题，而且扩大了商品的流转渠道，提高了物的利用率。例如，对国有企业闲置的生产设备、破产企业财产的拍卖，不但能够避免浪费、减少损失，而且能够促进社会资源的重新配置。拍卖不仅可以成为实现质权和抵押权的方式，而且是司法机关、行政执法机关采取强制执行措施的有效手段。另外，拍卖作为一种经营方式，拍卖企业不但能为社会增加就业机会，更重要的是作为市场经济的中介组织，可以发挥多方面的作用。①

拍卖合同的订立一般要经过以下程序：第一，拍卖委托。委托人就拍卖其特定物品或财产权利与拍卖人订立书面委托拍卖合同。第二，拍卖人发布拍卖公告与展示。拍卖人须于 7 日前发布拍卖公告，公告应当载明拍卖的时间、地点、标的、展示时间地点等事项。拍卖人应当在拍卖前展示拍卖标的物，提供查看拍卖标的的条件及有关资料，拍卖标的物的展示时间不得少于 2 日。拍卖公告在法律性质上属要约邀请。第三，实施拍卖。由竞买人竞相出价，争购拍卖标的。拍卖过程由拍卖师主持，由各竞买人竞相出价。各竞买人的出价，在性质上为要约。拍卖人在竞买人的众多应价中选择最高应价者予以接受的意思表示，称为拍定，在性质上属于承诺。拍卖人一旦拍定，拍卖合同即告成立。拍卖师击槌或采用其他方式拍定以后，由拍卖人和买受人签署成交确认书。

《合同法》第 173 条规定，拍卖的当事人的权利和义务以及拍卖程序等，依照有关法律、行政法规的规定。我国于 1996 年 7 月 5 日通过了《中华人民共和国拍卖法》，1997 年 7 月 21 日起施行，该法于 2004 年 8 月 28 日修改。所以，拍卖合同可以依此来订立。

六、互易合同

所谓互易合同，是指双方当事人约定交换货币以外的财物所有权于他方的合同，又称为易货合同、以货换货合同、以物换物合同、物物交换合同等。以物易物是早期商品交换的合同形态，货币产生后，买卖合同渐居统治地位，互易合同衰败。"互易，即统称之以物易物，系人类社会最原始的经济行为或交易形态。在历史发展过程上，互易不仅比买卖为早，在较原始时期，其交易上之地位，还比买卖更为重要。"② 而当今社会仍有易货交易，所以一般各国立法都给互易合同留有一席之地，但只是简略地规定互易概念，其余如互易双方的权利义务等，则参照买卖合同的相关规定。

---

① 郭富青：《建立我国拍卖法律制度初探》，载《法商研究（中南政法学院学报）》1995 年第 1 期，第 50 页。

② 邱聪智：《新订债法各论》（上），中国人民大学出版社 2006 年版，第 166 页。

"互易是因当事人约定互相转移非金钱所有权而发生效力"的契约，然而其与买卖完全相同。即互易是诺成性、双务的、不要式契约。[①]《合同法》第 175 条规定，当事人约定易货交易，转移标的物的所有权的，参照买卖合同的有关规定。这是互易合同准用买卖合同的原则性规定。互易的功能主要体现在：实现交易的便捷；弥补货币持有的不足；避免因币值的变动而带来的风险。[②]

互易合同主要具有如下法律特征：第一，互易合同是以物易物的合同。这是互易合同最主要的法律特征。互易合同是双方直接以价值相当的货物进行交换，如果一方出货，另一方支付价款，则不是互易合同，而是一般的买卖合同。实际操作中，也可能出现以货易货价值不相等的情形，此时，除了货货交易外，价值小的一方可以补足价款。第二，互易合同是各自转移财产所有权的合同。互易合同的双方当事人通过相互交换财产，而彼此取得对方的财产所有权。第三，互易合同是有偿、双务、诺成合同。一方取得对方财产的代价是将自己的财产转移给对方，从而实现互换货物的目的。所以，互易合同是有偿合同。彼此互享权利互负义务，互易合同是双务合同。互易合同的双方当事人就物与物互易的意思表示一致，合同即告成立，而不以交付财产为合同的成立要件，因此，互易合同为诺成合同。

---

① ［日］我妻荣：《债法各论》（中卷一），徐进、李又又译，中国法制出版社 2008 年版，第 119 页。

② 王利明：《合同法研究》（第三卷），中国人民大学出版社 2012 年版，第 118—119 页。

第三章　其他转移财产所有权的合同

根据《合同法》分则的体系，本章所谓的"其他转移财产所有权的合同"包括供用电、水、气、热力合同，赠与合同以及借款合同。本书鉴于买卖合同体系庞大性和复杂性，已将买卖合同独立成章，而另设"其他转移财产所有权的合同"一章。

第一节　供用电、水、气、热力合同

一、供用电、水、气、热力合同概述

（一）供用电、水、气、热力合同的概念

供用电、水、气、热力合同，是指一方向另一方供应电、水、气、热力，另一方支付相应价款的合同。供应资源的一方称为供应人或供方，利用资源的一方为利用人、用户或用方。供用电、水、气、热力合同是供用电、水、气、热力这类公用事业领域的行为在私法关系上的反应。"公用事业"一语源于英文"public utilities"，一般是指通过固定网络设施为公众或不特定的多数人提供产品或传输服务的行业，包括供电、供气、供水、供热、铁路、城市公共交通、垃圾处理、污水处理等。①

---

① 章志远：《公用事业特许经营及其政府规制》，载《法商研究》2007 年第 2 期，第 3 页。

（二）供用电、水、气、热力合同的特征

供用电、水、气、热力合同属于转移财产所有权的合同，从实质上讲是一类特殊的买卖合同。因为供应方转移财产的所有权，另一方支付价款，符合买卖合同的基本特征。但是，由于此类合同的标的物为无形物，具有其特殊性，只有通过使用才能体现其效用，且一旦使用后不能恢复到初始状态等，因此我国合同法将其规定为一类独立的合同。

供用电、水、气、热力合同具有以下特征：

1. 标的物具有特殊性

供用电、水、气、热力合同的标的物为电、水、气、热力，为无形物，要经过专用设备才能送达。

2. 标的物交付方式具有特殊性

既然供用电、水、气、热力合同的标的物是无形物，非特殊的专用设备不能实现送达交付，所以，一般需要管道或线路设施，而这些设施往往由供方统一解决、集中供应。一般无须专门运输或送货、提货等。

3. 合同具有公用性

所谓公用性，是指供应人提供的电、水、气、热力的消费对象不是社会中的某些特殊阶层，而是一般的社会公众。因此，供应人有强制缔约义务，不得拒绝利用人通常、合理的供应要求。[1]

4. 合同具有较强的公益性

电、水、气、热力，与人们日常生活息息相关，供应方不仅仅是为了获利，更重要的是为了满足广大人民群众的生活需要，供用电、水、气、热力涉及千家万户几乎全体民众的利益。所谓供用电、水、气、热力合同的公益性，是指这类公共供用合同的目的不只是为了供应方从中得到利益，更主要的是为了满足人民生活的需要，提高人民生活质量。公用供用企业并非纯粹以营利为目的的企业，而是以促进公共生活水平等公益事业为重要目标的企业。国家对于这类供用合同的收费标准都有一定的限制，供应

---

[1] 崔建远主编：《新合同法原理与案例评释》，吉林大学出版社1999年版，第991页。

人不得随意将收费标准提高。[①]

5. 供方主体具有特殊性

供用电、水、气、热力合同的供方主体由主管行政部门确定，并获得相应的资质后，方可从事供应业务。一般为具有垄断性的企业或营业机构，如自来水公司、供电局等。有些主体被赋予一定的管理职能，享有一定的处罚权。供电、供气、供水、供热属于市政公用事业，通常采取特许经营的运营模式。供用电、水、气、热力合同的一方当事人为取得特许经营权的企业。

6. 标的物价格具有确定性

由于电、水、气、热力涉及国计民生，所以，供用电、水、气、热力合同的标的物的价格，一般不允许使用方讨价还价，供应方也不能任意定价，而要按照国家有关部门规定的标准或在国家有关部门规定的幅度内合理确定。

7. 合同为消费性合同

供用电、水、气、热力合同的标的物，只有使用才能体现其效用，随用户的使用而消灭，属于消费性合同。此类合同不能溯及既往，不能恢复原状，不存在原物的返还问题，解除合同只能向将来发生效力。

8. 合同为继续性合同

"继续性合同是总给付内容随着时间的延展才能逐步确定的合同。它是一种动态的过程化契约，具有关系性契约和不完全契约的属性，在本质上是不确定性契约。继续性合同与一时性合同在现代合同法体系中体现为偏正结构的形式。"[②] 此类合同的供应是持续的，通过一定的计量器具来衡定数量，从而决定价款。供应方的供应本身为要约，用方的使用构成承诺，同时也构成了供应方的履行。用方一般是在约定利用一段时间后，履行支付价款义务。在供用电、水、气、热力合同因各种原因终止之时，终止合同的效力仅能向将来发生，而不能溯及过去。

---

① 崔建远主编：《新合同法原理与案例评释》，吉林大学出版社1999年版，第992页。

② 屈茂辉、张红：《继续性合同：基于合同法理与立法技术的多重考量》，载《中国法学》2010年第4期，第25页。

9. 一般是格式合同

供用电、水、气、热力合同需在社会生活中大量、反复应用，其中包含许多供电、水、气力、热力人单方制定的格式条款，该类合同一般体现为格式合同。格式合同容易发生弱肉强食的不公平结果，故各国均强调对该类合同的立法、司法、行政和行规规制，以真正实现契约正义。

除此以外，供用电、水、气、热力合同还有一些不同于其他合同的特点，如此类合同具有较强的政府主导性、具有很强的计划性、对供应方具有一定的订立该类合同的强制性、用方主体的广泛性以及这种合同往往采用格式合同订立等等，所有这些都说明，供用电、水、气、热力合同具有自己明显的特点，这也是《合同法》单独一章作专门规定的原因。

二、供用电合同

供用电合同与供用水、气、热力合同有相同之处，《合同法》主要对供用电合同进行了规定，且在第 184 条规定，供用水、供用气、供用热力合同，参照供用电合同的有关规定。

（一）供用电合同的概念

供用电合同是供电人向用电人供电，用电人支付电费的合同。电力是一种很重要的能源，关系到国民经济的各个部门和各个方面。随着经济的发展，电力将起着越来越重要的作用。

供用电合同根据利用人以及目的不同，主要有两种：一种是用于工农业及其他生产经营的供用电合同，即用电人为生产经营目的与供电人签订的供用电合同；另一种是用于生活消费的供用电合同。前一种供用电合同具有较强的计划管理特点，后者供用电合同一般为不定期连续供用电的合同，用电质量一般要求不高。

供用电合同除具有前面提到的供用电、水、气、热力合同共有的特征外，尚有以下特征：

1. 供用电合同是一种有严格计划性的合同

电力是国民经济发展和人民生活所需要的基本能源，目前在我国也是一种紧缺的资源，为了更加有效地利用，应合理地分配电力。《电力法》

和《电力供应与使用条例》都规定，国家对电力供应和使用，实行计划用电的原则。

2. 供用电合同为双务有偿合同

供用电合同双方当事人互负义务，互享权利。供电人负有按照约定和国家规定向用电人按时、按质、按量地安全地供应电的义务，用电人负有使用电后支付电费的义务。

3. 供用电合同为诺成合同

供用电合同的订立一般由用电人向电力供应部门提出申请，供电人按照国家的规定和要求予以答复。双方意思表示一致，即可成立供用电合同，不须交付标的物。所以供用电合同是诺成合同。

4. 供用电合同是一种特殊的买卖合同

从合同法体系上观察，供用电合同是一种独立的有名合同。也有人将供用电合同界定为是一种服务合同，即提供电力服务的合同，并指出："供用电合同体现的特点均为服务合同的特性。同时，将供用电合同定位为买卖合同的话，不但无法解释买卖合同与供用电合同的不同点，还会面临难以涵盖供用电合同各方主体权利义务以及'买卖'后的电能不能单独支配的困境。"[1] "有些人将供用电合同归为服务合同的观点割断了供用电合同与参照供用电合同的其他合同的逻辑关系，似乎有断章取义的嫌疑，并且在我国《合同法》将供用电合同规定在买卖合同之后的体例安排也体现出了供用电合同与买卖合同的特殊关系。在 2011 年 11 月国家电监会出台的《电能交易基本规则（草案）》，第二条明确规定了电能的交易即电能买卖的活动。在此规则中如果将发电企业与电网公司、供电企业的电能交易认为是买卖合同，而将供用电合同视为服务合同的观点并不让人信服。[2] "供用电合同从性质上看，也属于广义的买卖合同。"[3] 我们认为，供用电合同实际上是以电力为标的物的一种转移所有权的合同，只不过基于电力

---

[1] 倪月江：《论供用电合同》，硕士学位论文，华东政法大学，2014 年，第 16 页。该论文还指出，供用电合同具有明显不同于买卖合同的特点，二者在合同模式、当事人的目的、对合同标的物的处分权、当事人双方的权利义务、给付与处分时间、给付价金的方式、救济方式的各方面均有不同。

[2] 朱金超：《供用电合同研究》，硕士学位论文，中国社会科学院研究生院，2013 年，第 6 页。

[3] 王利明：《合同法研究》（第三卷），中国人民大学出版社 2012 年版，第 184 页。

的特殊性造成供用电合同的规则相对于一般的买卖合同具有其个性，但其本质仍然是特殊的买卖合同。

（二）供用电合同的主要内容

供用电合同的内容包括供电的方式、质量、时间，用电容量、地址、性质，计量方式，电价、电费的结算方式，供用电设施的维护责任等条款。

1. 标的

供用电合同的标的是指供电人在一定时间内持续稳定地供给用电人耗用的电力。

2. 供电方式

供电方式是指供电人以何种形式向用电人供电。包括以低压方式供电、高压方式供电、直配方式供电、临时性用电、正式用电、转供方式委托用户就近供电等，由供电局按其负荷性质、容量及供电的可能性与用户协商确定。

3. 供电质量

供电质量主要是指供电电压、供电频率和供电可靠性应符合国家标准。为保证供电在安全方面的质量，供用电合同还必须严格遵守《全国供用电规则》中规定的用电设施条件和安全用电管理制度。

4. 供电时间

供电时间是指供电方向用电方提供电力的起止时间。双方应在合同中具体规定开始和终止时间，以避免用电人都集中在同一时间用电。特别是在供电不足的地区，为保证市政、生活和农业季节性用电，需要适当、有计划地限制一部分电网高峰时间的生产用电，以尽量减少损失和维护正常的供用电秩序。

5. 用电容量

用电容量即电量，是供电方认定的用电方受电设备的总容量。一般以度为计量单位。在供用电合同中，应约定用电人在正常情况下需用的电量总和，用电方应在供电局核定的电量限度内用电，不得超计划用电。

6. 用电地址

用电地址是指用电人使用电力的地点。

7. 用电性质

用电性质是指用电人的行业分类和用电分类。主要包括工业用电和民用电等。

8. 计量方式

计量方式是指供电人计算用电人使用的电量的方法。

9. 电价与电费

电价是指供电方销售给用电人的电力的单位价格。一般以度为计价单位。电费是指用电人按照用电数量和国家规定的电价标准，向供电方所支付的费用。

10. 违约责任

违约责任，即供用电双方违反供用电合同所应承担的法律责任。供用电合同的双方如违反合同约定，都有可能给对方甚至给国家造成重大的损失，故双方均应遵守合同。否则，将承担相应的民事责任，情节严重的，还应当承担行政责任，甚至刑事责任。

11. 供电设施的维护责任

由于供用电合同标的的特殊性，决定了电力的输送需要借助一定的设施才能完成，因此，这些设施的维护责任应明确界定。供用电双方应在供用电合同中约定供用电设施的维护责任。对供用电设施负有维护责任的一方应当定期对用电设备进行检查、检修，防止供用电设施发生事故。

12. 其他条款

以上主要是合同法明确的指示性条款，除上述条款外，供用电合同的双方当事人可以根据实际需要约定其他的条款，如解除合同条款、奖惩条款、增容或变更用电方式条款等。

（三）供用电合同的效力

供用电合同的效力是指合同双方当事人的权利义务。由于供用电合同为双务有偿合同，双方当事人互享权利、互负义务，一方的权利就是另一方的义务，所以，这里仅从义务方面加以阐述。

1. 供电人的义务

（1）供电方应按照合同约定安全、及时、合格供电

供电方应按照合同约定的用电量、质量、时间、方式等，合理调度和

安全供电。《合同法》第 179 条规定，供电人应当按照国家规定的供电质量标准和约定安全供电。供电人未按照国家规定的供电质量标准和约定安全供电，造成用电人损失的，应当承担损害赔偿责任。可见，供电人除了按照约定供电外，还要确保供电的安全，为此，供电方应加强供电和用电设备的运行和管理，定期检查，及时维修，防止事故的发生。

（2）供电方因限电、检修等原因造成停电时的通知义务

供电人应当连续向用电人供电，不得中断。特殊情况下需中断供电时必须通知用电人。《合同法》第 180 条规定，供电人因供电设施计划检修、临时检修、依法限电或者用电人违法用电等原因，需要中断供电时，应当按照国家有关规定事先通知用电人。未事先通知用电人中断供电，造成用电人损失的，应当承担损害赔偿责任。因故限电的事由包括对供电设施计划检修、临时检修、依法限电或者用电人违法用电等，只要出现其中一种情况就可以中止供电。在这种情况下，供电方应事先通知用电人，使其做好准备工作，以避免损失。计划检修停电，一般应提前 7 天通知用电人。因供电设施临时检修需要停止供电时，供电人应提前 24 小时通知用电人。因紧急检修需停电时，供电方应尽可能提前通知用电人。供电方未事先通知用电人而中断供电，造成用电人损失的，应当承担损害赔偿责任。

（3）因自然灾害等原因造成断电时，供电方应当及时抢修

断电是指因不可抗力或意外事故造成供电设施毁坏，而使供电人不能正常供电的情况。此时，供电方应及时抢修。如因供电方未及时抢修造成用电人损失的，供电方应当赔偿损失。《合同法》第 181 条规定，因自然灾害等原因断电，供电人应当按照国家有关规定及时抢修。未及时抢修，造成用电人损失的，应当承担损害赔偿责任。

（4）强制缔约义务

强制缔约是指依据法律规定，民事主体负有与他人缔结契约的法定义务，非有正当理由，不得拒绝缔结契约。作为关系国计民生的基础行业电力产业，其产业特性具有成本的高沉淀性、电力资产特别是输配电网络具有明显的规模效应和资产专用性，因而国家授权电网企业实行垄断经营，但为在经济效益与社会公平之间寻求适度平衡，国家限制电网企业滥用垄

断地位损害交易相对人和社会公共利益，并对电网企业设置强制缔约义务，只要发电企业、用户或其他相关主体提出缔约要求，电网企业无正当理由不得拒绝。[①]

2. 用电人的义务

（1）支付电费的义务

此项义务是用电人的主要义务。《合同法》第182条规定，用电人应当按照国家有关规定和当事人的约定及时交付电费。用电人逾期不交付电费的，应当按照约定支付违约金。经催告用电人在合理期限内仍不交付电费和违约金的，供电人可以按照国家规定的程序中止供电。

（2）安全用电义务

《合同法》第183条规定，用电人应当按照国家有关规定和当事人的约定安全用电。用电人未按照国家有关规定和当事人的约定安全用电，造成供电人损失的，应当承担损害赔偿责任。依此规定，用电人应当按照约定安全用电，切实执行国家有关部门制定的安全用电制度，定期进行供电设备和保护装置的检查、检修和实验。用电人应当爱护并正确使用供电设施，不得擅自私拉电线，改动、增设供电设施。否则，发生损害的，供电人不负责任；给供电人造成损失的，应当赔偿损失。

第二节　赠与合同

一、赠与合同概述

（一）赠与合同的概念、特征

1. 赠与合同的概念

赠与合同是赠与人将自己的财产无偿给予受赠人，受赠人表示接受赠与的合同。转让财产的一方为赠与人，接受财产的一方为受赠人。赠与合

---

① 唐敏：《反思与重构：电网企业强制缔约义务立法完善研究》，载《华东电力》2009年第7期，第1232页。

同作为财产所有人依法处分自己财产的一种法律形式，和买卖合同一样，属于转让财产所有权的合同。"赠与是一种无偿给予财产的契约。人无偿给予财产，不一定仅限于利他的动机，也有可能是出于为了回报以前接受的利益，为了期望对方将来作出贡献，为了获得名誉，其他各种有对价的或利己的动机。但是，法律不管这些动机，只要契约内容是无偿的，就认定为赠与。"① 对于赠与人而言，其可以是自然人，也可以是法人，国家在一定情形下也能够成为赠与人。不过，自然人作为赠与人时，应当具有完全民事行为能力，无民事行为能力人和限制民事行为能力人一般不能成为赠与人。

赠与合同是日常生活中常见的一种合同类型，赠与为社会生活所需。赠与虽属转移财产合同的一种，然而赠与本身并不创造新的经济价值，而只是将社会财产的一部分转移到另外的人手中。因此，赠与起不到直接促进社会经济发展的作用。但是通过赠与合同，可沟通赠与合同双方当事人的感情，满足双方的感情的需要，进而起到融洽社会气氛，减少社会矛盾的作用。因此，可以说，赠与虽较少经济作用，然而作为现代理智性社会生活关系的调剂，仍是必不可少的。② 日本学者我妻荣指出："赠与在现代所起到的经济上的作用很少。因为现代是一个现实的交换经济的时代。但是，如果把存在许多不现实因素的赠与作为调节过于现实的生活关系的润滑油，反而能产生很大的作用。而且，不可否认以慈善、宗教、学术等为目的的赠与（捐助）发挥了很大的作用。"③

2. 赠与合同的特征

（1）赠与合同为转移财产所有权的合同

《合同法》第185 条规定，赠与合同是赠与人将自己的财产无偿给予受赠人，受赠人表示接受赠与的合同。所以，赠与合同的重要特征之一，是赠与人将属于自己的财产或者自己有权处分的财产所有权转移给受赠人。这是赠与合同与买卖合同、互易合同的相同之处。同时，也是和借贷合同

---

① ［日］我妻荣：《债法各论》（中卷一），徐进、李又又译，中国法制出版社2008 年版，第3 页。
② 崔建远主编：《新合同法原理与案例评释》，吉林大学出版社1999 年版，第1011 页。
③ ［日］我妻荣：《债法各论》（中卷一），徐进、李又又译，中国法制出版社2008 年版，第4 页。

等的重要区别。赠与合同的标的物是财产。这里的财产应做广义理解，不仅包括有体财产，如常见的各种有体物、无体物等，也包括无体财产，如各种债权、股权等。[①] 也有学者指出："赠与是转移财产的合同。这就限定了赠与的标的物是财产，至于是有形财产还是无形财产（主要为知识产权），没有限制。但知识产权的移转行为法律上称为转让，其无偿转让一般不称为赠与，所以通常赠与的财产为有形财产，包括实物、货币以及有价证券，但须以财产为限。"[②] "凡是能够在客观上给受赠人带来经济利益，而受赠人此种利益之取得与赠与人利益之所失又有对应关系，即只要能满足赠与法律关系要求且不属于法律禁止的财产，均可成为赠与合同之标的物。"[③] 我们认为，随着社会经济法发展，财产的类型和范围在不断扩展，赠与合同作为转移财产所有权的合同，只要能够转移所有权的标的物均可为赠与合同的标的物。

（2）赠与合同为单务、无偿合同

赠与合同是典型的单务、无偿合同。在赠与合同中，仅赠与人一方负有将财产交付给受赠人的义务，而受赠人则不负任何义务。即使是附义务的赠与，受赠人履行所附义务，也不是赠与人履行义务的对价。因此，赠与合同为单务合同。

赠与人交付赠与物为受赠人所有后，受赠人并不支付任何代价，故赠与合同为无偿合同。这是与买卖合同、互易合同的重要区别。对于不附义务的赠与合同，由于其无偿性和纯获利性，所以，无民事行为能力人或限制民事行为能力人也可以单独接受赠与而成为受赠人。

（3）赠与合同为诺成性合同

赠与合同为诺成合同，自当事人意思表示一致时成立。但是，由于赠与合同为无偿合同，为了保护赠与人的合法权益，《合同法》第 186 条规定，赠与人在赠与财产的权利转移之前可以撤销赠与。具有救灾、扶贫等

---

① 王利明：《合同法研究》（第三卷），中国人民大学出版社 2012 年版，第 199 页。

② 唐明：《试论赠与合同的立法及司法实》，载《中国法学》1999 年第 5 期，第 65 页。

③ 薛文成：《关于赠与合同的几个问题》，载《清华大学学报》（哲学社会科学版）1999 年第 5 期，第 29 页。

社会公益、道德义务性质的赠与合同或者经过公证的赠与合同，不适用前款规定。

但是对于赠与合同是诺成合同还是实践合同，理论上并非不存在争议。主要存在着以下观点：①实践说。① 该观点主要存在于《合同法》颁布之前。其主要理论根据是在赠与合同是单务合同，如赠与人与受赠人达成意思一致便要受到合同效力的约束并可被强制执行，有不公平之嫌。把赠与合同认定为实践性合同，未交付赠与财产前，赠与合同还未成立，赠与人并不受到合同约束，赠与人能够决定是否交付赠与物以成立赠与合同，这就保证赠与人的再判断，维护了其利益。其法律根据是最高人民法院《关于贯彻执行〈中华人民共和国民法通则〉若干问题的意见（试行）》第128 条的规定："公民之间赠与关系的成立，以赠与物的交付为准。赠与房屋，如根据书面赠与合同办理了过户手续，应当认定赠与关系成立；未办理过户手续，但赠与人根据书面赠与合同已将产权证书交与受赠人，受赠人根据赠与合同已占有、使用该房屋的，可以认定赠与有效，但应令其补办过户手续。"②诺成说。通说采纳诺成说。认为赠与合同只要双方当事人意思表示一致，合同即成立。赠与财产未交付或未转移并不影响赠与合同的成立及生效。③折中说。认为不可一概而论，应该区别对待。一般的口头赠与是实践性合同，书面赠与是诺成性合同。我们认为，赠与合同应为诺成性合同。民事合同以诺成为原则，以实践为例外，除非法律对某合同之实践性有特别规定，否则该合同即视为诺成合同。"各国在优遇赠与人从而实现赠与人与受赠人的利益平衡这一价值判断上表现出了高度的一致性，但在达到这一目标的过程中，各国的立法规定却呈现出了差异性。在赠与合同的性质上，法国、德国、意大利、瑞士等国大体上采要式性或实践性，而日本及我国台湾地区采诺成性，虽然这些方式存在差异，但都殊途同归，最终都实现了优遇赠与人的价值判断。"② 此外，从《合同法》有关条款的解释来看，赠与合同是诺成合同。对赠与人利益的担心是多余的，因为为平衡赠与人与受赠人的利益，避免对赠与人过于严苛，《合同

---

① 何秉群：《合同法应明赠与合同为实践合同》，载《河北法学》1998 年第 3 期，第 48—49 页。

② 陈小君、易军：《论我国合同法上赠与合同的性质》，载《法商研究》2001 年第 1 期，第 84 页。

法》第 186 条规定了赠与人的任意撤销权。

（4）赠与合同为不要式合同

我国合同法对赠与合同的形式未作出规定，赠与合同为不要式合同。但是，双方当事人在赠与合同中特别约定采用书面、公证等形式的，赠与合同为要式合同。《合同法》第 187 条规定，赠与的财产依法需要办理登记等手续的，应当办理有关手续。此时赠与合同为要式合同。

（二）赠与合同的种类

根据不同的标准，可以对赠与合同作不同的分类。

1. 一般赠与与特种赠与

根据赠与合同是否具有特殊情形，将赠与划分为一般赠与和特种赠与。一般赠与，是指在赠与合同中不具有特殊形态的赠与。特种赠与是在赠与合同中具有特殊情形的赠与。特种赠与如附义务的赠与、混合赠与、死因赠与等。

2. 现实赠与与非现实赠与

根据赠与合同是否在成立生效时即时履行，可以将赠与分为现实赠与与非现实赠与。现实赠与是在赠与合同成立生效时，赠与人即将赠与财产交付给受赠人的赠与，也称为即时赠与。非现实赠与是在赠与合同成立生效后，赠与人到将来的履行期限时才将赠与的财产交付给受赠人的赠与。

3. 附条件赠与与无条件赠与

根据赠与是否负担条件，赠与合同可以分为附条件赠与与无条件赠与。附条件赠与是指受赠人承担一定义务的赠与，此为一种特种赠与，但受赠人的义务并不是接受赠与人赠与的对价。无条件赠与是指受赠人仅仅享有受赠与的权利而不负任何义务的赠与。二者的区别主要体现在：（1）无条件的赠与是一般情形，属于常态赠与；附条件的赠与是特殊情形。（2）瑕疵担保义务不同。无条件的赠与不负瑕疵担保义务，附条件的赠与负瑕疵担保义务。（3）法定撤销权情形不同。无条件的赠与中，受赠人符合《合同法》第 192 条规定的情形时，赠与人享有法定撤销权。附条件的赠与中，根据《合同法》第 192 条，赠与人在受赠人不履行赠与合同约定的义务时也享有法定撤销权。

4. 具有社会公益性质、履行道德义务的赠与和不具有社会公益性质、履行道德义务的赠与

根据赠与人赠与的目的是否是为了社会公益和履行道德义务，可以将赠与分为具有社会公益性质、履行道德义务的赠与和不具有社会公益性质、履行道德义务的赠与。具有社会公益性质、履行道德义务的赠与是指以救灾、扶贫等为目的赠与。不具有社会公益性质、履行道德义务的赠与是指不以救灾、扶贫等公益为目的的赠与。

5. 财产需要登记的赠与和财产无须登记的赠与

根据赠与的财产是否需要登记，可将赠与合同分为财产需要登记的赠与和财产无须登记的赠与。赠与的财产是否需要登记，由相关法律、行政法规、地方性法规等作出专门规定。赠与的财产依法需要办理登记等手续的，应当办理有关手续。财产需要登记的赠与是指交付的赠与财产必须办理登记，否则赠与合同不生效的赠与。财产无须登记的赠与是指赠与的财产无须登记即可以使赠与合同生效的赠与。

（三）赠与合同的价值理念——优待赠与人

根据当事人取得权益是否须负相应代价，可以将合同分为有偿合同与无偿合同。有偿合同是指当事人一方取得权益，须付出一定代价的合同。在有偿合同中，双方当事人互为给付，即当事人以接受对方相应代价为履行义务的条件。有偿合同占合同中的绝大多数，如买卖合同、租赁合同、运输合同、保险合同等。无偿合同是指当事人一方享有权益，无须偿付相应代价的合同。如赠与、无偿借用、无偿的消费借贷等合同则为无偿合同的典型。在有偿合同中，各主体地位具有互换性且主体间相互支付对价，法律只需赋予各个主体基于其自由意思形成的合意以拘束力即可实现主体的利益平衡。而在无偿合同中，仅一方当事人即利益出让方负给付义务不符合交易公平不符合正义亦不符合人性。因此法律对有偿合同和无偿合同的规制不能不存在差异。在赠与合同中赠与人无对价而支付利益受赠人不负担任何对待给付义务即可获得利益双方地位严重违反均衡正义。因此法律应尽可能采取各种措施优遇赠与人，维护其利益从而使赠与人与受赠人之利益趋于平衡。综观世界各国关于赠与合同的立法，立法者无不为践行

此一目标而殚精竭虑。各国为保护赠与人的利益往往采取了以下措施：如严格赠与合同之成立或有效要件；减轻赠与人的负责事由；限制赠与人的责任范围；缓和赠与合同之拘束力；赋予赠与人以穷困抗辩权；减轻赠与人之担保责任。[①] 就我国《合同法》而言，对赠与人的优待措施主要体现在：任意撤销权（第186条）、有限瑕疵担保责任（第191条）、法定撤销权（第192、193条）、赠与义务免除（第195条）。

二、赠与合同的效力

赠与合同的效力是指赠与合同的当事人所享有的权利和承担的义务。由于赠与合同是典型的单务合同，仅赠与人负有义务，所以赠与合同的效力主要是指赠与人应负的义务。

（一）赠与人的义务与责任

1. 移转赠与物的义务

赠与合同成立并生效后，赠与人应按照合同的约定移转赠与物于受赠人，此为赠与人的主要义务。除法律另有规定或者当事人另有约定外，赠与标的物的所有权经赠与物的交付而转移。赠与的财产依法需要办理登记等手续的，应当办理有关手续。未办理登记手续的，不得对抗善意的第三人。当赠与人未能依约履行移转赠与物的义务时，赠与人应当承担违约责任。但是，由于赠与合同属于单务、无偿合同，与具有对价关系的双务合同不同，赠与人的责任应当适当减轻。具有救灾、扶贫等社会公益、道德义务性质的赠与合同或者经过公证的赠与合同，赠与人不交付赠与的财产的，受赠人可以要求交付。

但是，赠与合同毕竟是单务、无偿合同，为了公平起见，赠与人的经济状况显著恶化，严重影响其生产经营或者家庭生活的，可以不再履行赠与义务。

---

① 陈小君、易军：《论我国合同法上赠与合同的性质》，载《法商研究》2001年第1期，第80—81页。

2. 不履行给付义务的责任

赠与的财产依法需要办理登记等手续的，应当办理有关手续。未办理登记手续的，不得对抗善意的第三人。当赠与人未能依约履行移转赠与物的义务时，赠与人应当承担违约责任。但由于赠与合同为无偿合同，仅赠与人单方负担义务，因此赠与人不履行赠与义务时所承担的责任比双务合同的当事人不履行债务所承担的责任要轻。因赠与人的故意或者重大过失致使赠与的财产毁损、灭失的，赠与人应当承担损害赔偿责任。

3. 瑕疵担保责任

由于赠与为无偿合同，赠与合同毕竟有利于受赠人，一般也不会给受赠人带来损害，因此，赠与人原则上不负瑕疵担保责任，根据我国合同法的规定，在以下两种情况下，赠与人应承担瑕疵担保义务：第一，在附义务的赠与中，赠与的财产有瑕疵的，赠与人在附义务的限度内承担与出卖人相同的违约责任。第二，赠与人故意不告知赠与财产的瑕疵或者保证赠与财产无瑕疵，造成受赠人损失的，应当承担损害赔偿责任。

（二）附义务的赠与合同的效力

附义务的赠与又称为附负担的赠与，它是指以受赠人对于赠与人或第三人负一定给付义务的赠与。"附义务赠与作为一种特殊的赠与，在受赠人获得较大利益，负担较小义务的同时，满足了赠与人或赠与人指定的第三人的特定权益，因而成为赠与合同的主流形式。"①

此类合同为特种赠与的合同，与一般的赠予合同相比较，在理念上具有显著不同。"附负担赠与和一般赠与的不同之处在于，在一般赠与中，赠与人是纯粹无偿地向受赠人为给付而不从受赠人处获得给付，而在附负担赠与中，赠与人与受赠人都要向对方为给付，虽然这两个给付在价值上不可同日而语。也由于这个原因，在一般之赠与契约中，立法者着眼于保障赠与人。惟于附负担赠与契约中，尚须兼顾负担之程度而平衡双方之利益。"②

---

① 丁寿兴、王俊：《附义务赠与合同的性质及法律后果》，载《人民法院报》2004 年 3 月 26 日。
② 宁红丽：《附义务赠与合同的法律构造》，载《江海学刊》2013 年第 5 期，第 136 页。

附义务的赠与合同的主要特点在于：

第一，赠与所附的义务是赠与合同的内容，而不是另一合同或附随于赠与合同的从合同。但赠与所附的义务不是赠与的对价，赠与人不能以受赠人不履行所附义务作为不履行赠与的抗辩。附义务赠与中所附的义务，不得违背法律规定或公序良俗，否则整个赠与合同无效。附义务赠与的履行，一般为赠与在先，义务附后。但是也有学者对此有不同意见："此种处理过于简单，还是宜根据具体情况进行判断。负担无效并不一概导致赠与合同无效。'如果只是负担自始不能时，则应该根据负担的重要性而决定赠与本身的效果。'如甲赠与乙一栋房屋，约定乙永远不许转让，此际，仅负担部分无效，赠与合同应为有效。"① 我们认为这种观点比较客观。

第二，赠与人履行给付义务后，受赠人才发生履行其负担的义务。受赠人虽负担一定义务，也没有改变合同的单务、无偿性，它仍是一种赠与，赠与人不享有双务合同的同时履行抗辩权。"在附义务的赠与合同中，受赠人虽然也负担一定的义务，但双方签订合同的主要目的仍是将赠与物的所有权转移给受赠人。受赠人接受赠与物所付的代价或附随的义务，不是其取得赠与财产所付的报酬或对价，因而不能因为赠与附义务而否认赠与合同的单务性和无偿性。"②

第三，此类合同中，受赠人负担的义务可以是作为，也可以是不作为。此等义务或者负担须为具有法律意义的义务或负担。但是受赠人的负担与双务合同中的对待给付是不同的，应该注意区分。（1）给付与对待给付在价值上往往是相当的，而负担的价值不得超过赠与物的价值，如果负担的价值与赠与物的价值相当，则该合同已丧失无偿性，不能再被定性为赠与合同。（2）对负担而言，只有赠与人先为给付后，受赠人才有履行负担的义务。而在双务合同中，合同生效后，双方可依合同请求相对人为约定的给付。（3）在包括附负担赠与在内的赠与合同中，受赠人可不具有理由地拒绝受领赠与之给付。而双务合同中，合同生效后，债务人不享有类似权利。（4）在双务合同中，当事人之间互负一定的给付义务，而且一方当事

---

① 宁红丽：《附义务赠与合同的法律构造》，载《江海学刊》2013 年第 5 期，第 137 页。
② 丁寿兴、王俊：《附义务赠与合同的性质及法律后果》，载《人民法院报》2004 年 3 月 26 日。

人能因对方当事人的对待给付而获得一定利益，但在附负担赠与中，有时受赠人并不向赠与人履行负担，有时受赠人履行负担却并未给赠与人带来直接的利益，如负担以公益为目的的附负担赠与即属此类。[①]

第四，受赠人所付义务的受益人可以是赠与人，也可以是第三人或者不特定的社会公众。

附义务的赠与合同有以下特殊效力：

1. 受赠人所附义务的履行

赠与附义务的，受赠人应当按照约定履行义务。在附义务的赠与中，受赠人取得赠与物虽不以向赠与人履行某项义务为代价，但却是以履行所附义务为条件的。因此，受赠人应当按照约定履行所附的义务，附义务赠与的受赠人负有履行赠与合同所附义务的义务。赠与人向受赠人给付赠与标的物后，受赠人如果不履行合同所附义务，赠与人有权请求受赠人履行所附义务。受赠人拒不履行的，赠与人可以撤销赠与。因受赠人不履行其所附义务，赠与人撤销赠与的，赠与合同视为自始无效，赠与人可以请求受赠人返还赠与的财产。但是如果所附义务非因受赠人的事由不能履行或者不必要履行的，赠与人不得撤销赠与。

由于赠与合同本是受赠人纯获利益的合同，在附义务的赠与合同中，受赠人履行其义务，仅于受赠财产的价值限度内履行其义务，如果受赠人所应履行的附加义务超过了赠与物的价值，那么受赠人则会得不到任何利益。因此，受赠人应当履行的所附义务，不应超过赠与物的价值。对于赠与所附义务超过赠与物价值时，受赠人对超过赠与价值部分的义务可以拒绝履行。

2. 赠与人的瑕疵担保责任

在一般赠与中，赠与人原则上不负赠与物的瑕疵担保责任。但附义务的赠与，由于受赠人有履行所附义务的义务，其虽从赠与合同获得利益，但也须履行所附义务，因此，就受赠人履行所附义务而言，其所处地位如同买受人的地位。所以，附义务的赠与，赠与的财产有瑕疵的，赠与人

---

① 宁红丽：《附义务赠与合同的法律构造》，载《江海学刊》2013 年第 5 期，第 137 页。

"在附义务的限度内承担与出卖人相同的责任"。

所谓"承担与出卖人相同的责任"是指，就像出卖人要依《合同法》第153条至第158条的规定承担不完全给付责任一样，附负担赠与的赠与人也应像买卖合同的出卖人那样承担不完全给付责任。"赠与人……承担与出卖人相同的责任"，应是指直接适用买卖制度中出卖人不完全给付责任的规定，也就是说，赠与可直接适用买卖制度中有关不完全给付责任的构成要件、法律效力等方面的规定，而不必依《合同法》第174条准用买卖的规定。还要注意的是，该条第1款第2句明定承担出卖人相同的"责任"，并未如第2款那样明确要求赠与人承担"损害赔偿责任"，因此，举凡买受人因买卖标的物瑕疵而得主张的救济，受赠人均可主张，而不以损害赔偿请求权为限，即受赠人可请求赠与人修理、更换、重做等。如何理解"在附义务的限度内"？赠与人在附义务的限度内承担瑕疵担保责任，是指赠与人承担瑕疵担保责任的范围，以受赠人负担的给付义务的价值为其最高限度。详言之，当受赠人因赠与物瑕疵而要求赠与人修理、更换、重做、减少价款、赔偿损失时，其请求的价额不得超过其给付义务的价值。[①]

三、赠与合同的撤销

因赠与合同是单务、无偿合同，赠与人负担给付赠与财产的义务及责任而不享有任何权利，受赠人纯获利而无须负担对价，因此，从公平角度来讲，应允许赠与人在某些情况下可以撤销赠与。

赠与合同的撤销，是指有撤销权的主体撤销赠与的情形，包括任意撤销和法定撤销两种。

（一）赠与合同的任意撤销

赠与合同的任意撤销，是指在赠与合同成立后，赠与人在财产的权利移转之前，可以以自己的意思撤销赠与。"为缓和赠与关系中义务的片面

---

① 宁红丽：《附义务赠与合同的法律构造》，载《江海学刊》2013年第5期，第141页。

性，《合同法》设置了赠与人的任意撤销权。"① 法律规定赠与合同的任意撤销，源于赠与是无偿行为。即便赠与合同已经成立，也还可以允许赠与人因自身的某种事由撤销赠与，这也是赠与合同与其他有偿合同的显著区别。尤其是有的赠与合同的订立，是因一时情感因素而欠于考虑，如果绝对不允许赠与人撤销，则对赠与人太过苛刻，也有失公允。《合同法》第186 条对任意撤销制度作了规定："赠与人在赠与财产的权利转移之前可以撤销赠与。具有救灾、扶贫等社会公益、道德义务性质的赠与合同或者经过公证的赠与合同，不适用前款规定。"

任意撤销赠与应具备如下条件：

1. 赠与合同有效成立

赠与合同只有成立并生效后，才有可能存在撤销的问题。

2. 赠与财产的权利尚未转移

如果赠与的财产权利已经依法转移，赠与人不得再行撤销。

3. 该赠与不属于具有救灾、扶贫等社会公益、道德义务性质的赠与或经过公证的赠与

赠与人在赠与财产的权利转移之前依法享有撤销赠与的权利，这种撤销权虽名为任意撤销，实则并非毫无限制。这一要件是对赠与人任意撤销权的明确限制。也就是说，当该赠与属于具有救灾、扶贫等社会公益、道德义务性质的赠与或经过公证的赠与时，赠与人在赠与财产权利转移之前不可撤销赠与。赠与人不依赠与合同之约定交付赠与标的物的，受赠人得请求其交付。

（二）赠与合同的法定撤销

赠与合同的法定撤销，是指在出现法律规定的撤销情形时，赠与人有权撤销合同。这种撤销形式，又可称为忘恩背义之赠与撤销，因受赠人对赠与人有法定忘恩背义行为时，赠与人或其继承人得撤销赠与之情事。② 我国《合同法》对赠与合同的法定撤销作了详尽的规定。第 192 条规定：

---

① 王文军：《论赠与合同的任意撤销》，载《法学论坛》2010 年第 6 期，第 142 页。
② 邱聪智：《新订债法各论》（上），中国人民大学出版社 2006 年版，第 204 页。

"受赠人有下列情形之一的，赠与人可以撤销赠与：严重侵害赠与人或者赠与人的近亲属；对赠与人有扶养义务而不履行；不履行赠与合同约定的义务。赠与人的撤销权，自知道或者应当知道撤销原因之日起一年内行使。"第 193 条规定："因受赠人的违法行为致使赠与人死亡或者丧失民事行为能力的，赠与人的继承人或者法定代理人可以撤销赠与。赠与人的继承人或者法定代理人的撤销权，自知道或者应当知道撤销原因之日起六个月内行使。"赠与合同的法定撤销，其针对的是赠与财产的权利转移之后，即赠与人丧失赠与合同任意撤销权的情形下，由于法定事由的出现，赠与人仍可享有撤销赠与合同的权利。赠与合同的法定撤销是对赠与合同任意撤销的补充完善，两者的有机结合构成了赠与合同的撤销制度。[①]

1. 赠与人的法定撤销事由

赠与人可撤销赠与的法定事由主要有以下几种情形：

（1）受赠人严重侵害赠与人或者赠与人的近亲属。侵害的对象是赠与人或者赠与人的近亲属，侵害行为是严重的而不是轻微的。

（2）受赠人对赠与人有扶养义务而不履行。受赠人对赠与人有扶养义务且有扶养能力而不履行对赠与人的扶养义务。如果受赠人没有扶养能力，则赠与人无权撤销赠与。

（3）受赠人不履行赠与合同约定的义务。如果是附义务的赠与，受赠人应按照约定履行所附的义务，受赠人不履行约定的义务，赠与人可以请求其履行，也可以撤销赠与。

2. 赠与人的继承人或者法定代理人的法定撤销事由

因受赠人的违法行为致使赠与人死亡或者丧失民事行为能力的，赠与人的继承人或者法定代理人可以撤销赠与。

3. 撤销权的行使方法及效力

撤销权人行使赠与的撤销权，应向受赠人作出撤销的意思表示，撤销的意思表示既可以是明示的，也可以是默示的，自撤销的意示表示通知到达受赠人时生效。

---

① 姬新江、赵家琪：《对赠与合同撤销的法律思考》，载《暨南学报》（人文科学与社会科学版）2004 年第 4 期，第 62 页。

赠与人的撤销权，自知道或者应当知道撤销原因之日起一年内行使。赠与人的继承人或者法定代理人的撤销权，自知道或者应当知道撤销原因之日起六个月内行使。

撤销权行使的效力使赠与关系自始无效。赠与的撤销权行使后，发生两种法律后果。第一，赠与物的权利未转移的，赠与人可以拒绝履行。第二，赠与物的权利已转移的，赠与人可以请求返还赠与的财产。

四、赠与人的穷困抗辩权

所谓赠与人的穷困抗辩权（Manred DES Bedwarfs），是指在赠与合同成立后，因赠与人的经济状况严重恶化，如果继续履行赠与合同将造成赠与人生产经营或家庭生活受到严重的影响，赠与人因此享有的不履行赠与义务的权利。穷困抗辩权是情势变更原则在赠与合同中的具体运用。①《合同法》第195条规定了穷困抗辩权："赠与人的经济状况显著恶化，严重影响其生产经营或者家庭生活的，可以不再履行赠与义务。"有学者将赠与人的抗辩权认为是赠与人的法定解除权，其目的是在于照顾确实处于困境中的赠与人，平衡双方利益。我们认为，该种认识并不准确，赠与人的穷困抗辩权属于延期抗辩权，其产生的结果是对将来发生效力，即不再履行赠与义务。如果理解为是法定解除权则可有溯及力地影响已经履行的部分，不符合穷困抗辩权的制度宗旨。

行使穷困抗辩权需要符合该条所规定的条件，即：赠与合同已经有效成立且生效；赠与人的经济状况显著恶化；因经济严重恶化严重影响赠与人的生产经营或者家庭生活。行使穷困抗辩权的法律后果是赠与人不再履行赠与义务。行使该抗辩权时需要注意的是：（1）需要赠与人主张方可使用。如果赠与人不主动援引使用，法院一般不主动适用。（2）属于延期抗辩权而非消灭抗辩权。穷困抗辩权属于延时抗辩权，并不是永久的抗辩权或者解除合同，因此如果赠与人事后恢复履行能力的，则应该继续履行赠与义务。"赠与人行使此一权利，赠与契约仍然存在，故赠与人日后一旦

---

①　王利明：《合同法研究》（第三卷），中国人民大学出版社2012年版，第227页。

经济状况好转，受赠人仍得请求履行。"① 我们认为这符合穷困抗辩权是延时抗辩权的本质属性，值得赞同。

第三节　借款合同

一、借款合同概述

（一）借款合同的概念和特征

借款合同又称贷款合同，是指借款人向贷款人借款，到期返还借款并支付利息的合同。借入货币的当事人被称作借款人，借出货币的一方当事人被称作贷款人。

合同法中的借款合同沿用了我国原《经济合同法》中的概念，但又扩大了原《经济合同法》中借款合同的调整范围，即主要调整金融机构与自然人、法人和其他组织的借款合同关系，对于非金融机构之间及非金融机构和自然人之间的借款合同关系未作规定。

借款合同具有以下特征：

1. 借款合同的标的物是货币

借款合同的标的物是货币，离开了货币，就不能成为借款合同。这也是借款合同同其他实物消费信贷合同的根本区别。"在借款合同中，当事人所转移的是货币的占有、使用、收益、处分权，即所有权。"这是由货币占有即所有的物权属性决定的。②

2. 借款合同是转移标的物所有权的合同

贷款人将货币交给借款人后，即移转了货币的所有权。由于货币是种类物和消耗物，所以借款人在履行期限届至时，返还原标的物是不可能的。所以，借款合同只能是转让所有权的合同，而不能是转让使用权的合同。"一些学者认为借款合同中转移的仅是货币的处分权。更多的人主张借款

① 邱聪智：《新订债法各论》（上），中国人民大学出版社 2006 年版，第 210 页。
② 王利明：《合同法研究》（第三卷），中国人民大学出版社 2012 年版，第 184 页。

合同中转移的是货币的所有权。在笔者看来，转移货币所有权的观点是科学的。货币不是一般的物，它是其他物的价值的度量物，具有高度替代性和强制的市场通用性，其所有权与其占有融为一体，谁适法地占有货币即对其享有所有权。在借款合同生效后，贷款人转移货币的所有权而享有到期请求返还本金或者本金和利息的权利，该权利属于债权而不是物权。首先，货币的占有权转移给了借款人；其次，货币的使用权也转移给了借款人，除非合同特别约定货币的使用要受到贷款人的监督和检查，借款人可以在合法的范围内自主使用借款；再次，货币的收益权也转移给了借款人，借款人可以在法定范围内使用货币以获得收益，当然，这些收益尚需按约定支付其中的一部分给贷款人作为利息；最后，货币的处分权转移给了借款人，借款人可在适法范围内对货币予以处分。可见，贷款人对于借出去的货币再也不能进行任何形式的支配，自然也就不再享有所有权。"①

3. 借款合同是双务合同

借款合同成立生效后，贷款人负有按照合同约定交付借款的义务，借款人负有届期归还借款和利息的义务，双方互享权利，互负义务。所以借款合同是双务合同。

4. 借款合同可以是有偿合同，也可以是无偿合同

银行借款合同按规定应当收取利息，所以为有偿合同。民间借款可以约定利息，也可以不约定利息，当约定利息时，表现为有偿合同，不约定利息时，表现为无偿合同。

5. 借款合同可以是诺成合同，也可以是实践合同

银行借款合同是诺成合同，合同自双方当事人协商一致而成立，不以货币的实际交付为合同成立生效的要件。"我国合同法将金融机构借款合同定性为诺成合同，不仅凸显了'（自由）意志'因素的独立性，契合了主体性（subjectivity）这一堪称奠基石的现代社会原则，而且满足了交易迅捷的要求，在世界范围内是具有先进性的立法。"② 而自然人之间的借款合同则为实践合同，以货币的实际交付作为合同成立生效的要件。有学者

①　刘定华、芥民：《借款合同三论》，载《中国法学》2000 年第 6 期，第 102 页。
②　宁红丽：《借款合同性质的厘定》，载《社会科学研究》2012 年第 4 期，第 69 页。

指出："将自然人之间的借款合同确定为要物合同固为合同法第 210 条所明定，但一概将自然人之间借款合同规定为实践合同，却也不尽合理，还有若干值得反思之处。我国未来立法即使不能放弃自然人之间借款合同实践性的观点，也宜缓和自然人之间借款合同的实践性，至少应对有偿的自然人之间的借款合同采取诺成性的观点。"①

6. 借款合同可以是要式合同，也可以是不要式合同

《合同法》颁布之前，民法理论和实务依据《经济合同法》和《借款合同条例》均认为借款合同是要式合同。《合同法》没有要求应当采取书面形式，同时允许自然人之间可以有约定。一般认为，银行借款合同应采用书面形式，所以为要式合同。民间借款既可以书面形式，也可以口头形式，为不要式合同。

7. 借款合同的当事人有特别的资格限制

民间借款合同，贷方和借方都无严格的主体资格限制。而在民间借款合同以外，贷方主体资格却有严格要求。法律规定，贷款方只限于国家法律规定的有权办理信贷业务的银行和信用合作社等。

8. 借款合同属于消费借贷

借款人借款的目的在于消费，消费之后返还的是同种类、同品质的借款，因此，我国合同法中的借款合同属于消费借贷而非使用借贷。"消费借贷是借入金钱及其他代替物（乃至消费物）进行消费，之后返还同种、同等、同量的物的契约。"② 消费借贷是相对于使用借贷而言的。使用借贷不需要支付对价，可以借用他人的物品进行使用收益。

（二）借款合同的种类

按照不同的标准，借款合同可以作不同的分类。

1. 银行借款合同和民间借款合同

这是按照借款合同的主体不同所作的分类。银行借款合同是指银行或者其他金融机构为贷款人的借款合同。银行借款合同是银行或者其他金融

---

① 宁红丽：《借款合同性质的厘定》，载《社会科学研究》2012 年第 4 期，第 71 页。

② ［日］我妻荣：《债法各论》（中卷一），徐进、李又又译，中国法制出版社 2008 年版，第 121 页。

机构将货币借给借款人使用，借款人按照约定归还借款并支付相应利息的合同。民间借款合同是指以银行或者其他金融机构以外的人为贷款人的借款合同。这种分类是借款合同最主要的分类。

2. 生产经营借款合同和生活消费借款合同

这是按照借款的用途不同所作的分类。生产经营借款合同是指以生产经营为目的的合同。具体还可以分为工业借款合同、农业借款合同、商业借款合同、基本建设借款合同等。生活消费合同是指以生活消费为目的的合同。这种分类决定了借款的利息、程序等的不同。

3. 人民币借款合同和外币借款合同

这是按照借款的币种的不同所作的分类。人民币借款合同是指标的物为人民币的借款合同。外币借款合同是指标的物为人民币以外的货币的借款合同。这种分类在于国家对于二者的管制宽严不同。

4. 信用借款合同和担保借款合同

这是按照借款时是否提供担保不同所作的分类。信用借款合同是指仅以借款人的信誉发放贷款的合同。担保借款合同是指借款人或第三人提供担保而成立的合同。根据商业银行法规定，银行借款一般应成立担保借款合同；而民间借款法律未作规定，采取自愿原则。

二、借款合同的形式和内容

（一）借款合同的形式

《合同法》第 197 条第 1 款规定，借款合同采用书面形式，但自然人之间借款另有约定的除外。由此可见，借款合同如果是自然人之间的借款，既可以采用书面形式，也可以采用口头形式，采用何种形式由当事人约定。但是，银行借款必须采用书面形式，这主要是因为银行借款合同往往涉及的金额较大，如果采用口头形式，发生纠纷时会造成举证困难的情况。所以，为了保障资金的安全，法律规定银行借款合同必须采用符合法律规定的书面形式，采用口头形式的无效。

（二）借款合同的主要内容

《合同法》第 197 条第 2 款规定，借款合同的内容包括借款种类、币种、用途、数额、利率、期限和还款方式等条款。

1. 借款种类

主要是指金融机构作为贷款人的情况下，针对不同种类的借款实行不同的政策，根据借款人的所有制性质、产业属性、借款用途以及资金来源和运用等确定借款种类。比如，根据贷款用途可以分为工业借款、农业借款等；根据借款的期限可以分为长期借款、中期借款和短期借款等。借款种类不同，决定了贷款政策和发放原则的区别，体现了国家的政策。

2. 币种

借款合同的标的为货币，所以币种除了人民币以外，还可以是外币。外币又有很多，如美元、欧元、日元、英镑等，由于不同的币种有不同的规定和不同的利息，因此，当事人在借款合同中应明确借款的币种。

3. 借款用途

借款用途是当事人使用借款的特定范围。借款用途是贷方监督借方合理使用借款的主要依据。根据我国现行的金融政策，借款人在使用借款时，不得违反借款用途条款的规定，将借款挪作他用，也不得擅自变更借款用途，应专款专用，否则，贷款人有权收回借款。

4. 借款数额

借款数额是指合同约定由贷款人出借给借款人的货币数量。借款数额应当包括借款的总金额以及在分批支付借款时，每一次支付借款的数额。

5. 借款利率

借款利率是一定期限内收取利息的数额与借款数额的比例。银行借款合同的利率必须符合法律和国家利率政策的规定，在规定的利率幅度内确定，超出法律规定的利率无效。民间借款合同的利率可以由当事人协商确定，但不得违背法律和国家利率政策规定的利率水平，即不得超过银行同期利率的四倍。由于民间借款合同可以是有偿合同，也可以是无偿合同，所以，借款利率条款并不是所有借款合同的必备条款。

6. 借款期限

借款期限是双方当事人约定偿还借款并支付利息的期限。借款期限与利率相关。当事人一般根据借款人的生产经营周期、还款能力和贷款人的资金供给能力等，约定借款期限。《合同法》第 206 条规定，借款人应当按照约定的期限返还借款。对借款期限没有约定或者约定不明确，依照本法第 61 条的规定仍不能确定的，借款人可以随时返还。

7. 还款方式

还款方式是指借款人采取何种方式将借款归还给贷款人。还款可以一次还本付息偿清，也可以分期分批偿付。采何种方式尽量应在合同中予以明确约定。

8. 其他条款

除上述条款外，借款合同根据不同情况还可以约定其他条款。如担保条款、违约责任条款等。借款合同的担保，是贷款人为了确保贷款的回收，在向借款人发放借款时，要求借款人提供一定担保。在银行借款合同中，一般都要求借款人向银行或者其他金融机构提供担保。因此，担保条款在大多数金融借款合同中，是必需条款。借贷双方可以在合同中约定违约责任条款。当一方当事人违反合同约定时，须承担相应的法律责任。

三、借款合同的效力

（一）借款人的权利义务

1. 借款人的权利

（1）按约定的期限和数额获得借款的权利

借款合同成立生效后，有权请求贷款人按照约定期限和数额交付借款。《合同法》第 200 条规定，借款的利息不得预先在本金中扣除。利息预先在本金中扣除的，应当按照实际借款数额返还借款并计算利息。

（2）损害赔偿请求权

贷款人未按照约定期限、数额提供贷款，给借款人造成损失的，借款人有权要求贷款人赔偿该损失。

（3）提前偿还借款的权利

除当事人另有约定的以外，借款人可以提前偿还借款。《合同法》第 208 条规定，借款人提前偿还借款的，除当事人另有约定的以外，应当按照实际借款的期间计算利息。

（4）向贷款人申请展期的权利

借款人有权在还款期限届满之前，向贷款人申请展期，经贷款人同意后可以展期。

（5）民间借款中，未约定利息的借款人有权不向贷款人支付利息

《合同法》第211条规定，自然人之间的借款合同对支付利息没有约定或约定不明确的，视为不支付利息。所以，在自然人借款合同中，若双方未约定利息，则视为合同是无偿合同，借款人有权不向贷款人支付利息。

2. 借款人的义务

（1）借款人向贷款人提供真实情况的义务

《合同法》第199条规定，订立借款合同，借款人应当按照贷款人的要求提供与借款有关的业务活动和财务状况的真实情况。这是为了尽可能地避免贷款风险的需要，只有了解借款人的业务活动和财务状况的真实情况，贷款人才会决定是否放贷给借款人。在民间借款合同中，往往对这方面的要求较宽松。对该义务的性质，有先合同义务说、合同义务说和法定义务说三种观点。我们认为这是一种法定义务，其目的在于：第一，为了方便国家对借款人用途进行监管，防止借款人将所借款用于非法活动；第二，诚实信用原则的要求；第三，有利于保护贷款人的利益。[①]

（2）按照约定用途使用贷款的义务

借款用途条款是借款合同的重要条款之一，也是决定贷款人是否发放贷款的条件之一。如果借款人擅自改变借款用途，就会违背借贷双方订立的合同。借款人未按照约定的借款用途使用借款的，贷款人可以停止发放借款、提前收回借款或者解除合同。

（3）按照约定接受检查、监督借款使用情况的义务

《合同法》第202条规定，贷款人按照约定可以检查、监督借款的使用情况。借款人应当按照约定向贷款人定期提供有关财务会计报表等资料。

（4）按照约定期限归还借款的义务

《合同法》第206条规定，借款人应当按照约定的期限返还借款。对

---

① 王利明：《合同法研究》（第三卷），中国人民大学出版社2012年版，第250页。

借款期限没有约定或者约定不明确，依照本法第 61 条的规定仍不能确定的，借款人可以随时返还；贷款人可以催告借款人在合理期限内返还。第 207 条规定，借款人未按照约定的期限返还借款的，应当按照约定或者国家有关规定支付逾期利息。

（5）按照约定支付利息的义务

借款合同一般为有偿合同，所以，借款人支付利息是借款人的义务。《合同法》第 205 条规定，借款人应当按照约定的期限支付利息。对支付利息的期限没有约定或者约定不明确，依照本法第 61 条的规定仍不能确定，借款期间不满一年的，应当在返还借款时一并支付；借款期间一年以上的，应当在每届满一年时支付，剩余期间不满一年的，应当在返还借款时一并支付。

（二）贷款人的权利义务

1. 贷款人的权利

（1）检查、监督借款使用情况的权利

贷款人有权要求对借款用途进行检查、监督，通过对借款人的财务报表的审查、监督，保障将来贷款的收回。

（2）按照约定收回贷款的权利

这是贷款人的最为重要的权利。借款合同约定了期限的，借款期限届满时，贷款人可以要求借款人归还借款；借款合同未约定期限的，双方当事人可以达成补充协议，未达成补充协议的，贷款人可以随时要求借款人返还借款，但应当给借款人一定的合理准备期限。

（3）按照约定收取利息的权利

借款合同如果约定了利息，贷款人有权在履行期限届满时，要求借款人支付利息。民间借款合同如果没有约定利息，则贷款人无权要求借款人支付利息。

（4）决定是否展期的权利

当借款人在履行期限届满前，向贷款人申请延长借款期限时，贷款人收到申请后，经过审查有权决定是否展期。

2. 贷款人的义务

（1）按约定的期限、数额提供贷款的义务

为了保障供款人按期、足额使用借款，实现借款合同的目的，贷款人应按约定的日期、数额提供借款。《合同法》第 201 条规定，贷款人未按照约定的日期、数额提供借款，造成借款人损失的，应当赔偿损失。

（2）不得在本金中预先扣除利息的义务

借款合同利息的收取时间，应当是在贷款人借出借款且借款人按约定使用一定时间以后。法律禁止贷款人预先在本金中扣除利息，利息预先在本金中扣除的，应当按照实际借款数额返还借款并计算利息。

（3）保密义务

贷款人应对了解到的借款人的债务、财务、生产、经营等各项商业秘密，有保密义务。因不当使用、泄露给借款人造成损失的，应承担赔偿责任。

（4）民间借款未约定利息的，负有不得收取借款利息的义务

在自然人之间的借款合同中，如果双方当事人对借款的利率没有约定的，贷款人不得要求借款人支付利息。

（5）接受提前还款的义务

借款人提前返还借款的，贷款人有接受还款的义务，依照法律规定，对提前的时间不得计算利息。

四、民间借款合同

民间借款合同，是指自然人之间所订立的一方向另一方出借一定种类和数额的货币，另一方到期归还相应货币的合同。《合同法》第 210 条、第 211 条对民间借款合同作了明确规定。民间借款合同实际上不仅限于自然人之间的借款合同。自然人和非金融企业之间的借款合同在符合法定条件下也是可以有效的。《最高人民法院关于如何确定公民与企业之间借贷行为效力问题的批复》① 规定："公民与非金融企业（以下简称企业）之间

---

① 《最高人民法院关于如何确定公民与企业之间借贷行为效力问题的批复》，1999 年 1 月 26 日最高人民法院审判委员会第 1041 次会议通过，1999 年 2 月 9 日最高人民法院公告公布，自 1999 年 2 月 13 日起施行。

的借贷属于民间借贷。只要双方当事人意思表示真实即可认定有效。但是，具有下列情形之一的，应当认定无效：企业以借贷名义向职工非法集资；企业以借贷名义非法向社会集资；企业以借贷名义向社会公众发放贷款；其他违反法律、行政法规的行为。借贷利率超过银行同期同类贷款利率4倍的，按照最高人民法院（民）发〔1991〕21号《关于人民法院审理借贷案件的若干意见》的有关规定办理。"最高人民法院《关于人民法院审理借贷案件的若干意见》第一条规定："公民之间的借贷纠纷，公民与法人之间的借贷纠纷以及公民与其他组织之间的借贷纠纷，应作为借贷案件受理。"因此，自然人和非金融企业之间借贷也属于民间借贷。

民间借款合同具有以下特点：第一，主体具有特殊性，已如上述。第二，非要式性。第三，具有实践合同的性质。首先，从罗马法开始，借款合同就是实践性合同；其次，自然人之间的借款合同多发生于自然人之间，并且通常为无偿，为了使贷款人更为谨慎起见，有必要将自然人之间的借款合同规定为实践合同；最后，自然人之间借款大多数情况是一手交钱另外再写一个借据，形式上比较简单，即使当事人采用了书面形式，贷款人不支付借款的，也不宜要求其必须支付，否则会给贷款人增加过重的责任。① 第四，原则上具有单务性。正如《合同法》第211条规定："自然人之间的借款合同对支付利息没有约定或者约定不明确的，视为不支付利息。"

---

① 胡康生主编：《中华人民共和国合同法释义》（第二版），法律出版社2009年版，第357页。

第四章　转移财产使用权的合同

　　根据《合同法》分则的体系，本章所谓的"转移财产使用权的合同"包括租赁合同和融资租赁合同两种有名合同。相较于前面两章转移所有权的合同，该两种合同最明显的特点是转移的是财产使用权而非财产所有权。本章涉及的法律规范除了《合同法》的有关规范外，还涉及《最高人民法院关于审理城镇房屋租赁合同纠纷案件具体应用法律若干问题的解释》[①]和《最高人民法院关于审理融资租赁合同纠纷案件适用法律问题的解释》[②]，因此，从法律规范的视角观察，本章的内容较为复杂。

第一节　租赁合同

一、租赁合同概述

（一）租赁合同的概念和特征

1. 租赁合同的概念

　　租赁合同是出租人将租赁物交付承租人使用、收益，承租人支付租金

---

　　① 《最高人民法院关于审理城镇房屋租赁合同纠纷案件具体应用法律若干问题的解释》，2009 年 6 月 22 日最高人民法院审判委员会第 1469 次会议通过。

　　② 《最高人民法院关于审理融资租赁合同纠纷案件适用法律问题的解释》，2013 年 11 月 25 日最高人民法院审判委员会第 1597 次会议通过。

的合同。在租赁关系中，提供财物的一方为出租人，使用财物的一方为承租人，被交付使用的财物为租赁物，租金则为承租人使用租赁物所支付的对价。在我国，租赁合同的当事人并不限于自然人，法人亦可。

租赁合同在社会经济生活中扮演着重要角色，是市场经济环境下不可或缺的财产合同类型。其功能主要体现在：对于出租人而言，以其所有而暂无急用之物出租，在收取租金同时，并不丧失其所有人之地位；而对于承租人来说，也可以少于取得物之所有权的价金，而获得对物的使用收益，以应一时之急需。对双方而言均十分有利。而自社会经济价值观之，租赁关系亦可促进物之作用的发挥，使所有物的所有权与使用权在同时均可充分体现，并能满足部分社会成员对财产的临时需要，减少唯有所有者才可对其物使用收益而带来的诸多矛盾。①

2. 租赁合同的特征

（1）租赁合同是转移财产占有、使用和部分或全部收益权的合同

租赁合同的出租方将其财产交付给承租方时，所转移的只是财产的占有、使用和收益的权利，财产所有权的归属并没有发生变化。因此，不论合同规定的租赁期限有多长，在租赁关系终止后，承租方都应将租赁财产返还给出租方；在租赁关系存续期间，出租人也有权将出租的财产转让给他人。租赁合同的这一特征是其不同于买卖合同的根本区别。"租赁亦属财产契约，但其权利特性，与买卖有重大殊异，以买卖了解租赁，常会失之毫厘，差之千里。"②

在通常情况下，出租方须将租赁财产的占有、使用权全部转移给承租方，才能满足承租方使用租赁财产的需要，但在当事人双方对租赁财产占有、使用不矛盾的个别情况下，出租方和承租方处于不同需要的占有、使用权可以并存于同一财产，即双方当事人对同一租赁物各享有部分占有、使用权。例如，出租方将房屋外墙壁租赁给承租方用于制作广告，即属此类情形。

需要注意的是，不能仅仅依据合同的名称判断一种合同是否为租赁合

---

① 崔建远主编：《新合同法原理与案例评释》，吉林大学出版社1999年版，第1063页。

② 邱聪智：《新订债法各论》（上），中国人民大学出版社2006年版，第221页。

同，而要依据合同的内容作具体的分析。例如，在船舶租赁合同中，承租合同虽有租赁合同的某些特点，实际上是海上运输合同的一种。

（2）合同的标的物是具有一定价值和固定形态的特定物

由于租赁合同不转移财产的所有权，在租赁关系终止时承租方需把租赁物返还给出租方，因而用来出租的财产是经承租人使用后仍能基本保持原状，并能确认是否为原物的财产。这就要求作为租赁合同标的物的财产，应是能够为人们有效管领的有形财产，并且应当是在较长时期的使用中能够保持原有形态不变的特定化的非低值易耗物品。"租赁之标的物包括动产、不动产；至于其为主物、从物、消费物、非消费物、特定物、种类物，均非所问，即将来可得之物，亦无不可。"① 没有外在形体，不能在一定的时空条件下，由某一财产权利人实际占有和使用的知识产品等无形财产，以及非特定化的或者在使用中会很快消耗灭失、价值较低的有形财产，不可能在合同租赁期满时返还原物或重新处于出租方的有效管领之下，因此不能成为租赁合同的标的物。

（3）租赁合同具有引起债权、物权两种法律关系的特性

租赁合同作为一种法律事实，与其他合同一样，必然要引起当事人之间的债权法律关系。但所不同的是，这种合同还能够使当事人之间产生某些物权法律关系，主要表现为由于租赁合同关系的存在影响物权法律关系的设立、变更与终止。例如，在合同规定的租赁期限内，出租方将财产出租给第三人的行为无效；出租方在租赁关系存续期间将财产所有权转让给他人时，不能消灭承租方的租赁权，即"买卖不破租赁"等等。有学者称之为租赁权的物权化。"以居住营业或农耕为目的，而承租他人之不动产能时，各国立法为谋社会生活之安定及增进，均采取巩固承租人地位之方针，此现象成为租赁权的物权化。"②

（4）租赁合同为诺成合同、双务合同、有偿合同

租赁合同自当事人双方达成协议时起成立，当事人之间即产生权利义务，而不以租赁物的实际交付为合同的生效要件，故租赁合同为诺成性合

---

① 邱聪智：《新订债法各论》（上），中国人民大学出版社 2006 年版，第 222 页。
② 史尚宽：《债法各论》，中国政法大学出版社 2000 年版，第 148 页。

同，而非实践性合同。租赁合同当事人双方既负有一定义务，也享有一定权利。双方的权利义务具有对应性、对价性，所以租赁合同为双务合同。租赁合同当事人的任何一方从对方取得利益，均须支付一定的代价：出租人以转移租赁物的使用收益权而取得租金，承租人以转移租金的所有权取得租赁物的使用收益，因此租赁合同为有偿合同。

（5）租赁合同受时间限制

租赁合同只是出租人将其财产的使用收益临时转让给承租人，因此，租赁合同具有临时性的特征，不适用于财产的永久性使用。因此，许多国家的法律都规定了租赁合同的最长期限。《合同法》第214条规定："租赁期限不得超过20年。超过20年的，超过部分无效。租赁期间届满，当事人可以续订租赁合同，但约定的租赁期限自续订之日起不得超过20年。"因为租赁让渡的是租赁物的使用和收益，使用完毕后承租人须返还原物。而物的使用价值是有一定期限的。如果当事人之间约定的租赁期过长，既与临时让渡物的使用收益的目的不符，也容易就物的返还状态发生争议，甚至使物的使用价值丧失殆尽。

（二）租赁合同的分类

租赁合同是以临时性转让标的物的使用权为目的的合同。因此，凡当事人需取得对标的物的临时使用收益而不必须取得所有权时，只要该物为非消耗物，均可适用租赁合同。租赁合同的适用范围很广。租赁的标的物既可以是动产，也可以是不动产；既可以是生产资料，也可以是生活资料。租赁既可以是基于所有权，也可以是基于使用权。随着市场经济的发展，出现了一些新的租赁形式。例如，企业租赁，出租人不是将个别财产交付承租人使用收益，而是将企业的整体财产交付承租人使用收益。

根据不同的标准，从不同的角度，可以将租赁合同作不同的分类。常见的主要分类有以下三种。

1. 动产租赁与不动产租赁

根据租赁的标的物来划分，可分为动产租赁与不动产租赁。不动产租赁主要是房屋租赁。依我国法律规定，土地使用权可以出租。以土地使用权为租赁标的的，也可视为不动产租赁。区分动产租赁与不动产租赁的主要意义在于，对于不动产租赁法律有特别的要求，例如登记；而动产租赁一般并无特别的程序上的要求，但是对于一些适用不动产制度的动产的租赁，例如船舶租赁、航空器租赁等，法律也有特别的要求，应依法律的特别要求办理。

2. 定期租赁与不定期租赁

根据租赁合同是否定有期限，可分为定期租赁与不定期租赁。定期租赁是指当事人双方约定有租期的租赁；当事人双方未约定租期或约定不明确的，则为不定期租赁。对于不定期合同，《合同法》第 232 条规定，当事人可以随时解除合同，但出租人解除合同应当在合理期限之前通知承租人。

3. 一般租赁与特殊租赁

根据法律对租赁合同有无特别规定，租赁可分为一般租赁与特别租赁。一般租赁是指法律没有特殊规定的租赁。特别租赁是指法律有特别规定的租赁。如房屋租赁在城市房地产法上有特别规定，船舶租赁在海商法上有特别规定，航空器租赁在航空法上有特别规定。

（三）租赁合同的特性①

租赁合同具有不同于其他有名合同的特性，把握这些特性对于租赁合同的有关规范的解释和适用均有重要意义。

1. 租赁人格性。租赁物交付给承租人后，承租人一般长时间占有租赁物，承租人的人格优劣，直接影响到租赁物的使用价值乃至于归还与否，与承租人的人格均具有重要关系。所以在租赁合同订立过程中，出租人一般需要对承租人的人格进行审查。在租赁合同订立过程中，一般出租广告的发布仅构成要约引诱，承租人要求承租的意思表示一般认为是要约，而出租人租定的意思表示则被认为是承诺。另外，基于租赁的人格性，承租人不能随意地进行租赁权让与、转租等。

2. 租赁物权化。租赁合同乃负担行为，租赁权本属于债权范畴，但是

---

① 本部分主要参阅了邱聪智：《新订债法各论》（上），中国人民大学出版社 2006 年版，第 228—230 页。

在租赁物交付后，租赁权却产生了物权的性质，一般称为租赁权的物权化。典型的制度如"买卖不破租赁"。"买卖不破租赁"，是指在租赁期间，租赁物的所有权变动并不导致租赁关系的解除。各国立法采纳这一规则的主要原因在于不动产对当事人利益重大，而且具有稀缺性，如果出租人将租赁物出售，而不赋予承租人对抗买受人的权利，承租人的租赁权就会落空，而如果仅赋予其向出租人主张违约责任对承租人来说不公平，也不利于保护居住权。[①]

3. 租赁社会化。契约自由本是合同法中最重要的基本原则，但是现代租赁合同中却增加了不少社会化色彩的规范与制度。其原因在于，现实生活中，出租人一般为经济上的强者，承租人一般为经济上的弱者，极容易出现出租人利用其经济强者地位压制承租人情形的出现。故各国契约法多借助于契约正义原则以匡正契约自由滥用的弊端，以保护承租人的利益，实现出租人和承租人地位的实质平等，例如承租人的优先购买权制度就体现了租赁的社会化趋势。

（四）租赁合同的内容

根据《合同法》第 213 条的规定，租赁合同一般应包括以下主要条款。

1. 租赁物的名称

租赁物作为租赁合同的标的，是出租方和承租方权利义务所共同指向的对象。租赁物不仅在合同生效时要按照约定交付给承租方，而且在期限届满时返还给出租人。为避免当事人双方因租赁物约定不明确发生纠纷，当事人在签订租赁合同时，一定要将租赁物的名称写清楚。

2. 租赁物的数量和质量

租赁物的数量是衡量当事人交付或接受多少租赁财产的尺度，在很大程度上决定着当事人双方权利和义务的内容。租赁物的质量是对租赁物所应保持的一定性能状况的要求，它既是确保承租方得以正常使用租赁物，满足其生产经营需要的关键，也是租赁期满后出租方对返还的租赁物予以

---

① 王利明：《合同法研究》（第三卷），中国人民大学出版社 2012 年版，第 296 页。

验收的依据。在实践中，对于租赁物数量的规定，主要是应注意数字和计量单位的准确性、规范性。关于租赁物质量的规定，由于存在的问题比较突出，在订立合同时，应特别给予重视。除明确规定租赁物的质量标准外，对某些租赁物还应让出租方提供与质量有关的证明文件，如生产许可证、质量检测合格证书等。另外，鉴于有些租赁合同的租期较长，租赁物会因自然原因或正常使用造成磨损或消耗，在明确租赁物的质量要求时，可对租赁物的合理磨损或消耗标准作出规定。

3. 租赁物的用途

租赁物的用途往往是多种多样的，而且每一种用途对租赁物使用价值的耗费和给承租方带来的利益也多有不同。因而，为了维护双方当事人的利益，真正体现平等互利的原则，在合同中必须对租赁物的用途作出明确规定。如果在租赁物使用过程中，承租方需要添加新用途，亦应征得出租方同意，并按变更合同处理。同时，如果承租人没有按照约定用途使用，将会承担违约责任。实践证明，明确规定租赁物的用途，对于保证承租方正确使用租赁物及双方当事人合理商定租金数额都具有重要意义。

4. 租赁期限

租赁期限是出租方和承租方权利义务开始和终止的时间界限。在租赁期限内，承租方不得无故解除合同，出租方也不得随意收回租赁物。租赁期限一般应采用定期方式规定，即以年、季、月、日乃至小时计算，并有具体的起止时间。

5. 租金及其支付期限和方式

租金是承租方使用租赁物而向出租方支付的报酬。这是财产租赁合同有偿性的具体体现，也是其区别于借用合同的基本特征。租金条款是租赁条款中最为重要的条款之一，也是该类合同存在的根基，因此，在英美法系国家，法律将该条款视作条件性条款，对该条款的违反将构成根本违约。租金的构成一般主要包括租赁物的折旧费维修费、税金、出租方合理的利润等。倘若租金过高或过低导致合同显失公平，根据《合同法》第 54 条的规定，当事人一方有权请求人民法院或仲裁机构变更或撤销合同。除租金外，出租方不应收取额外费用。

租金交纳期限是承租方履行交纳租金义务所限定的时间。我国法律对于租金的交纳期限一般不作统一规定，有些地方即使有规定，也只限于为数不多的几类财产，如房屋租赁等。在国家和地方政府没有规定的情况下，当事人双方可以根据租赁期限的长短、各自的具体情况或需要协商确定。可以定期交纳，也可以不定期交纳；可以分期分批交纳，也可以租赁期限届满时一次交纳。但所确定的租金交纳期限，其时间界限都应当是明确的。如果是分期分批交纳，还应将每次交纳的租金数额规定清楚。

6. 租赁物的维修与保养

对于租赁财产进行必要的维修保养，是保证租赁财产在租赁期间始终处于良好适用状态的重要措施。一般而言，出租方作为租赁财产的所有者和租金的享有者，有义务承担对租赁财产的维修保养责任。但考虑到租赁财产通常由承租方占有、使用，有时由出租方进行租赁财产的维修保养有困难或不方便，因而双方当事人也可以根据实际情况，在合同中约定由承租方承担部分维修保养工作。实践中比较可行的做法是：由承租方负责力所能及的租赁财产的日常维修保养，所需费用由出租方支付或从租金中扣除；如果租赁财产在承租方的正常使用过程中，发生损坏或出现故障等需要大修或承租方无法解决的情况，由出租方负责。出租方可以自己对租赁财产维修保养，也可以将之委托给专门的维修服务机构。其中，城市私房的出租方确实无力修缮出租房屋的，也可以和承租方合修，承租方付出的修缮费用可以折抵租金或由出租方偿还。

7. 违约责任

这一条款应主要根据《合同法》第七章的要求规定。为使违约方的责任具体化、明确化，当事人可以对承担责任的标准或依据作出进一步的规定。

上述各项条款是租赁合同均应具备的带有共性的条款。这些条款基本概括了各种租赁合同的内容。由于租赁物的性质和当事人的要求千差万别，在订立具体的租赁合同时，当事人还应根据明确当事人双方权利义务关系的需要，对不同标的的租赁合同所应具备的主要条款作相应的补充。

（五）租赁合同的形式

租赁合同为不要式合同，因此租赁合同的形式可以是口头的，也可以是书面的。《合同法》第215条规定："租赁期限六个月以上的，应当采用书面形式。当事人未采用书面形式的，视为不定期租赁。"对于特殊的租赁合同，法律规定应依法办理登记手续的，应当依法办理登记。例如，土地使用权租赁合同即需要办理登记。又如依《城市房地产管理法》第53条的规定，房屋租赁合同应向房产管理部登记备案。

二、租赁合同的效力

（一）出租人的义务

1. 交付租赁物并保持租赁物符合约定的用途

租赁合同的目的在于承租人对租赁物进行使用并获取收益。因此，出租人依合同约定将租赁物交付给承租人使用，并于租赁关系存续期间保持租赁物符合约定的用途，是出租人的基本义务。它包括以下两个方面：（1）依合同约定交付租赁物。所谓交付租赁物，是指转移标的物的占有归承租人。出租人交付租赁物应于合同约定的时间为之。如果合同成立时，租赁物已为承租人直接占有，则于合同约定的交付时间起承租人即得对租赁物为使用收益。如依合同约定的使用性质，不以标的物的交付为必要，则出租人应作成适于承租人使用的状态。租赁物有从物的，出租人于交付租赁物时，应当同时交付从物。出租人不能按时交付标的物或交付的标的物不适合约定的使用收益状态的，应负违约责任；同时承租人得主张行使抗辩权并拒绝支付租金。（2）保持租赁物符合约定的用途。出租人交付的租赁物不仅应适于约定的使用状态，而且应于租赁关系存续期间保持租赁物符合约定的用途。因此，不仅出租人不得妨害承租人的使用，而且应当排除第三人的妨害。在标的物受到自然侵害而不适于约定的使用状态时，出租人应当予以恢复。值得探讨的是，如果出租人无权处分他人财产的情况下，承租人能否善意取得租赁权？有人认为，如果相对人是善意，则其可以按照善意取得的规则取得善意取得。也有人认为，由于租赁权在性质上属于债权而非物权，所以不适用善意取得规则。当出租人以他人财产进行出租时，如果出租人事后取得处分权或者他人事后进行了追认，则其无权处分的效力得到补正，则其出租就属于有权处分。如果出租人事后没有取得真正权利人的追认，则其没有取得处分权，根据《合同法》第51条的规定，此时合同从效力待定状态转化为无效状态。①

2. 对租赁物的维修义务

当租赁物不符合约定的用途时，出租人对租赁物予以修理，以使承租人得以按照约定正常使用之并且获取收益。《合同法》第220条规定："出租人应当履行租赁物的维修义务，但当事人另有约定的除外。"第221条规定："承租人在租赁物需要维修时可以要求出租人在合理期限内维修。出租人未履行维修义务的，承租人可以自行维修，维修费用由出租人负担。因维修租赁物影响承租人使用的，应当相应减少租金或者延长租期。"出租人之所以负有维修的义务，因为一方面，出租合同成立之后，租赁物仍然归出租人所有，所有人应当修缮租赁物，使其适合承租人使用。另一方面，出租人也有义务保持租赁物的符合约定用途的状态。出租人履行维修义务应当具备如下条件：租赁物确有维修的必要；必须具有维修的可能；租赁物的毁损不能归责于承租人；出租人应在合理期限内维修；出租人怠于维修义务的，承租人可以自行维修，费用由出租人承担。出租人不及时修缮，承租人有权基于同时履行抗辩权而拒付租金。

3. 瑕疵担保的义务

租赁合同是有偿合同，所以关于买卖合同中出卖人的假疵担保责任，同样适用了租赁合同的出租人。出租人的瑕疵担保义务是指，出租人应当保证其享有出租租赁物的权利，以及租赁物的质量能够满足合同约定的租赁目的。其责任包括以下两个方面：（1）权利瑕疵担保责任。出租人的权利瑕疵担保责任，是指出租人应担保不因第三人对承租人主张权利而使承租人不能按照合同规定对租赁物全部或部分为使用收益。在租赁有效期间，因第三人主张权利，致使承租人对租赁物使用收益受到影响的，承租人可以解除合同，也可以请求减少租金或者不支付租金。（2）物的瑕疵担保责任。出租人对物的瑕疵担保责任，是指出租人应担保其交付的租赁物能够由承租人按照租赁合同规定正常使用收益，如果租赁物存在不能让承租人

---

① 王利明：《合同法研究》（第三卷），中国人民大学出版社2012年版，第302页。

正常使用收益的瑕疵，则出租人即应承担担保责任。出卖人违反物的瑕疵担保义务，其所承担的仍然属于违约责任，也就是说，所谓的瑕疵担保责任本身就是违约责任的一种类型。

对于出租人承担的瑕疵担保义务的适用，还需要注意以下几点：（1）租赁物虽然存在一些细微瑕疵等方面的问题，但是通过出租人的维修或通过出租人的自行维修可以解决的，应当进行维修，所产生的问题是出租人承担维修费用、适当减少租金、顺延合同，但是租赁合同的效力应继续维持。（2）双方当事人在订立合同时承租人就已经知道租赁物存在瑕疵的，其后不得以租赁物有瑕疵主张解除租赁合同。（3）双方当事人在订立合同时承租人已经知道租赁物存在瑕疵的，如果租赁物的瑕疵足以危及承租人的安全或者健康的，即使承租人订立合同时明知该租赁物有瑕疵，仍然可以随时解除合同。①

4. 接受租赁物，返还押金或其他担保物的义务

在租赁合同终止、承租人返还租赁物时，出租人应当及时接受租赁物。如果出租人收有押金或者其他担保物的，出租人应当返还押金或者担保物。出租人不及时返还的，其占有便转为非法占有，应当承担相应的民事责任。

（二）承租人的义务

1. 按照约定的方法使用租赁物

租赁合同对于承租人的主要效力之一就是承租人取得和享有租赁权。租赁权的主要内容就是对租赁物进行使用并获取收益。承租人因出租人交付租赁物而取得对租赁物为使用收益的权利；同时，负有按照约定的方法使用租赁物的义务。对此，合同法作了明确的规定。《合同法》第217条规定："承租人应当按照约定的方法使用租赁物。对租赁物的使用方法没有或者约定不明确，依照本法第61条的规定仍不能确定的，应当按照租赁物的性质使用。"第218条规定："承租人按照约定的方法或者租赁物的性质使用租赁物，致使租赁物受到损耗的，不承担损害赔偿责任。"第219条规定："承租人未按照约定的方法或者租赁物的性质使用租赁物，致使租

---

① 孙永全：《租赁合同在审判实践中的问题研究》，载《山东审判》2005年第3期，第33页。

赁物受到损失的，出租人可以解除合同并要求赔偿损失。"

2. 妥善保管租赁物

租赁合同生效后，承租人依据租赁合同实际占有了租赁物。由此，承租人就承担了保管租赁物的义务。《合同法》第 222 条规定："承租人应当妥善保管租赁物。因保管不善造成租赁物毁损、灭失的，应当承担损害赔偿责任。"第 223 条规定："承租人经出租人同意，可以对租赁物进行改善或者增设他物。承租人未经出租人同意，对租赁物进行改善或者增设他物的，出租人可以要求承租人恢复原状或者赔偿损失。"

3. 不得随意转租

转租是指承租人不退出租赁关系，而将租赁物出租给其他人使用收益的行为。在转租中，其他承租人与原承租人之间为租赁关系，而原承租人与出租人之间的租赁关系仍继续存在。

转租后虽承租人仍为租赁关系的当事人，但实际上是将租赁物有偿地再转移给第三人，即次承租人使用收益，而租赁物如何为使用收益，对出租人有着直接的利害关系。因此，各国立法上一般规定，承租人转租须经出租人同意，非经出租人同意承租人不得转租。我国《合同法》第 224 条规定："承租人经出租人同意，可以将租赁物转租给第三人。承租人转租的，承租人与出租人之间的租赁合同继续有效，第三人对租货物造成损失的，承租人应当赔偿损失，承租人未经出租人同意转租的，出租人可以解除合同。"由此可见，经出租人同意应当是转租合同生效的要件之一。

4. 支付租金

租金为租赁物使用收益的代价。支付租金是承租人的主要义务，这也是租赁合同有偿性特征的表现。承租人应当严格按照《合同法》和租赁合同约定的内容，切实履行这一义务。对此合同法作了如下相关规定：

关于租金的支付期限，《合同法》第 226 条规定："承租人应当按照约定的期限支付租金。对支付期限没有约定或者约定不明确，依照本法第 62 条的规定仍不能确定，租赁期限不满一年的，应当在租赁期限届满时支付；租赁期限一年以上的，应当在每届满一年时支付，剩余期限不满一年的，应当在租赁期限届满时支付。"

关于迟延支付租金的后果，《合同法》第227条规定："承租人无正当理由未支付或者迟延支付租金的，出租人可以要求承租人在合理期限内支付。承租人逾期不支付的，出租人可以解除合同。"

涉及第三人对租赁物提出主张致使租赁合同无法正常履行的，《合同法》第228条规定："因第三人主张权利，致使承租人不能对租赁物使用、收益的，承租人可以要求减少租金或者不支付租金。第三人主张权利的，承租人应当及时通知出租人。"

另外，《合同法》第231条规定："因不可归责于承租人的事由，致使租赁物部分或者全部毁损、灭失的，承租人可以要求减少租金或者不支付租金；因租赁物部分或者全部毁损、灭失，致使不能实现合同目的的，承租人可以解除合同。"

5. 返还租赁物

《合同法》第235条规定："租赁期间届满，承租人应当返还租赁物。返还的租赁物应当符合按照约定或者货物的性质使用后的状态。"除租赁期间届满这个原因外，双方的租赁关系还可能因多种原因而终止。在租赁关系终止时，只要租赁物存在，承租人就应返还租赁物；只有租赁物已不存在时，承租人才不负返还义务。

承租人返还的租赁物应当符合原状，但承租人依约定方法或根据租赁物的性质所确定的方法为使用收益，致租赁物发生变化或者损耗的除外。因此，只要承租人返还的租赁物符合合同约定状态或者符合承租人正常使用收益后合理损耗的状态，其返还义务的履行就是适当的。承租人在租赁期间内未经出租人同意对租赁物改建、改装或者增加附着物等，于返还原物时，应当恢复原状；承租人的行为经出租人同意的，承租人可不予恢复原状，并可向出租人请求偿还相关费用。

承租人如不及时返还租赁物，应当承担违约责任。出租人既可以基于租赁关系要求承租人返还，也可基于所有权要求承租人返还。承租人不仅应当交付逾期返还租赁物的租金、偿付违约金或赔偿损失，还应当承担租赁物于其逾期返还期间意外灭失的风险。

6. 特定情形下的通知义务

在租赁关系存续期间，出现以下情形之一的，承租人应当及时通知出租人：（1）租赁物有修理、防止危害的必要；（2）其他依诚实信用原则应该通知的事由。承租人怠于通知，致出租人不能及时救济而受到损害的，承租人应负赔偿责任。

三、承租人的优先购买权

优先购买权，是指特定的民事主体依照法律规定享有的优先于他人购买某项特定财产的权利。优先购买权理论是一个较为庞杂的体系，包括股东的优先购买权、共有人的优先购买权、承租人的优先购买权等。有学者指出优先购买权的价值在于："之所以赋予一方此种权利，是因为立法者认为，他方出售时，一方行使此种权利，符合经济伦理，更有利于社会整体交易的公正与秩序。在立法时，规定一方符合一定条件，具有优先于他人而购买的权利，这样，当事人在缔约时，一方即预知他方在出售财产时，行使此种权利对他有利，甚至将该权利（财产权）计入交易条件而实现交易。"[1] 本书仅探讨承租人的优先购买权。承租人的优先购买权则是指承租人在出租人出卖租赁物时，在同等条件下优先购买该租赁物的权利。我国目前的立法和司法解释形成了承租人的优先购买权规范体系，主要体现在以下方面：①《合同法》第 230 条："出租人出卖租赁房屋的，应当在出卖之前的合理期限内通知承租人，承租人享有以同等条件优先购买的权利。"②《最高人民法院印发〈关于贯彻执行《中华人民共和国民法通则》若干问题的意见（试行）〉的通知》第 118 条："出租人出卖出租房屋，应提前三个月通知承租人。承租人在同等条件下，享有优先购买权；出租人未按此规定出卖房屋的，承租人可以请求人民法院宣告该房屋买卖无效。"③《最高人民法院关于审理城镇房屋租赁合同纠纷案件具体应用法律若干

---

[1] 陈界融：《承租人优先购买权法律性质研究》，载《北京航空航天大学学报》（社会科学版）2013 年第 2 期，第 38 页。

问题的解释》对承租人的优先购买权作了更为具体的规定。[①]

优先购买权的基本特征是：第一，优先购买权是一种法定的权利，是由法律直接规定的。第二，优先购买权是承租人所享有的对出租人出卖房屋的请求权，因此，出租人出卖租赁的房屋时必须及时通知承租人。这种请求权是一种请求债权，不是直接对物享有权利，也不能直接对抗第三人，优先权行使前不影响出卖人与其他人进行协商。第三，优先购买权是专属于承租人的权利，这种优先权不能通过转让或者继承转移至他人。第四，优先购买权的行使具有明显的期限限制。

关于优先购买权的性质，学者存有争议，主要存在以下观点：（1）具有对抗第三人效力的债权说。优先购买权是一种债权，而债权都具有相对性，不具有排他性。但是，从债权中产生的优先购买权却具有特殊性。此种优先购买权不仅可以对抗出卖人，而且可以对抗第三人。[②] 有学者进一步将优先购买权定性为一种附有强制缔约义务的请求权，即在出卖人违反义务将租赁房屋出卖给第三人时，承租人可以诉请公权力介入，强迫该出卖人对其作出承诺的意思表示。（2）形成权说。优先购买权的性质应为形成权，房屋出租人转让房屋是承租人优先购买权得以产生的条件。优先购买权的存在，并不限制出租人是否转让房屋的自由，但在同等条件下，其选择合同相对人的自由即被限制，出租人只能与优先购买权人订立相同条件的买卖合同。一旦优先购买权人向义务人为购买之意思表示，即可在权利人与义务人之间形成义务人与第三人同等内容的契约，而无须义务人之承诺。这一法律效果是通过优先购买权人对相对人所作的意思表示来完成

---

① 《最高人民法院关于审理城镇房屋租赁合同纠纷案件具体应用法律若干问题的解释》第 21 条规定："出租人出卖租赁房屋未在合理期限内通知承租人或者存在其他侵害承租人优先购买权情形，承租人请求出租人承担赔偿责任的，人民法院应予支持。但请求确认出租人与第三人签订的房屋买卖合同无效的，人民法院不予支持。"第 22 条规定："出租人与抵押权人协议折价、变卖租赁房屋偿还债务，应当在合理期限内通知承租人。承租人请求以同等条件优先购买房屋的，人民法院应予支持。"第 23 条规定：出租人委托拍卖人拍卖租赁房屋，应当在拍卖 5 日前通知承租人。承租人未参加拍卖的，人民法院应当认定承租人放弃优先购买权。第 24 条规定："具有下列情形之一，承租人主张优先购买房屋的，人民法院不予支持：房屋共有人行使优先购买权的；出租人将房屋出卖给近亲属，包括配偶、父母、子女、兄弟姐妹、祖父母、外祖父母、孙子女、外孙子女的；出租人履行通知义务后，承租人在十五日内未明确表示购买的；第三人善意购买租赁房屋并已经办理登记手续的。"

② 王利明：《合同法研究》（第三卷），中国人民大学出版社 2012 年版，第 324 页。

的。因此，自然联想到，将该表示解释为成立买卖合同的意思表示，将优先购买权解释为可以借单方的意思表示创设此法律效果的权利。借单方的意思表示创设法律关系，此处即创设买卖合同的权利，通常可归于形成权一类。[①] （3）财产请求权说。将承租人的优先购买权界定为物权性质，是不符合法律逻辑的。承租人的优先购买权只能是法律、行政法规规定的一项财产请求权。[②] 目前，多数学者持形成权说。本书从之。

行使优先购买权，需要具备一定的条件方可。这是因为："用经济分析的方法考察优先购买权制度，可以看到它可以规避价格风险和促进资源的有效利用。但优先购买权毕竟有害交易安全与意思自治，因而，优先购买权不应该全部地具有对抗第三人的效力，并且应当给予必要的限制。"[③] 行使优先购买权的"必要的限制"主要通过优先购买权的行使要件来实现。一般认为，优先购买权的行使需要具备以下要件：

（1）优先购买权的权利人：承租人。房屋买卖中承租人的优先购买权旨在保护一般处于经济弱势地位的承租人的利益，因此优先购买权的权利人必须是承租人。那么转租的情况下，优先购买权的行使主体应该是谁呢？转租，指承租人并不脱离其原有租赁关系，而将租赁物出租给次承租人使用、收益。对此问题理论界存有争议。有学者认为：房屋转租后，房屋优先购买权的主体仍为承租人而非次承租人。房屋优先购买权由承租人行使，已成各国立法通例。对承租人的理解，从文义解释上，应理解为租赁合同关系中出租人的对方当事人。承租人可以优先于第三人对租赁物进行购买，是基于承租人在租赁合同中取得的租赁物，该租赁权物权化后便产生了对抗第三人的效果。租赁合同和转租合同虽是两个紧密相连的合同，但在租赁合同中，次承租人不是合同当事人，其地位不是出租人的承租人，只是承租人的承租人，就出租人而言相当于承租人的履行辅助人，跟租赁合同

---

① 冉克平：《论房屋承租人的优先购买权——兼评最高人民法院房屋租赁合同司法解释第21—24条》，载《法学评论》2010年第4期，第140页。

② 魏秀玲：《出租房屋承租人优先购买权法律问题之探讨》，载《政法论坛》2003年第3期，第67页。

③ 张洪波：《优先购买权在民法体系中的定位》，载《烟台大学学报》（哲学社会科学版）2002年第3期，第274页。

之外的第三人并无差异。因此，次承租人不存在优先于其他第三人行使购买权的问题，更不存在优先于承租人的顺位权。此外，优先购买权是对出租人处分所有物的限制，在转租合同中，当事人是承租人与次承租人，出租人与次承租人间并无租赁合同关系，出租人也不能从转租合同中获益，若允许次承租人也享有优先购买权，将会增加出租人的负担，有失公平。认为转租合同的有效成立，也意味着承租人把包含优先购买权的租赁权转让给了次承租人的观点，显然是混淆了转租和转让租赁权的不同。① 有学者认为，承租人既包括第一承租人，也包括次承租人，在合法转租的情况下，次承租人也应当享有优先购买权，因为这是符合出租人的意志和利益的。既然出租人同意承租人转租，表明次承租人享有的权利也是符合出租人的意志和利益的，为了保护次承租人的居住利益，经出租人同意转租的次承租人应当享有对承租房屋的优先购买权。② 司法实践中已经认可了该种观点。《江苏省高级人民法院关于审理城镇房屋租赁合同纠纷案件若干问题的意见》第 19 条规定："承租人经出租人同意转租租赁房屋的，承租人不享有优先购买权；次承租人要求行使优先购买权的，人民法院应予支持。未经出租人同意转租租赁房屋的，承租人或者次承租人要求行使优先购买权的，人民法院不予支持。"

（2）买受人的条件：非近亲属或非善意第三人。根据《最高人民法院关于审理城镇房屋租赁合同纠纷案件具体应用法律若干问题的解释》第 24 条的规定，出租人将房屋出卖给近亲属，包括配偶、父母、子女、兄弟姐妹、祖父母、外祖父母、孙子女、外孙子女的；或者第三人善意购买租赁房屋并已经办理登记手续的，承租人不能行使优先购买权。因为这两种情况下，出卖人和买受人之间要么具有近亲属关系，中间夹杂着情感利益；要么是善意第三人，存在交易安全的维护问题，因此在买受人存在上述情形，承租人的优先购买权受到限制。换言之，买受人需要是非近亲属或非善意第三人的情形下，承租人才可以行使优先购买权。另外，当房屋共有人行使优先购买权的，承租人的优先购买权也受到限制。

---

① 范李瑛：《房屋承租人优先购买权的几个问题》，载《法学论坛》2007 年第 4 期，第 92 页。
② 王利明：《合同法研究》（第三卷），中国人民大学出版社 2012 年版，第 326 页。

（3）需要在"同等条件"下行使。同等条件的判断应注意以下几点：第一，相同价款的判断。若转让的标的仅涉及先买权指向的标的，先买权人与第三人支付的价款数额只需一致即可；若还包括其他标的，如承租人承租部分房屋，而出租人整体出卖房屋时，若承租房屋的构造和功能具有独立性，承租人可对该房屋行使先买权，其支付的价款应是总价款中与租赁房屋价值相当的比例部分，但一旦这种分离转让对转让人不利，如出租人上述"打包式"的买卖总价较低，按此价格计算租赁房屋的价值比，对出租人显然不利，就不妨适用或准用最高人民法院《关于承租部分房屋的承租人在出租人整体出卖房屋时是否享有优先购买权的复函》，由先买权人以同等价款来购买全部标的。第二，相同付款期限的判断。因转让人和第三人的转让行为成立在前，而先买权人与转让人的买卖合同成立在后，为了保护先买权人的利益，不能以转让人和第三人约定的付款到期日作为同等条件的标准，而应以合同订立之日至付款到期日的相同期限为标准。此外，若转让人信赖第三人的信用，给第三人以延期付款的优待，允许先买权人照猫画虎，就不利于转让人，对此，不妨借鉴《德国民法典》第468条第1款的规定，先买权人要么按期付款，要么对延期支付的金额提供充分担保。第三，相同付款方式的判断。第三人一次付款的，先买权人不得分期付款；若转让人信赖第三人的信用，允许第三人分期付款，先买权人应一次付款，或对分期付款提供充分担保；若分期付款属于行业交易习惯，与第三人信用无关，则先买权人采用相同的分期付款方式即可。第四，其他条件相同的判断。其他条件是否相同的判断，仍要遵循不能实质损害转让人利益的根本准则，如第三人对转让人负担从给付义务，尽管该义务对合同有决定作用，但它可用金钱估价，先买权人支付相应价款就属于同等条件；但若该义务并不妨碍合同订立的，先买权人不负担该义务，仍不妨碍同等条件的成就。[①]

（4）权利要在法定期限内行使。根据《合同法》第230条的规定出租人出卖租赁房屋的，应当在"出卖之前的合理期限内"通知承租人，承租

---

① 常鹏翱：《论优先购买权的行使要件》，载《当代法学》2013年第6期，第69—70页。

人享有以同等条件优先购买的权利。《最高人民法院印发〈关于贯彻执行《中华人民共和国民法通则》若干问题的意见（试行）〉的通知》第118条的规定，出租人出卖出租房屋，应提前三个月通知承租人。《最高人民法院关于审理城镇房屋租赁合同纠纷案件具体应用法律若干问题的解释》第24条规定，出租人履行通知义务后，承租人在15日内未明确表示购买的，就失去了行使优先购买权的机会。这就是说，承租人自接到通知之日起15日之内不行使优先购买权就意味着以沉默的形式放弃了优先购买权。[①]但是如果出租人出卖租赁房屋未在合理期限内通知承租人或者存在其他侵害承租人优先购买权情形，承租人有权请求出租人承担赔偿责任。因为出租人出卖租赁房屋未在合理期限内通知承租人属于侵害承租人的优先购买权的侵权行为。

第二节　融资租赁合同

融资租赁这一名称是从英文 finance lease 翻译过来的。finance 一词意为财政、金融，也可译为筹集资金、提供资金。20 世纪 80 年代初，融资租赁在我国的经济生活中开始出现。1981 年，我国成立了第一批专业租赁公司，如中国东方租赁有限公司和中国租赁有限公司。迄今为止，我国相继成立了近500 家专营和兼营融资租赁的企业和机构，为我国航空、轻工、机械制造、电子和邮电等行业近 7000 个技术项目引进设备和技术共计 150 亿美元，成为我国利用外资、对国有大中型企业进行技术改造的一条重要渠道。近年来，我国融资租赁行业呈高速发展态势。2007 年，全国共有租赁公司 93 家，2012 年达到 560 家，截至 2013 年年底达 1026 家。融资租赁业务的发展对于解决企业特别是中小企业融资难、融资贵的问题发挥了积极且重要的作用。随着融资租赁公司数量的快速增长，融资租赁业务数量和纠纷数量也呈高速增长态势。据统计，融资租赁合同余额由 2007 年的

[①]　王利明：《合同法研究》（第三卷），中国人民大学出版社 2012 年版，第 330 页。

240 亿元增长到 2012 年的 15500 亿元，2013 年则达到 21000 亿元。[1] 融资租赁是一种贸易与信贷相结合，融资与融物为一体的综合性交易。鉴于其复杂的法律关系，不同国家和地区对融资租赁有着不同的理解和定义。一般来说，融资租赁要有三方当事人（出租人、承租人和出卖人）参与，通常由两个合同（融资租赁合同、买卖合同）或者两个以上合同构成，其内容是融资，表现形式是融物。我国立法者在借鉴《国际融资租赁公约》和其他国家对融资租赁的定义的基础上，结合我国融资租赁界对融资租赁比较一致的看法后，在《合同法》中对融资租赁作出规定。[2]《最高人民法院关于审理融资租赁合同纠纷案件适用法律问题的解释》对融资租赁合同作了进一步的补充和明确。该司法解释就融资租赁合同关系的认定、合同的履行、解除、违约责任等问题作出了规定，为融资租赁行业的健康发展提供了必要的法律保障。

一、融资租赁合同概述

（一）融资租赁合同的概念

融资租赁，是指出租人根据承租人对租赁物和供货人的选择或认可，将其从供货人处取得的租赁物按合同约定出租给承租人占有、使用，向承租人收取租金的交易活动。[3] 根据《合同法》的规定，融资租赁合同是出租人根据承租人对出卖人、租赁物的选择，向出卖人购买租赁物，提供给承租人使用，由承租人支付租金的合同。融资租赁合同有以下三个方面的含义：

1. 出租人须按照承租人的要求出资购买租赁物

这是其不同于租赁合同的重要特点。在传统的租赁合同中出租人是以自己现有的财物出租，或者依自己的意愿购买财物用于出租，而融资租赁

---

① 雷继平、原爽、李志刚：《交易实践与司法回应：融资租赁合同若干法律问题——〈最高人民法院关于审理融资租赁合同纠纷案件适用法律问题的解释〉解读》，载《法律适用》2014 年第 4 期，第 33 页。

② 胡康生：《中华人民共和国合同法释义》，法律出版社 2010 年版，第 349—350 页。

③ 参见《金融租赁公司管理办法》（中国银监会 2013 年第 24 次主席会议通过）第 3 条。

合同是出租人按照承租人的要求出资购买出租的财物。在这里，出租人是依承租人的要求先购买后出租的。出租人依承租人的要求购买租赁物，以使承租人不必付出租赁物的市场价值即可取得租赁物的使用收益，从而达到融资的效果。正是在这一意义上，这种合同被冠以"融资"的称号。

2. 出租人须将购买的租赁物交付承租人使用收益

在融资租赁合同中，出租人虽须向第三人购买财物，但其购买的直接目的是为了交付给承租人为使用收益，而不是为了自己使用。也就是说，买的目的是为了出租。这是融资租赁合同中出租人的买卖行为不同于一般买卖之处。

3. 承租人须向出租人支付租金

租金是承租人使用租赁物的代价。融资租赁合同的承租人对出租人购买的租赁物为使用收益，必须向出租人支付租金。出租人也正是为了收取租金，才会按照承租人的要求去出资购买租赁物。也正是在这个意义上，该种合同的名称中才含有"租赁"一词。

（二）融资租赁合同的特征

1. 融资租赁法律关系是由三方当事人、两个合同构成

三方当事人指出租人、承租人和出卖人。两个合同指租赁合同和买卖合同，且这两个合同互相依存。租赁合同的订立是买卖合同订立的前提，而买卖合同的履行又是租赁合同履行的前提，三方当事人在每个合同中的法律地位各有侧重，在有些条款上相互联系，在某些条款上又各自分离。

2. 融资租赁合同是净租赁合同

由于租赁物件是由承租人指定或出租人根据承租人的特别要求而购买的，而且承租人有权选择供货商，所以，从出租人的角度看，其与承租人签订合同的真正目的在于向承租人提供资金融通，是以"融物"的特定方式间接地实现"融资"的目的。这就决定了融资租赁合同中的出租人的双重性质，既具有金融机构的性质，又具有贸易公司的性质。基于这种双重性质，出租人对承租人所负的义务就应与贷款人相对于借款人大体一致。即出租人只需承担融通资金，交付货款的责任，而那些与租赁物件本身相关的其他责任，如物件的维修、保管、保险、纳税及由此引起的费用支付，

就应在出租人责任范围之外。由此可见，融资租赁合同是规定出租人只负融资责任的"净租赁"合同。

3. 融资租赁合同是足额清偿的合同

融资租赁合同所规定的租金总额通常由以下几部分构成：购买设备所需的资金、利息及出租人可接受的利润。一般说来，在基本租期内，合同约定的租金总额不仅是以抵补出租人购置设备所垫支的全部资金，而且出租人还可以从中获取一定的利润。因此，融资租赁合同是一种足额清偿合同。

4. 融资租赁合同是不可撤销的合同

融资租赁合同在合同规定的租期内，租赁双方均无权解除合同。这一特性是由租赁标的物的专用性质决定的。在融资租赁合同中，租赁物是由承租人选定的，一般不具备通用性，即使返还给租赁公司，也不可能通过出卖租赁物收回残存租金和相当金额；同时，购入租赁物的资金和其他费用是在租赁期内以租金形式分期偿还的，如果允许承租人中途解约，将使出租人难以收回所投下的资本。因此，一般融资租赁合同中都规定不得中途解约。

5. 融资租赁合同具有可选择性

根据约定以及支付的价款数额，融资租赁合同的承租人有取得租赁物之所有权或返还租赁物的选择权，即如果承租人支付的是租赁物的对价，就可以取得租赁物之所有权，如果支付的仅是租金，则须于合同期间届满时将租赁物返还出租人。

(三) 融资租赁合同与其他相关合同的区别

1. 融资租赁合同与传统租赁合同的区别

根据以上融资租赁合同的特征，可以看出它与传统租赁合同的不同之处有以下几点：（1）合同当事人不同。融资租赁合同需要三方以上的当事人，而传统租赁合同只有出租人和承租人两方。（2）租赁物的选租不同。融资租赁物是由出租人根据承租人的要求并以承租人留购为目的而购置的，承租人自行指定租赁物和选择供应商；而传统租赁合同中，则是由出租人以自己的选择和判断购买租赁物，承租人只能在出租人提供的租赁物中选择。（3）期限不同。融资租赁合同的租赁期限较长，一般为 3 到 5 年，大型设备可达 10 年以上；传统租赁合同则视承租人使用目的而定，一般期限较短，如几周、几天甚至几个小时。（4）租赁期满后租赁物的处置不同。融资租赁合同期满后，承租人必须完全支付全部租金并支付象征性价格或估价残值费用后，租赁物的所有权即转归承租人；传统租赁合同期满后，承租人则必须返还租赁物给出租人，出租人在同一租赁物上的投资可能要通过多次出租才能收回。（5）合同的解除条件不同。融资租赁合同中，租赁物只租给一个承租人使用，任何一方都不得单方解约、退租；传统租赁合同中，出租人将一件租赁物租给不同的承租人，一件租赁物在流通领域中反复租用，出租人在一定条件下可以解约提前收回租赁物，承租人中途使用完毕也可以提前解除合同。

2. 融资租赁合同与借贷合同的区别

融资租赁合同与借贷合同一样，都具有融资性质，但它又不同于借贷合同，两者的区别表现在以下几个方面：（1）在融资租赁合同中，出租人对承租人的资金融通是通过出租设备的方式表现出来的，承租人通过合同获得的是设备使用权而不是贷款；在借贷合同中，只有借、贷双方当事人，合同标的是货币资金。（2）融资租赁合同的出租人向承租人提供的融资，是由出租人根据承租人提出的具体要求并直接出面购买的，出租人和供货人发生购买合同关系；在借贷合同中，借款人借到款后用于购买设备，由供货人与借款人直接发生购买合同关系，贷款人只能监督借款人使用贷款资金。（3）融资租赁合同中设备的所有权属出租人，只有在租期届满后才发生所有权的转移。借款合同中借款人取得资金后，用借款直接购买的设备的所有权归借款人。（4）在融资租赁合同中，承租人支付租金与取得租赁物的使用收益权并不存在对价。租金不仅包括利息，还包括出租人支付的购买租赁物的价金和费用；在借贷合同中，借款人则以支付利息作为取得借款的对价。

二、融资租赁合同的订立

传统的租赁合同中，出租人与承租人就合同内容达成一致，法律关系便已确立。但是融资租赁合同可能会涉及第三人，因此在该类合同的订立中需要有更多的法律关系来联结他们之间的权利义务，其订立过程更为烦琐。此外，融资租赁是一项复杂的系统工程，涉及外贸、金融、交通运输、物资供应和企业管理等诸多方面的问题，因此，有关当事人应在协商达成一致意见后，订立书面融资租赁合同，以保证融资租赁交易的顺利进行。

（一）融资租赁合同的订立程序

融资租赁合同包括租赁与购买物两部分内容，出租人、承租人及出卖人三方当事人。

融资租赁合同的订立程序与一般合同的订立程序有所不同。融资租赁涉及三方当事人。从承租人看，一般说来，订立融资租赁合同，首先应当选择供应商即租赁物的出卖人，与出卖人商定买卖合同的条件；其次应当选定租赁公司即出租人，与出租人签订融资租赁合同。承租人与出租人订立委托协议，委托出租人依照自己确定的出卖人、购买租赁物条件的具体要求同出卖人订立买卖合同。最后出租人以自己的名义与出卖人订立买卖合同，买卖合同须经承租人签名或盖章确认。因此，融资租赁合同须经三方当事人协商一致同意而成立。

（二）融资租赁合同的内容和形式

融资租赁合同的内容包括租赁物品名称、数量、规格、技术性能、检验方法、租赁期限、租金构成及其支付期限和方式、币种、租赁期间届满租赁物的归属等条款。

融资租赁合同应当采用书面形式。

（三）融资租赁合同中租赁部分与买卖部分的关系

融资租赁合同本身是由租赁与买卖两部分内容构成的，因此，为融资租赁而订立的租赁合同与买卖合同，均不同于传统的租赁合同与买卖合同。这里的租赁合同与买卖合同是融资租赁合同中相互联系、相互影响的两部分，各自虽具有独立性但并不完全独立，而是在一定意义上互以对方的存在为条件。承租人与出租人关于委托购买租赁物的协议及出租人与出卖人订立的买卖合同（有的称为订购单）均为融资租赁合同的内容。就租赁与买卖的关系而言，租赁合同自当事人双方签订合同之日起成立，但合同自承租人收到出卖人所交付的标的物时起才能生效。因为融资租赁的出租人并不负担交付租赁标的物的义务，而是由出卖人负担交付标的物的义务。也正因为租赁标的物的交付为出卖人的义务，因此若买卖合同不成立、无效或者解除，则租赁合同也就因标的物的履行不能而得解除。同时，买卖合同虽由出租人与出卖人订立，但关于买卖的条件却是由承租人指定，承租人须对买卖合同予以确认，买卖的标的物是用于出租人租赁的物，因此买卖合同在标的物交付前，若租赁合同不成立、无效或者解除，则买卖合同可以解除。但在当事人协议变更、解除买卖合同时，除合同另有约定外，须经出租人、承租人及出卖人三方当事人同意。

（四）融资租赁合同的认定

鉴于融资租赁合同关系的相对复杂性，融资租赁是与实体经济联系最为密切的金融交易形式。在支持工业企业设备更新、促进农业经济的规模化、推动航运业发展以及解决小微企业融资难等方面均发挥了不可替代的重要作用。客观地说，在我国融资租赁行业获得高速发展的同时，一些融资租赁公司所从事的融资租赁业务也存在不够规范的问题，比如，有的合同虽然名为融资租赁合同，但实际上并无实际的租赁物，从当事人的权利义务约定上看，仅有资金的借贷，而无租赁物的占用、使用。有的虽有租赁物，但租赁物的价值与租金构成并无直接关联或差异过大，合同中约定的租金体现的不是租赁物的购买价值及出租人的成本利润，而是承租人占用资金的利息成本。就这些合同的性质问题，各界存有不同认识。①《最高人民法院关于审理融资租赁合同纠纷案件适用法律问题的解释》对融资租赁合同的认定作了进一步的规定。

1. 一般判断标准

根据融资租赁司法解释第 1 条第 1 款的规定，人民法院应当根据合同法第 237 条的规定，结合标的物的性质、价值、租金的构成以及当事人的

---

① 《统一裁判尺度，规范和保障融资租赁业健康发展》——最高人民法院民二庭负责人就《最高人民法院关于审理融资租赁合同纠纷案件适用法律问题的解释》答记者问，载奚晓明主编：《最高人民法院关于融资租赁司法解释的理解与适用》，人民法院出版社 2014 年版，第 13 页。

合同权利和义务，对是否构成融资租赁法律关系作出认定。第 2 款规定：
对名为融资租赁合同，但实际不构成融资租赁法律关系的，人民法院应按
照其实际构成的法律关系处理。《解释》第 1 条第 2 款就不构成融资租赁法
律关系的合同如何处理问题作出了指引，即并非直接认定无效，而应当以
实际构成的法律关系处理。此点与以往实践中多以"名为……实为……"
而认定合同无效的处理方式有所不同，体现出了促进交易、减少干预的商
事审判理念。①

2. 售后回租的认定

根据融资租赁司法解释的规定，承租人将其自有物出卖给出租人，再
通过融资租赁合同将租赁物从出租人处租回的，人民法院不应仅以承租人
和出卖人系同一人为由认定不构成融资租赁法律关系。售后回租（lease
back）又称回租，是直租的对称，是指承租人将自有物出卖给出租人，同
时与出租人签订融资租赁合同，再将该物件从出租人处租回的融资租赁形
式。"售后回租业务，是指承租人将自有物件出卖给出租人，同时与出租
人签订融资租赁合同，再将该物件从出租人处租回的融资租赁形式。售后
回租业务是承租人和供货人为同一人的融资租赁方式。"② 应该说，售后回
租是出卖人与承租人同一的"非典型"融资租赁形式，但在我国的融资租
赁实践中，售后回租业务却占据了相当大的比重，对部分租赁公司而言，
售后回租业务占比甚至超过了 80%。实务中，有观点认为，售后回租合同
在法律关系的性质上属于抵押贷款，而不构成融资租赁合同关系，并在此
前提下，认定此类合同无效。这将给融资租赁行业经营实践中大量存在的
售后回租合同的效力及租金债权的回收带来很大的法律风险。③ 售后回租
方式使设备制造企业或资产所有人在保留资产使用权的前提下获得所需资

① 雷继平、原爽、李志刚：《交易实践与司法回应：融资租赁合同若干法律问题——〈最高人民法
院关于审理融资租赁合同纠纷案件适用法律问题的解释〉解读》，载《法律适用》2014 年第 4 期，第 37
页。

② 参见《金融租赁公司管理办法》（中国银监会 2013 年第 24 次主席会议通过）第 5 条。

③ 雷继平、原爽、李志刚：《交易实践与司法回应：融资租赁合同若干法律问题——〈最高人民法
院关于审理融资租赁合同纠纷案件适用法律问题的解释〉解读》，载《法律适用》2014 年第 4 期，第 34
页。

金，同时又为出租人提供投资机会。资产所有者用这种方式盘活资产，仅将少部分用于缴纳租金。其主要特点是：（1）出卖人即承租人在交易过程中可以持续不断地使用原资产；（2）资产的售价与租金相互关联；（3）出卖人即承租人承担所有的合同费用及成本（如修理费、保险费及税费等）。①

最高法院指出：对该规定的解释是对融资租赁行业实践中广泛存在的售后回租交易问题，确实存在合同性质是属于抵押贷款合同还是融资租赁合同的争议。考虑到售后回租交易有利于市场主体盘活资产、引导资金服务实体经济，相关监管部门的规章对此类交易形式也已明确认可，且承租人与出卖人相重合并不违反合同法第二百三十七条有关融资租赁合同构成要件的规定，司法解释对售后回租合同的融资租赁合同性质予以了认可。但如果出租人与承租人签订了售后回租合同，但实际并无租赁物，或者租赁物低值高估，以融资租赁之名，行借款、贷款之实，人民法院仍应按照其实际构成的借款合同关系处理。②

三、融资租赁合同的效力

本部分主要涉及两个方面的问题，一是融资租赁合同的生效问题；二是融资租赁合同对双方的约束力问题。融资租赁合同的效力表现为出租人、承租人及出卖人三方当事人的权利和义务，以及各方不履行自己的义务，给他人权利造成侵害时应承担的法律责任。下面我们就各方的权利和义务分述之。

（一）融资租赁合同的效力认定

融资租赁合同的生效，原则上应该遵守合同效力的一般规定。但是基于融资租赁合同的特殊性，实践中出现了一些特殊问题，《最高人民法院

---

① 奚晓明主编：《最高人民法院关于融资租赁司法解释的理解与适用》，人民法院出版社2014年版，第61页。

② 《统一裁判尺度，规范和保障融资租赁业健康发展》——最高人民法院民二庭负责人就《最高人民法院关于审理融资租赁合同纠纷案件适用法律问题的解释》答记者问，载奚晓明主编：《最高人民法院关于融资租赁司法解释的理解与适用》，人民法院出版社2014年版，第14页。

关于审理融资租赁合同纠纷案件适用法律问题的解释》对融资合同的效力认定作了进一步的规定。

1. 行政许可对合同效力的影响

《融资租赁合同司法解释》对有关当事人未经行政许可的合同效力作了进一步的阐明。司法解释第 3 条规定："根据法律、行政法规规定，承租人对于租赁物的经营使用应当取得行政许可的，人民法院不应仅以出租人未取得行政许可为由认定融资租赁合同无效。"这是因为：对于特定的租赁物，比如医疗器械设备，因涉及人民的生命健康安全，有关行政部门就其经营许可作出限制是非常必要的。与此同时，也应当看到，融资租赁交易有其特殊性，即出租人在融资租赁交易中主要承担资金融通的功能，其购买租赁物的目的系提供给承租人使用，而非将租赁物作为其自身从事生产经营活动的工具。因此，从融资租赁交易的本质来看，要求出租人具备特定租赁物的经营许可并无必要。从承租人的角度来看，减少对出租人具备此类经营许可的限制，也有利于承租人获得更多的资金支持。基于上述原因，我们在司法解释中对此作出了相应的规定，即根据法律、行政法规的规定，承租人对租赁物的经营使用应当取得行政许可的，人民法院不应仅以出租人未取得行政许可为由认定融资租赁合同无效。[1]

2. 融资租赁合同无效的法律后果

根据《合同法》第 58 条的规定："合同无效或者被撤销后，因该合同取得的财产，应当予以返还；不能返还或者没有必要返还的，应当折价补偿。有过错的一方应当赔偿对方因此所受到的损失，双方都有过错的，应当各自承担相应的责任。"这是合同无效的一般效力，在融资租赁合同中还涉及到租赁物的归属问题。《融资租赁合同司法解释》对此作了明确规定，司法解释第 4 条规定："融资租赁合同被认定无效，当事人就合同无效情形下租赁物归属有约定的，从其约定；未约定或者约定不明，且当事人协商不成的，租赁物应当返还出租人。但因承租人原因导致合同无效，出

---

[1] 《统一裁判尺度，规范和保障融资租赁业健康发展》——最高人民法院民二庭负责人就《最高人民法院关于审理融资租赁合同纠纷案件适用法律问题的解释》答记者问，载奚晓明主编：《最高人民法院关于融资租赁司法解释的理解与适用》，人民法院出版社 2014 年版，第 14 页。

租人不要求返还租赁物，或者租赁物正在使用，返还出租人后会显著降低租赁物价值和效用的，人民法院可以判决租赁物所有权归承租人，并根据合同履行情况和租金支付情况，由承租人就租赁物进行折价补偿。"

（二）出租人的权利和义务

1. 出租人的权利

在融资租赁合同中，出租人享有如下权利：

（1）取得租赁物的所有权

出租人为买卖合同的买受人，自出卖人将标的物交付承租人时起，标的物的所有权即转归出租人享有。在租赁期限内，标的物的所有权归出租人，承租人只享有标的物的使用权和收益权。

（2）收取租金

依照合同的约定收取租金，是出租人的主要权利，也是出租人参与融资租赁关系的主要目的。如前所述，融资租赁中的租金并非是承租人使用租赁物的代价，而是融资的代价。因此，只要承租人接受了出卖人交付的标的物，不论其对标的物是否使用收益，出租人均有权请求承租人依合同约定的金额和方式交付租金。

（3）在合同终止时，收回租赁物

合同终止有两种情况。一是因租赁期限届满而终止。租赁期限届满时，承租人得继续租赁或者购买租赁物，承租人若不续订租赁合同又不留购租赁物，则出租人有权收回租赁物。二是因承租人违约致使出租人行使终止权终止合同。出租人因承租人不交付租金或擅自转租等违约行为而终止合同时，得收回标的物。

（4）合同解除权

这里的合同解除权是指在承租人破产时，出租人得解除租赁合同、收回租赁物的权利。在融资租赁合同中，当事人往往规定，在承租人停产、关闭、破产时，租赁公司有权解除合同，收回租赁物并要求支付赔偿金。因为在租赁期限内，租赁物的所有权归出租人。也就是说，租赁物属于出租人的财产，而非承租人的财产，因此在承租人破产时，租赁物不应列入破产财产，出租人得解除租赁合同而收回租赁物。但是在租赁公司破产时，其破产管理人不能行使解除合同的权利。

（5）索赔权

如果因出卖人不履行买卖合同的义务，出租人可对其行使索赔权。出租人也可将此权利转让给承租人。

2. 出租人的义务

（1）购买租赁物

有学者也称之为出资义务。出租人应当按照其与承租人的委托协议购买租赁物，以实现融资租赁。购买租赁物，这本是融资租赁关系发生的前提，但从融资租赁合同的整体来看，按照承租人的委托购买租赁物，也就是出租人的一项义务。也就是说，出租人必须以自己的名义与出卖人签订购买租赁物的买卖合同。出租人不履行委托协议，不与出卖人订立购买租赁物的买卖合同的，应当向承租人负赔偿责任。需要注意的是，出租人对租赁物的瑕疵并不承担担保责任，该责任依据合同法的规定应当由出卖人承担。

（2）交付租赁物给承租人

由于融资租赁合同包括租赁合同的内容，而在租赁中交付租赁物给承租人是出租人的基本义务，所以，融资租赁合同的出租人也负有交付租赁物给承租人的义务，但是，在融资租赁合同中出租人对租赁物的交付并非采取现实交付的方式，而是观念意义上的交付。在出卖人不履行买卖合同未按时交付标的物给承租人时，出租人应当向出卖人请求其及时交付，并且因承租人未受领租赁物，出租人不得向承租人请求支付租金。若承租人不能按照约定的时间受领标的物，则为出租人未履行交付义务，出租人应丧失请求承租人支付租金的权利。因出租人的过错致使标的物不能交付或迟延交付的，承租人应有权请求出租人采取补救措施；出租人逾期未采取补救措施的，承租人应有权解除合同，并请求损害赔偿。

（3）向出卖人支付货款

按照买卖合同的要求及时向出卖人支付货款，也是出租人的一项基本义务。由于买卖合同是融资租赁合同的组成部分，出租人向出卖人履行付款义务又与出卖人的交付义务相关联，涉及承租人能否取得对租赁物的使用收益。因此，出租人按照合同约定向出卖人付款，不仅是其对出卖人的义务，也是其在租赁合同中对承租人所负的义务。出租人不按照合同约定向出卖人支付货款，致使承租人不能依照约定使用租赁物时，应对承租人承担违约责任，承租人得解除合同，或者请求减少租金，或者相应地延长租期。

（4）协助承租人向出卖人索赔

在融资租赁中，由于出卖人直接向承租人履行买卖合同中的卖方义务，而出租人却为买卖合同的买方当事人，所以，基于合同的相对性，在一般情况下，如出卖人未按时向承租人交付标的物，承租人无法向出卖人主张交付，而应当由出租人向出卖人主张权利，请求出卖人交付标的物。融资租赁中出租人对标的物的瑕疵一般不负担保责任，在出卖人交付的标的物不符合合同约定条件而存有瑕疵时，承租人有权直接向出卖人索赔。于此情形下，出租人有义务协助承租人向出卖人索赔。

（三）承租人的权利和义务

1. 承租人的权利

（1）选择租赁物的出卖人

在融资租赁中承租人所承租的标的物虽由出租人出资购买，却是由承租人选择决定的。承租人不仅有权选定租赁标的物及供货的出卖人，而且有权直接与出卖人商定标的物的条件。因此，选择租赁物的出卖人和决定租赁物的条件，是承租人的一项权利。这也是融资租赁中的承租人与租赁中的承租人地位不同的区别之一。

（2）接受出卖人交付的标的物

接受出卖人交付的标的物既是承租人的权利也是承租人的义务。作为义务，承租人应当接受标的物，无正当理由不接受的，应当承担相应的履行迟延的责任；作为权利，承租人有权接受标的物，出卖人不得拒绝将标的物交付给承租人。承租人不仅有权接受标的物，而且有权就标的物的瑕疵请求出卖人承担瑕疵担保责任。因此，如果出卖人交付的标的物存在瑕疵，承租人得直接向出卖人索赔。

（3）在租赁期间享有对租赁物的独占使用权

在融资租赁合同中，尽管承租人是通过融资租赁公司融通资金的，但承租人订立融资租赁合同的根本目的是要取得租赁物的使用权。所以，承租人接受出卖人交付的标的物后，在租赁期间，承租人对租赁物享有独占的使用权，此为承租人基于融资租赁合同而享有的基本权利。承租人对租赁物的使用收益权，不仅得对抗出租人的所有权，而且得对抗对物享有物权者的他物权。例如，出租人转让租赁物所有权的，融资租赁合同对新的所有权人仍然有效，新所有权人不得取回租赁物；出租人将租赁物抵押时，出租人的抵押行为不能影响承租人的使用收益权。

（4）在租赁期间届满时享有对租赁物的优先购买权

出租人为租赁物的所有人，所以在租赁期间届满后，承租人应当将租赁物返还给出租人。但是融资租赁与传统租赁不同，在租赁期间届满时，融资租赁合同的承租人一般享有选择的权利，得支付一定的价格取得标的物的所有权。这是因为作为出租人的融资租赁公司在购买租赁物时，其经济目的不在于要取得租赁物的所有权，其之所以在租赁期间要保留租赁物的所有权，实为担保能取得承租人交付的租金，收回自己的投资，而融资租赁合同的期限一般较长，出租人基本上已通过收取租金分期地将租赁物的价值转让。也正因为如此，在租赁期间届满时，承租人支付较小的代价就可取得租赁物的所有权，这对于承租人来说也是经济合算的。我国《合同法》第250条也明确规定，出租人和承租人可以约定租赁期间届满租赁物的归属。如果约定租赁物归出租人所有，而出租人又要出卖租赁物时，在同等条件下，我们认为出租人应当优先出售给承租人。

2. 承租人的义务

（1）按时接受出卖人交付的标的物

融资租赁合同的出租人虽为买卖合同的当事人，但出卖人不是直接向出租人交付租赁物，而是直接向承租人交付标的物。因此，承租人负有按照合同的约定及时接受出卖人交付的标的物的义务。承租人在接受标的物时应对标的物验收。承租人于接受标的物并经验收后应将收到标的物的结果通知出租人，承租人的通知可以是各种形式，例如承租人向出租人交付收到租赁物的收据，也为通知出租人收到标的物并已验收。承租人收到出卖人交付的标的物，为融资租赁合同完全生效的要件。因此，一经承租人通知出租人收到租赁物，出租人就应向出卖人交付价金，承租人就应向出租人交付租金。值得注意的是，承租人在验收过程中发现租赁物不符合合同约定或无法充分实现租赁目的，应当向出卖人提出异议，并向出卖人主张瑕疵担保责任。

（2）按照约定支付租金

在租赁期间，承租人应按照约定向出租人支付租金，这是承租人的基本义务。但融资租赁的承租人交付的租金，其性质不同于传统租赁合同中承租人交付的租金。它不是承租人使用租赁物的对价，而是出租人向承租人提供金融的对价。出租人通过收取租金而收回其向出卖人购买租赁物所支付的价款。因此，承租人支付价款的义务，以承租人通知出租人收到标的物的通知为生效条件，而不以承租人实际使用租赁物为条件。

承租人不按照约定支付租金时，出租人可以规定一个相当的合理期限要求承租人支付。承租人连续两期未支付租金的，出租人可以请求支付到期以及未到期的全部租金；承租人经催告后在合理期限内仍不支付租金的，出租人可以解除合同，收回租赁物。出租人解除合同后，收回租赁物的价值高于因承租人违约造成的损失的，承租人可以请求部分返还。

（3）保管维修标的物

在租赁期间，承租人占有租赁物，对租赁物负有妥善保管的义务，并且负有维修标的物的义务。租赁物虽为承租人选定，但为出租人所有，因此承租人为自己使用的需要，为保护出租人合法权益的需要，应负保管的义务。在融资租赁中，出租人不负租赁物的瑕疵担保责任，因而对租赁物无维修的义务，但出租人却享有于租赁期满后收回标的物的期待权益。因此，承租人需保障出租人这一权益的实现，不仅须妥善保管标的物，而且负有维修的义务。

（4）租赁物的保管与保险义务

承租人占有租赁物期间应当妥善管理租赁物，因租赁物造成第三人人身伤害或财产损害的，承租人应当作为财产管理人承担责任。租赁物若需要投保，对于保险事务的办理与保险费的支付应当事先由双方约定。若未实现约定，投保事务由出租人负责，保险费用由承租人支付。

(5) 合同终止时返还标的物

一般说来，融资租赁合同中一般约定在租赁期间届满后，承租人得请求以一定的价格买下租赁物，也可以请求继续租赁。承租人请求续租的，当事人双方应当更新租赁合同。在继续租赁时，租金的标准应以预计的租赁物残存的价值为基础来确定，而不应适用原来的租金标准。如果合同中没有规定承租人选择购买或续租的权利，或者虽有规定而承租人不购买也不续租的，于租赁期届满时，承租人有义务将租赁物返还出租人。

(三) 出卖人的权利和义务

在融资租赁关系中，出卖人的主要权利就是向出租人收取货款。但它不同于一般买卖中的出卖人，其收取价款的权利行使是以先履行交付义务为前提的。也就是说，出卖人只有在向承租人交付标的物并经承租人验收后始得向出租人主张价款。

出卖人的义务主要是按照约定及时向承租人交付标的物并对标的物的瑕疵负担保责任。出卖人的对方当事人虽为出租人，但其交付标的物的对象应为承租人，出卖人未按约定向承租人交付标的物的，为违约行为，应向出租人负违约责任。出卖人对交付的标的物负有瑕疵担保责任。如前所述，在融资租赁中，出租人对承租人不负瑕疵担保责任，但这不意味着不发生瑕疵担保责任，而是由出卖人向承租人负瑕疵担保责任。因此，在出卖人交付的标的物不符合同约定时，承租人可向出卖人请求瑕疵担保责任。

四、融资租赁合同的履行和租赁物的公示

(一) 承租人拒绝接受租赁物的处理

在融资租赁合同中出租人一般不承担交付和受领租赁物的义务，当出租人出卖的租赁物本身出现质量问题或交付方式不符合约定时，承租人可以拒绝受领租赁物，并根据不同情况采取补救措施。《融资租赁合同司法解释》对承租人拒绝接受租赁物的认定以及救济手段、补救措施等作了规定。根据司法解释的规定，出卖人违反合同约定的向承租人交付标的物的义务，承租人因下列情形之一拒绝受领租赁物的，人民法院应予支持：租

赁物严重不符合约定的；出卖人未在约定的交付期间或者合理期间内交付租赁物，经承租人或者出租人催告，在催告期满后仍未交付的（第5条第1款）。"其法理基础是，融资租赁交易中的买卖合同在本质上系出租人受承租人的委托所订立，承租人是买卖合同中买受人的权利的实际承受主体，故承租人应当享有买卖合同中有关买受人的权利。"① 但是，需要注意的是，因出租人在融资租赁合同履行过程中，主要承担资金融通的功能，一般并不实际参与买受租赁物的实际交付。故如承租人拒绝受领租赁物后未及时通知出租人，可能导致出租人按照买卖合同向出卖人索赔失败，因此承租人在有过错的情况下，则应当承担损害赔偿责任。对此司法解释第5条第2款作了规定：承租人拒绝受领租赁物，未及时通知出租人，或者无正当理由拒绝受领租赁物，造成出租人损失，出租人向承租人主张损害赔偿的，人民法院应予支持。

（二）承租人索赔权的行使和租金给付义务

根据合同的相对性理论，买卖合同的履行瑕疵不能直接影响融资租赁合同的履行，并且融资租赁合同的特征决定了出租人的本质义务是为承租人提供融资，在承租人选定出卖人、租赁物的情况下，履行买卖合同的风险也应当由承租人承担。但是在承租人以依赖出租人的技能确定租赁物或者出租人干预选择租赁物情况下，买卖合同的履行障碍不仅仅是因为承租人的意志和行为，所以应该区别对待。据此，司法解释第6条规定两层含义：一方面，承租人对出卖人行使索赔权，不影响其履行融资租赁合同项下支付租金的义务，这主要是因为合同相对性理论；另一方面，承租人以依赖出租人的技能确定租赁物或者出租人干预选择租赁物的情况下，承租人可以主张减轻或者免除相应租金支付义务。

（三）租赁物的风险负担

《融资租赁合同司法解释》对租赁物的风险承担作了明确性规定，其

---

① 雷继平、原爽、李志刚：《交易实践与司法回应：融资租赁合同若干法律问题——〈最高人民法院关于审理融资租赁合同纠纷案件适用法律问题的解释〉解读》，载《法律适用》2014年第4期，第38页。

中第 7 条规定："承租人占有租赁物期间，租赁物毁损、灭失的风险由承租人承担，出租人要求承租人继续支付租金的，人民法院应予支持。但当事人另有约定或者法律另有规定的除外。"根据该规定除非当事人另有约定或者法律另有规定，租赁物在承租人占有期间发生毁损、灭失的应该由承租人承担责任。这是因为在融资租赁合同中，租赁物是由承租人选定并直接交付给承租人占有、使用的，出租人在融资租赁中的主要功能是融资，而不承担对租赁物的管控义务，因此，要求出租人承担租赁物毁损、灭失的风险不公平、不现实。[①] 从国外立法例来看，融资租赁合同中的租赁物的风险由承租人承担，也是符合国际立法习惯和趋势的。

（四）出租人处分租赁物

融资租赁合同履行期间，出租人对租赁物享有所有权，但仅是该所有权权利担保意义上的"形式所有权"。因此，如果出租人对外转让租赁物，其仍应履行保障承租人有效占有、使用租赁物的义务，受让方也不能取得租赁物的完整所有权，无法实际占有、使用租赁物。故出租人转让的实际是其在融资租赁合同项下的权利。此时，受让出租人在融资租赁合同项下部分或全部权利的受让方若请求解除或者变更融资租赁合同，人民法院不予支持。对此《融资租赁司法解释》作了明确规定："出租人转让其在融资租赁合同项下的部分或者全部权利，受让方以此为由请求解除或者变更融资租赁合同的，人民法院不予支持。"

（五）租赁物的善意取得

在融资租赁期间，出租人享有租赁物的所有权，但租赁物实际为承租人所占用使用，因此，承租人对外转让、抵押租赁物以再融资的风险始终客观存在。对有明确登记机关的飞机、轮船、企业厂房等租赁物，因租赁物的所有权以登记为公示方式，故承租人占有使用租赁物，并不影响租赁物所有权在法律上的归属。但对大量没有所有权登记机关的机械设备及其他无所有权登记机关的动产而言，占有为所有权的主要公示方式，在承租

[①] 奚晓明主编：《最高人民法院关于融资租赁司法解释的理解与适用》，人民法院出版社 2014 年版，第 129 页。

人对外转让租赁物时，受让人可以根据善意取得制度取得租赁物的所有权，但对出租人而言，其租金债权的物权保障消失殆尽。"融资租赁行业普遍反映，其租金债权期限长，而承租人的经营状况又具有相当大的不确定性，因租赁物被承租人实际占有，一旦承租人对外转让租赁物，将使得出租人钱物两空，故迫切希望能够明确租赁物的登记机构，以加强对出租人的物权保护。然根据物权法定原则，此为立法权限，且短期内似无出台相关立法的可能，这一现状造成融资租赁行业整体的不安全感骤增，在一定程度上制约了我国融资租赁业的持续健康发展。"[1] 在立法未就租赁物的登记机关作出明确规定的前提下，实践中出租人不得不采取各种各样的措施来保护其对租赁物的所有权。如有的出租人在租赁物的显著位置作出标识，显示租赁物的所有权归属及租赁属性，有的出租人在租赁物有明确的抵押登记机关的前提下，通过授权承租人将租赁物抵押给出租人并在登记机关办理抵押权登记，以避免租赁物被承租人对外转让、抵押的风险。但此类行为能否产生对抗善意第三人的法律后果，仍属不确定状态。[2]

　　租赁物的权属登记在立法上存在缺位，而在短期内出台《融资租赁法》的可能性又较小，因此，以司法解释明确上述出租人对租赁物所有权保护的努力，就成为融资租赁行业发展的期待。《融资租赁合同司法解释》第9条对租赁物的善意取得作了明确的规定。根据该条规定，承租人或者租赁物的实际使用人未经出租人同意转让租赁物或者在租赁物上设立其他物权，第三人依据物权法第一百零六条的规定取得租赁物的所有权或者其他物权，出租人主张第三人物权权利不成立的，人民法院不予支持，即此时第三人可以根据善意取得取得相关物权。但有四种例外情形：一是出租人已在租赁物的显著位置作出标识，第三人与承租人交易时知道或者应当知道该物为租赁物的；二是出租人授权承租人将租赁物抵押给出租人并在

---

　　① 雷继平、原爽、李志刚：《交易实践与司法回应：融资租赁合同若干法律问题——〈最高人民法院关于审理融资租赁合同纠纷案件适用法律问题的解释〉解读》，载《法律适用》2014年第4期，第34页。

　　② 《统一裁判尺度，规范和保障融资租赁业健康发展》——最高人民法院民二庭负责人就《最高人民法院关于审理融资租赁合同纠纷案件适用法律问题的解释》答记者问，载奚晓明主编：《最高人民法院关于融资租赁司法解释的理解与适用》，人民法院出版社2014年版，第16页。

登记机关办理抵押权登记的；三是第三人与承租人交易时未按照行业或地区主管部门的要求在相应机构进行融资租赁交易查询的；四是出租人有证据证明第三人知道或者应当知道交易标的物为租赁物的其他情形。该条规定从第三人取得租赁物的所有权或者他物权是否构成善意的事实认定角度，将实务中出租人广泛采用的并且符合现行法律规定的所有权保护措施予以认可，将有利于加强出租人对租赁物的物权保障，并引导和促进融资租赁行业整体的健康发展。

（六）租赁物的期满补偿

在融资租赁合同履行过程中，由于租赁期间届满的情况下，租赁物的所有权可能归属于出租人也可能归属于承租人，到期归属于出租人的租赁物承租人应予返还。然而，实践中由于融资租赁合同履行期限较长，租赁物存在意外毁损、灭失的风险。即使未毁损、灭失，某些机械设备等租赁物需要安装、附着于土地或者其他设备上才能使用，往往会出现租赁期间届满租赁物已经无法拆卸、无法返还的情形。对此由于客观原因导致租赁物无法返还的情形，承租人主观上没有过错，是否还需要承担责任？承担是何种责任？对此《融资租赁合同司法解释》作了明确规定。该司法解释第 10 条规定："当事人约定租赁期间届满后租赁物归出租人的，因租赁物毁损、灭失或者附合、混同于他物导致承租人不能返还，出租人要求其给予合理补偿的，人民法院应予支持。"需要注意的是，这里的责任性质是补偿责任。司法解释起草过程中有"赔偿说"和"补偿说"之争，最后采纳了"补偿说"。①

五、融资租赁合同的解除

（一）出租人、承租人均可解除的情形

融资租赁合同成立、生效后，在履行过程中可能因各种主、客观原因解除。《融资租赁合同司法解释》第 11 条对出租人、承租人均可解除融资

---

① 具体参阅奚晓明主编：《最高人民法院关于融资租赁司法解释的理解与适用》，人民法院出版社 2014 年版，第 172 页。

租赁合同的情形作了具体规定。该解释第 11 条规定：有下列情形之一，出租人或者承租人请求解除融资租赁合同的，人民法院应予支持：（1）出租人与出卖人订立的买卖合同解除、被确认无效或者被撤销，且双方未能重新订立买卖合同的；（2）租赁物因不可归责于双方的原因意外毁损、灭失，且不能修复或者确定替代物的；（3）因出卖人的原因致使融资租赁合同的目的不能实现的。

（二）出租人可解除合同的情形

《融资租赁合同司法解释》第 12 条对因承租人的违约而导致出租人解除合同的情形作了规定，司法解释第 12 条规定，有下列情形之一，出租人请求解除融资租赁合同的，人民法院应予支持：（1）承租人未经出租人同意，将租赁物转让、转租、抵押、质押、投资入股或者以其他方式处分租赁物的；（2）承租人未按照合同约定的期限和数额支付租金，符合合同约定的解除条件，经出租人催告后在合理期限内仍不支付的；（3）合同对于欠付租金解除合同的情形没有明确约定，但承租人欠付租金达到两期以上，或者数额达到全部租金百分之十五以上，经出租人催告后在合理期限内仍不支付的；（4）承租人违反合同约定，致使合同目的不能实现的其他情形。

（三）承租人可解除合同的情形

出租人有保障承租人占有、使用租赁人的义务，如果因为出租人的原因影响到承租人对租赁物行使权利，承租人当然可以请求出租人承担违约责任。在出租人的违约行为达到导致承租人无法占有、使用租赁物的程度，则已经构成出租人的严重违约，承租人的目的难以实现，此时承租人也可以解除合同。《融资租赁合同司法解释》第 12 条对承租人可解除合同的情形作了规定。司法解释第 13 条规定：因出租人的原因致使承租人无法占有、使用租赁物，承租人请求解除融资租赁合同的，人民法院应予支持。

（四）融资租赁合同解除的法律后果

1. 因租赁物意外灭失而解除合同的法律后果

融资租赁合同因租赁物交付承租人后意外毁损、灭失等不可归责于当事人的原因而解除，出租人要求承租人按照租赁物折旧情况给予补偿的，人民法院应予支持（《融资租赁合同司法解释》第15条）。

2. 融资租赁合同因买卖合同的影响而解除的后果

在融资租赁交易中，买卖合同系为融资租赁合同而订立，融资租赁合同是买卖合同订立的前提，因此，买卖合同与融资租赁合同的效力、履行与解除可能会影响到另一个合同。现行《合同法》融资租赁合同章系基于融资租赁合同所作出的规定，融资租赁交易中涉及买卖合同的诉争应当依据《合同法》买卖合同章及买卖合同司法解释的规定予以解决，但涉及买卖合同与融资租赁合同之间的牵连关系的问题，现行法律规定不明。

对此司法解释作了明确的规定：融资租赁合同因买卖合同被解除、被确认无效或者被撤销而解除，出租人根据融资租赁合同约定，或者以融资租赁合同虽未约定或约定不明，但出卖人及租赁物系由承租人选择为由，主张承租人赔偿相应损失的，人民法院应予支持。出租人的损失已经在买卖合同被解除、被确认无效或者被撤销时获得赔偿的，应当免除承租人相应的赔偿责任（《融资租赁合同司法解释》第16条）。

3. 法院的阐明义务

值得注意的是，法院在当事人请求法院解除融资租赁合同时，如果未提出损害赔偿的，人民法院负有阐明的义务。《融资租赁合同司法解释》第14条对此作了规定：当事人在一审诉讼中仅请求解除融资租赁合同，未对租赁物的归属及损失赔偿提出主张的，人民法院可以向当事人进行释明。该规定的目的在于通过合并审理，提高诉讼效率，减少诉累。

六、违约责任

（一）出租方的违约责任

1. 妨碍租赁物的正常使用

通常情况下，出租人应为承租人占有、使用租赁物提供便利，不得妨碍其形式有关权利。如果出现法定或约定的情形，给承租人造成损失的，则应该予以赔偿。《融资租赁合同司法解释》第17条对因为出租人的原因妨碍租赁物的正常使用所承担的违约责任作了规定：出租人有下列情形之一，影响承租人对租赁物的占有和使用，承租人依照合同法第 245 条的规定，要求出租人赔偿相应损失的，人民法院应予支持：（1）无正当理由收回租赁物；（2）无正当理由妨碍、干扰承租人对租赁物的占有和使用；（3）因出租人的原因导致第三人对租赁物主张权利；（4）不当影响承租人对租赁物占有、使用的其他情形。

2. 妨碍索赔

《融资租赁合同司法解释》第 18 条规定：出租人有下列情形之一，导致承租人对出卖人索赔逾期或者索赔失败，承租人要求出租人承担相应责任的，人民法院应予支持：（1）明知租赁物有质量瑕疵而不告知承租人的；（2）承租人行使索赔权时，未及时提供必要协助的；（3）怠于行使融资租赁合同中约定的只能由出租人行使对出卖人的索赔权的；（4）怠于行使买卖合同中约定的只能由出租人行使对出卖人的索赔权的。

3. 瑕疵担保责任

《融资租赁合同司法解释》第 19 条规定，租赁物不符合融资租赁合同的约定且出租人实施了下列行为之一，承租人依照合同法第二百四十一条、第二百四十四条的规定，要求出租人承担相应责任的，人民法院应予支持：（1）出租人在承租人选择出卖人、租赁物时，对租赁物的选定起决定作用的；（2）出租人干预或者要求承租人按照出租人意愿选择出卖人或者租赁物的；（3）出租人擅自变更承租人已经选定的出卖人或者租赁物的。承租人主张其系依赖出租人的技能确定租赁物或者出租人干预选择租赁物的，对上述事实承担举证责任。

（二）承租方的违约责任：逾期支付租金等义务

《融资租赁合同司法解释》第 20 条规定，承租人逾期履行支付租金义务或者迟延履行其他付款义务，出租人按照融资租赁合同的约定要求承租人支付逾期利息、相应违约金的，人民法院应予支持。

根据《合同法》第 248 条的规定，承租人应当按照约定支付租金。承租人经催告后在合理期限内仍不支付租金的，出租人可以要求支付全部租金；也可以解除合同，收回租赁物。但出租人是否可以同时要求支付全部租金和解除合同、收回租赁物，实践中争议较大。作为出租人的租赁公司多认为，物权保障与债权保障的双重性是融资租赁合同的基本特征，故出租人可以同时要求支付全部租金，包括到期未付租金和未到期的全部租金，同时收回租赁物。

但从经济实质来看，未付租金与租赁物在价值上存在对应关系，如果允许出租人要求支付全部租金的同时，允许其取回租赁物，等于出租人获取了双重利益，承租人受到了双重损失，利益保护显然失衡。[①]《融资租赁合同司法解释》第 21 条规定：出租人既请求承租人支付合同约定的全部未付租金又请求解除融资租赁合同的，人民法院应告知其依照合同法第 248 条的规定作出选择。出租人请求承租人支付合同约定的全部未付租金，人民法院判决后承租人未予履行，出租人再行起诉请求解除融资租赁合同、收回租赁物的，人民法院应予受理。其中蕴含的法理是："从法理上来看，出租人有关给付全部租金的诉讼请求实际上是要求继续履行合同，仅是要求租金加速到期，在此情形下，出租人不能同时诉请解除合同、收回租赁物。而出租人有关收回租赁物的诉讼请求，将导致承租人无法继续占有、使用租赁物，属于解除融资租赁合同的诉讼请求。如果出租人同时诉请继续履行合同与解除合同，实质上属于同时提出了两个相互排斥的诉讼请求。在此情形下，人民法院可以告知出租人择一行使，以明确其具体的诉讼请求，从而有利于降低出租人的诉讼成本，提高诉讼效率。"[②]

(三) 违约的损害赔偿

1. 提前解约的损害赔偿

《融资租赁合同司法解释》第 22 条规定，出租人依照本解释第 12 条的规定请求解除融资租赁合同，同时请求收回租赁物并赔偿损失的，人民法院应予支持。前款规定的损失赔偿范围为承租人全部未付租金及其他费用与收回租赁物价值的差额。合同约定租赁期间届满后租赁物归出租人所有

---

① 雷继平、原爽、李志刚：《交易实践与司法回应：融资租赁合同若干法律问题——〈最高人民法院关于审理融资租赁合同纠纷案件适用法律问题的解释〉解读》，载《法律适用》2014 年第 4 期，第 40 页。

② 雷继平、原爽、李志刚：《交易实践与司法回应：融资租赁合同若干法律问题——〈最高人民法院关于审理融资租赁合同纠纷案件适用法律问题的解释〉解读》，载《法律适用》2014 年第 4 期，第 40 页。

的，损失赔偿范围还应包括融资租赁合同到期后租赁物的残值。

2. 租赁物价值的确定

《融资租赁合同司法解释》第 23 条对租赁物的价值确定方式和程序作做了明确规定：诉讼期间承租人与出租人对租赁物的价值有争议的，人民法院可以按照融资租赁合同的约定确定租赁物价值；融资租赁合同未约定或者约定不明的，可以参照融资租赁合同约定的租赁物折旧以及合同到期后租赁物的残值确定租赁物价值。承租人或者出租人认为依前款确定的价值严重偏离租赁物实际价值的，可以请求人民法院委托有资质的机构评估或者拍卖确定。

第五章　完成并交付工作成果的合同

　　根据《合同法》分则的体系，本章"完成并交付工作成果的合同"包括承揽合同和建设工程合同两种有名合同。该两种合同本质上都属于广义的提供劳务的合同，即劳务性契约之债。但是其较于一般的劳务性契约之债即单纯的提供劳务之债的最大特色在于，该两种合同不仅要提供劳务而且要最终交付工作成果，而且交付工作成果为该两种债的当事人所追求的最根本目的。

第一节　承揽合同

一、承揽合同的概念和特征

（一）承揽合同的概念

　　承揽合同是承揽人按照定作人的要求完成工作，交付工作成果，定作人给付报酬的合同。完成工作并交付成果的一方为承揽人，接受承揽人的工作成果并给付报酬的一方为定作人。承揽人所应完成的工作成果为定作物。"在承揽合同中，定作所需要的并非是承揽人完成工作的过程，而是承揽人完成的工作成果，也就是说，定作人所需要的不是承揽人的单纯劳务，而是其劳务的结果，承揽人的劳务必须有物化的结果。"① 承揽合同是现实生活中使用极为广泛的一类合同，是满足公民、法人及其他组织的生产、生活的特殊需要的一种法律手段。"随着社会的发展，社会分工不断趋于细致，因人有所长，也必有所短，在特定事项上须借助于他人之力，在所难免。承揽合同就为人们通过其他人为自己不擅长的领域获得成果提供了便利。而且既然是互补长短，那么也就有了人们之间的互助，这也有利于促进人们之间感情的交流。因此，在社会经济生活中，承揽合同有着相当重要的意义。"②

承揽合同是较古老的合同种类，出现于手工业发达的中世纪。罗马法将承揽关系纳入租赁合同。依罗马法的分类，租赁分为物的租赁、劳务租赁、工作物租赁，前两者分别为现代法上的财产租赁和雇佣合同，工作物租赁指承揽人应定作人要求从事工作，完成约定工作成果的合同。《法国民法典》沿用了罗马法的体例，直至《德国民法典》，承揽脱离租赁，成为典型合同。由于承揽合同以满足定作人需要为目的，随着经济和社会生活的日新月异，承揽合同的范围不断扩大，其内容犹如当事人的想像力一样丰富。③

承揽合同又分为多种。根据我国《合同法》第 251 条第 2 款规定，承揽合同可分为以下几种。

1. 加工合同

加工合同是承揽人以自己的力量用定作人提供的原材料，为定作人加工成成品，定作人接受该成品并支付报酬的合同。例如用定作人提供的材料加工成特定设备，用定作人提供的衣料加工成服装，为定作人装裱字画等。

2. 定作合同

定作合同是指承揽人用自己的原材料和技术按照定作人的要求制作成品，定作人接受该特别制作的成品并支付报酬的合同。如定作设备、定作

---

① 郭明瑞、王轶：《合同法新论·总则》，中国政法大学出版社 1997 年版，第 215 页。
② 崔建远主编：《新合同法原理与案例评释》，吉林大学出版社 1999 年版，第 1161 页。
③ 郭洁：《承揽合同若干法律问题研究》，载《政法论坛》2000 年第 6 期，第 45 页。

家具等。定作合同与加工合同的根本不同点在于，在定作合同中原料是由承揽人自备的，而不是由定作人提供的。

3. 修理合同

修理合同是指承揽人为定作人修复损坏的物品，由定作人为此支付报酬的合同。例如修理汽车、修理电视机等都成立修理合同。

4. 复制合同

复制合同指承揽人按照定作人的要求，根据定作人的样品为定作人重新制作类似成品，定作人接受复制品并支付报酬的合同。

5. 测试合同

测试合同是指承揽人按照定作人的要求以自己的仪器、设备和技术为定作人完成某一特定项目的测试任务，定作人接受测试成果并支付报酬的合同。如测试仪器等。

6. 检验合同

检验合同指承揽人以自己的技术、仪器、设备等为定作人提出的特定事物的性能、问题等进行检验，定作人接受检验成果并支付报酬的合同。

除上述情况外，还有如翻译、包装、装潢等也都可以成立承揽合同。

(二) 承揽合同的特征

1. 承揽合同的标的是某种特定的工作成果

承揽合同的承揽人须依照定作人的要求完成一定的工作，定作人订立合同的目的是取得承揽人完成的一定工作成果。正如台湾学者邱聪智所言："完成工作为承揽之标的，亦承揽与其他契约区别之因素。工作者，依劳务而发生之一定结果也；所谓完成工作，则指施以劳务而完成之一定结果。"[1] 从承揽人完成一定工作上看，因承揽人进行工作须提供劳务，承揽合同也属于劳务类的合同。但是在承揽合同中，定作人所需要的并非是承揽人完成工作的过程，而是承揽人完成的工作成果。因此，承揽人完成工作的劳务只有体现在其完成的工作成果上，只有与工作成果相结合，才能满足定作人的需要。这是确定承揽合同下当事人义务应当依据的基本标准。

---

① 邱聪智：《新订债法各论》（中），中国人民大学出版社 2006 年版，第 28 页。

依大陆法系民法通常的理论和立法例认为，承揽人的工作成果包括有形物和无形物，后者如医生手术治疗、旅游、按约定地点运送等。只要承揽人劳务行为符合约定的结果，即实现了承揽目的，从而使承揽合同区别于单纯使义务人负担劳务的雇佣合同，以及以给付某项财产为目的的买卖合同。而我国《合同法》中的承揽合同的工作成果仅限于有体物。"以有形物为承揽对象，其优点在于使法律关系调整明晰化，将提供有形物质的特殊劳务归入承揽合同，将提供无形成果的行为归入委托合同或非典型合同，如委托开发合同由技术合同规范，其弊端在于对具有承揽属性的无名合同无法适用承揽关系，如旅游服务合同。"[①]

2. 标的具有一定的人身属性

承揽合同的标的是承揽人完成并交付的工作成果。这一工作既可以是物，也可以是其他财产，但其必须是有特定性，是按照定作人的特殊要求完成的。承揽合同的标的，不能通过市场购买，只能由承揽人依定作人的要求通过自己的与众不同的劳动技能来完成。如果定作人所需要的标的物是从市场上可以任意买到的，定作人就没有必要通过订立承揽合同要求承揽人完成。

3. 承揽人应以自己的风险独立完成工作

承揽合同的定作人需要的是具有特定性的标的物。这种特定物只能通过承揽人完成工作来取得。因此，定作人是根据承揽人的条件认定承揽人能够完成工作来选择承揽人的，定作人注重的是特定承揽人的工作条件和技能，而不是其他一般人的工作条件和技能。所以，承揽人需要以自己的人力、设备和技术力量等条件独立完成工作。《合同法》第249条规定："承揽人应当以自己的设备、技术和劳力，完成主要工作，未经定作人同意，承揽人不得将其承揽的主要工作交由第三人完成。"因为定作人所最终需要的是承揽人的工作成果，所以承揽人应承担取得工作成果的风险，对工作成果的完成负全部责任。

---

① 郭洁：《承揽合同若干法律问题研究》，载《政法论坛》2000年第6期，第46页。

4. 承揽合同是诺成合同、有偿合同、双务合同

承揽合同自当事人双方意思表示一致即可成立生效，而不以当事人一方对标的物的实际交付为合同成立生效要件，故为诺成合同。承揽合同的定作人须为工作成果的取得支付报酬，任何一方从另一方取得利益均应支付对价。因此，承揽合同为有偿合同。合同一经成立，当事人双方均负有一定义务，双方的义务具有对应性，一方的义务即为他方的权利，所以承揽合同为双务合同。

5. 承揽合同是转移标的物所有权的合同

承揽合同的标的物即工作成果在合同成立时尚未存在，但是在交付时，所要交付的不仅仅是业已产生的工作成果，还包括工作成果的所有权。基于此，承揽合同是交付将来存在的标的物。"承揽是利用他人劳务契约的一种，其特色在于以工作的完成为其标的。在现行法律中，无论在哪个国家，承揽都包括有形的工作和无形的工作，但承揽本来是以修理他人所有物或为他人加工物品为标的，以无形的工作为标的的承揽据推测是后来发展而来的。"①

6. 承揽方享有对合同标的物的留置权

为了保证承揽方债权的实现，合同法规定了承揽人对工作物价款的担保权益。《合同法》第264条规定："定作方未向承揽方支付报酬或者材料等价款的，承揽人对完成的工作成果享有留置权，但当事人另有约定的除外。"定作方超过一定期限不领取定作物的，承揽方有权将定作物变卖，用所得价款抵偿报酬和保管费用。留置定作物后仍不足补偿承揽方损失的，承揽方有权要求定作方补偿不足部分并追索违约金和赔偿金。需要注意的是，留置权仅在发生于定作人提供材料的情况。至于承揽人提供材料而定作人未交付价款和费用的，由于承揽人未占有定作人的财产，无法享有担保权益，仅能依双务合同抗辩权拒绝向定作人交付工作物，而不享有法定的留置权。

---

① ［日］我妻荣：《债法各论》（中卷二），徐进、李又又译，中国法制出版社2008年版，第67页。

二、承揽合同的效力

承揽合同由承揽人与定作人双方自愿协商签订，且为不要式合同。为防止纠纷的发生和明确当事人双方的权利义务，对于生产上的承揽合同或者需较长时间才能完成的项目应当采用书面合同形式。承揽合同的主要条款一般包括承揽的标的、数量、质量、报酬、承揽方式、材料的提供、履行期限、验收标准和方法等条款。

承揽合同的承揽人可以是一人也可以是数人，在数人共同承揽一项工作时为共同承揽。《合同法》第267条规定："共同承揽人对定作人承担连带责任，但当事人另有约定的除外。"即在合同中如果没有另外的约定或约定不明的，共同承揽人对定作人负连带责任；如果合同中明确约定了各个承揽人的义务和责任，则由各承揽人对自己的工作部分负责。

（一）承揽人的主要义务

1. 完成工作

按照合同约定完成承揽的工作，是承揽人首要的基本义务。承揽的标的是"工作的完成"。

所谓工作，指劳务所发生的结果。并不限于住宅的建设、船舶的制造、毁坏家具的修理、西服的制作等有形的效果，也可以是剧本的作成、书稿的出版、人或物的搬运、疾病的治疗、诉讼案件的处理等无形的结果。以无形的结果为标的的情形，也并不是以为此而付出的劳务本身为契约的标的，而是以劳务造成的结果为标的，因此，在这点上与雇佣不同。但是，由于在有形工作中，向定作人交付该有形的结果成为承揽人的债务，而与此相反，在无形工作中，因其不存在有形的结果，因此在完成前的损失负担、风险负担、担保责任、报酬支付使其各方面两者会形成差异。①

（1）承揽人应当亲自完成工作或完成工作的主要部分

承揽合同是建立在定作人对承揽人完成工作条件和能力信任基础上的，

---

① 〔日〕我妻荣：《债法各论》（中卷二），徐进、李又又译，中国法制出版社2008年版，第70—71页。

所以承揽人应亲自完成自己所承揽的工作任务。《合同法》第253条规定："承揽人应当以自己的设备、技术和劳力，完成主要工作，但当事人另有约定的除外。承揽人将其承揽的主要工作交由第三人完成的，应当就该第三人完成的工作成果向定作人负责；未经定作人同意的，定作人也可以解除合同。"第254条规定："承揽人可以将其承揽的辅助工作交由第三人完成，但当事人另有约定的除外。承揽人将其承揽的辅助工作交由第三人完成的，应当就该第三人完成的工作成果向定作人负责。"所谓"主要工作"，首先指对定作物的质量有决定性作用的部分。如果其质量在承揽工作中不起决定性的作用，那么"主要工作"则指数量上的大部分。但是，根据合同约定承揽的工作不得转让，则承揽人必须亲自完成全部工作。若承揽人未经定作人同意而将其承揽的工作部分或全部转让给第三人，则定作人有权解除合同。承揽人将工作的次要部分转让给第三人时，承揽人与定作人之间的关系并未改变，承揽人应当就该第三人完成的工作成果向定作人负责。在一般情况下，承揽人与接受次要工作的第三人之间成立一个新的承揽关系，这新的承揽关系不对承揽人对定作人所负担的义务产生影响。承揽人与定作人之间的合同效力对承揽人与第三人之间的合同效力也无影响。但是应予注意的是，承揽人完成工作须亲自完成有逐渐弱化的趋势。"劳务供给专属性之解禁。劳务契约，于劳务供给具有专属性，此于前章已有叙明。承揽原则上无专属性之适用，其承揽人自认为定做人，使他人承揽其所承揽之工作者（即通称之次承揽），除当事人有特殊禁止外，并无不可。实务亦持相同见解，认为承揽人毋庸自身服其劳务。"①

《合同法》第253条中的"但当事人另有约定的除外"的表述实际上表明已经承认了次承揽合同的存在。所谓次承揽合同，简称为次承揽，也叫再承揽，是指承揽人自任为定作人，复使他人承揽其工作的全部或一部，支付报酬的承揽合同。相对于次承揽合同而言，承揽人与定作人签订的承揽合同叫做原承揽合同。次承揽合同与原承揽合同各为独立的承揽合同，次承揽合同的成立、生效乃至效力如何，与原承揽合同无关。如次承揽合

---

① 邱聪智：《新订债法各论》（中），中国人民大学出版社2006年版，第31页。

同不成立或无效，不影响原承揽合同的效力。次承揽人与原定作人之间不发生权利义务关系，原定作人对次承揽人无完成工作并交付工作成果的请求权，次承揽人对原定作人无报酬请求权。原承揽合同无效或解除时，应理解为次承揽合同因失去其标的而无效。[①]

（2）承揽人应当按合同约定的标准完成工作

原则上承揽人为了工作的完成可以自由使用他人（如分包承揽人）；另一方面，承揽人承担为了完成工作所必要的劳力或材料价格上涨的损失（价格的上涨即使与预料相反也必须按照约定完成工作）。不仅如此，承揽人也负担完成前的灾害风险（若建筑途中因风暴而崩坏的，不得不重作）。[②] 承揽人在完成工作中应当遵守定作人提出的标准和要求，以保证完成工作的质量。在完成工作过程中，遇有下列情形时应通知定作人：定作人提供的设计图纸有错误或技术要求不合理；定作人提供的材料不符合约定；可能影响工作质量或履行期限的不可归责于承揽人的情形。由于承揽人怠于通知或者未经定作人同意擅自修改定作人的技术要求或调换定作人提供的材料而造成工作质量不符合约定，承揽人仍应承担责任。

（3）承揽人应在合同规定的期限内完成工作

承揽人应于规定的期限完成工作。因为归责于承揽人的事由致工作不能按期完成的应如何处理？一般情况下，承揽人迟延完成工作的，定作人不能解除合同，仅能请求减少报酬或请求赔偿损失。但若当事人在合同中明确约定承揽人必须于一定期限完成工作，否则定作人不接受承揽人的成果，则承揽人未按期完成工作时，定作人有权解除合同。在承揽人完成工作期间，因可归责于承揽人的事由，显然不能如期完成工作时，经定作人催告承揽人的工作进度仍无改进的，定作人也有权解除合同。这样可避免双方造成更大的损失。

2. 提供原材料的义务

合同约定由承揽人提供材料的，承揽人应当按照合同约定的质量标准

---

①　崔建远：《承揽合同四论》，载《河南省政法管理干部学院学报》2010 年第 2 期，第 76 页。

②　［日］我妻荣：《债法各论》（中卷二），徐进、李又又译，中国法制出版社 2008 年版，第 71 页。

选用材料；没有约定质量标准的，承揽人应当选用符合定作物使用目的的材料，而不能以次充好。承揽人选用材料，应当接受定作人检验。《合同法》第255条规定："承揽人提供材料的，承揽人应当按照约定选用材料，并接受定作人检验。"定作人对承揽人选用的材料质量提出异议的，承揽人应当调换。由于承揽人隐瞒原材料的缺陷或者使用不符合合同规定的原材料而造成定作物的质量不符合约定，承揽人应当承担责任。定作人有权要求重作、修理、减少价款或解除合同。定作人对承揽人选用的材料未及时检验的，则视为同意。

3. 对定作人提供原材料的接受、检验、保管和诚实使用的义务

合同约定由定作人提供原材料的，承揽人应当及时接受定作人交付的材料，并负责妥善保管。《合同法》第256条规定："定作人提供材料的，定作人应当按照约定提供材料。承揽人对定作人提供的材料，应当及时检验，发现不符合约定时，应当及时通知定作人更换、补齐或者采取其他补救措施。承揽人不得擅自更换定作人提供的材料，不得更换不需要修理的零部件。"承揽人对于定作人提供的材料负有保管的义务，因其保管不善造成定作人交来的材料毁损或者灭失的，承揽人应负赔偿责任。承揽人使用定作人的原材料应符合合同约定的损耗量，由于承揽人原因造成浪费的，承揽人应当予以赔偿。

4. 对承揽工作的保密

《合同法》第266条规定："承揽人应当按照定作人的要求保守秘密，未经定作人许可，不得留存复制品或者技术资料。"因此，定作人要求承揽人对其完成的工作保密的，承揽人对其所完成的工作负有保密义务，不得泄露定作人的秘密，否则对定作人因此而受到的损失应负责赔偿。而且，该保密义务是持续性的，并不因承揽合同的消灭而消灭。

5. 接受定作人必要的监督检验

《合同法》第260条规定："承揽人在工作期间，应当接受定作人必要的监督检验。定作人不得因监督检验妨碍承揽人的正常工作。"定作人进行必要的监督、检验时，承揽人应如实向定作人反映工作情况，不得故意隐瞒工作中存在的问题。对于定作人对工作所作的指示，提出技术要求的

变更，承揽人应当接受并按定作人的要求改进自己的工作。但是定作人妨碍承揽人的工作，或者定作人指示错误或中途变更设计图纸、变更对工作的要求而给承揽人造成损失的，定作人应负赔偿责任。

6. 交付工作成果

承揽人应按期将所完成的工作成果交付给定作人，并移转定作物的权利。"工作完成，有须交付，有无须交付者。一般言之，工作系无形之结果者，原则上无须交付；反之，工作为有形结果者，原则上须经交付。后者，文献上长称之为工作物，以示与无形工作相区别。工作无须交付者，于工作完成，债务即属履行；其须经交付者，则承揽人尚有交付义务，承揽人须完成交付，始属依债之本旨履行交付。"①《合同法》第261条规定："承揽人完成工作时，应当向定作人交付该工作成果，并提交必要的技术资料和有关质量证明。定作人应当验收该工作成果"，承揽人交付定作物应当按照合同中约定的方式和地点进行。但按照合同约定的承揽工作的性质无须特别交付的，如房屋的维修，承揽人完成工作之日即为交付。

7. 工作成果的瑕疵担保义务

承揽人对工作成果负有瑕疵担保义务，其所完成的工作成果不符合合同中约定的质量标准和要求，或使定作物的价值减少或不符合通用效用的，承揽人应负瑕疵担保责任。承揽人瑕疵担保责任者，承揽人对于其完成之工作，应担保其无瑕疵之法定责任。换言之，承揽人须担保其完成之工作为无瑕疵，故其完成之工作有瑕疵者，承揽人即应负担法定内容之责任，殊不问其有无过失。只是无过失者，原则不成立债务不履行，无债务不履行责任耳，而且，通常情形，瑕疵担保责任之负担，均较债务不履行责任为轻也。②"工作瑕疵担保责任，固非财产契约所特有。但瑕疵担保责任中之物之瑕疵担保责任（第三五四条、第三六五条），其适用对象殆为财产性契约，似可肯定。承揽一节，于工作设有瑕疵担保责任之规定（第四九二条～第五零一条），不仅其制度内容，与买卖之物瑕疵担保责任相似相通，现实适用上，亦以物之瑕疵之适用为绝大多数，承揽之具有浓厚之商

---

① 邱聪智：《新订债法各论》（中），中国人民大学出版社2006年版，第42页。
② 邱聪智：《新订债法各论》（中），中国人民大学出版社2006年版，第53页。

品契约色彩，此为主要特点之一。"①《合同法》第 262 条规定："承揽人交付的工作成果不符合质量要求的，定作人可以要求承揽人承担修理、重作、减少报酬、赔偿损失等违约责任。"定作人应按合同的约定验收承揽人的工作成果。瑕疵担保责任需要具备以下要件：瑕疵之存在；瑕疵于工作完成时存在；须非定做人指示或其所供给材料所生之瑕疵。② 依据"台湾民法"的规定：承揽之工作有瑕疵，而承揽人应付担保责任者，定作人可能主张之权利有三，即瑕疵修补请求权、报酬减少请求权及契约解除权三者。③ 如承揽人完成的工作有瑕疵，则可以采取下列措施补救：（1）定作人同意利用的，得按质论价，请求减少相应的报酬。（2）定作人不同意利用的，定作人有权要求承揽人修补或调换。承揽人应依定作人的要求予以修补或调换，或由定作人自行修补而由承揽人负担修补的费用。因承揽人修补或调换而逾期交付的，承揽人仍应承担逾期交付的违约责任。（3）承揽人拒绝修补或调换或者经修补或者调换后定作物仍不符合合同要求的，定作人有权拒收，解除合同并请求赔偿损失。承揽人交付的定作物或者完成的工作成果的数量应符合合同的要求。承揽人完成的数量不足的，定作人有权请求承揽人补足，并由承揽人承担逾期交付的责任，也可以请求承揽人就未交足的部分赔偿损失。承揽人交付的定作物的包装应当符合合同约定的包装要求或者符合定作物性质的要求。定作物的包装不合要求时，定作人有权请求承揽人以自己的费用重新包装或者返修，或请求赔偿损失；因此而致定作物毁损灭失的，承揽人应负赔偿责任。

定作人请求承揽人负担瑕疵担保责任的请求应于规定的期间提出。定作人与承揽人约定有质量异议期限的，定作人应于约定的期限内提出质量异议。当事人双方未约定提出质量异议期限的，应在法定质量保证期内提出。定作人未在规定的期限内就承揽人完成的工作主张瑕疵担保责任的，承揽人不再承担瑕疵担保责任。

8. 通知义务

① 邱聪智：《新订债法各论》（中），中国人民大学出版社 2006 年版，第 31 页。
② 邱聪智：《新订债法各论》（中），中国人民大学出版社 2006 年版，第 55 页。
③ 邱聪智：《新订债法各论》（中），中国人民大学出版社 2006 年版，第 56 页。

承揽人应当将承揽工作中的异常情况及时通知定作人。例如，定作人提供的原材料不符合要求时及时通知定作人更换；承揽人发现定作人提供的图纸或技术方案不合理时应及时通知；对于非因承揽人的原因而造成进度缓慢或质量问题时，应及时通知定作人，以便定作人能够及时采取措施，保证承揽工作的顺利完成。

（二）定作人的义务

1. 按照约定提供原材料、零配件、图纸或技术资料的义务

原材料及技术资料等是保证承揽工作顺利进行的基础条件，如果合同约定由定作人提供上述材料，定作人应当按照合同约定的时间、地点、数量、质量提供。没有提供的，承揽人有权解除合同，并有权要求赔偿损失。提供的材料有瑕疵并导致工作成果有缺陷时，定作人不得因此对抗承揽人依据合同提出的主张。

2. 受领承揽人完成的工作成果

定作人的受领既包括定作人接受承揽人交付的工作成果，也包括在承揽人无须实际交付时定作人对承揽人所完成的工作成果的承认。但定作人受领义务的履行是以承揽人完成的工作成果符合合同约定的标准或条件为前提的。若因承揽人完成的工作成果不符合合同的约定而定作人拒收的，则不为定作人受领义务的不履行。

定作人在受领工作成果时应当依合同的约定进行验收，如合同中无另外的约定，则定作人应自行承担验收的费用。定作人受领成果的，不影响其对工作成果的瑕疵担保责任的请求权。

定作人无正当理由拒绝受领工作成果的视为单方解除合同，应当承担赔偿损失的责任。按照我国合同法的规定，定作人可以随时解除合同，但对于解除合同给承揽人造成损失的，应赔偿承揽人由此所受的损失。当然，如果定作人在验收工作成果时发现有缺陷，可以拒绝接受。

3. 向承揽人支付报酬、支付费用

向承揽人支付报酬、材料费及其他费用，是定作人的最基本的义务。定作人支付报酬的标准，合同中有约定的，按照约定的报酬支付；没有约定或约定不明确的，当事人可以协议补充；不能达成补充协议的，按照合

同有关条款或者交易习惯确定；当事人不能达成补充协议，按照合同有关条款或交易习惯也不能确定的，按照订立合同时履行地的市场价格履行，依法由国家定价的按照国家定价履行。定作人支付的报酬，一般应为货币，但当事人无另外约定时，定作人也可以支付一定的实物作为报酬。

定作人支付报酬的期限，应按《合同法》第263条规定执行。"定作人应当按照约定的期限支付报酬，对支付报酬的期限没有约定或约定不明确，依照本法第61条的规定仍不能确定，定作人应当在承揽人交付工作成果的同时支付；工作成果部分交付的，定作人应当相应支付。"定作人延期支付报酬的，应当承担逾期支付的利息。

定作人未按照约定的期限支付报酬的，承揽人对完成的工作成果享有留置权。承揽人的留置权是保证承揽人实现其报酬请求权的一种法定担保物权。《合同法》第264条规定："定作人未向承揽人支付报酬或材料等价款的，承揽人对完成的工作成果享有留置权，但当事人另有约定的除外。"即当事人特别约定承揽人不得留置时，或者留置有悖于社会公德或者公共利益的，承揽人的留置权不能成立。

4. 协助承揽人完成工作

根据承揽工作的性质，需要定作人协助的，定作人有协助的义务。例如，根据承揽工作的性质应由定作人提供原材料的，定作人应当按照约定的标准提供原材料；应当由定作人提供样品的，定作人应当按照约定提供样品；应当由定作人提供工作场所的，定作人应当提供工作场所。

定作人提供的材料不合合同的约定或者提供的设计图纸有错误或者技术要求不合理，在接到承揽人的通知后应当及时答复并采取相应措施。根据《合同法》第257条的规定："承揽人发现定作人提供的图纸或者技术要求不合理的，应当及时通知定作人。因定作人怠于答复等原因造成承揽人损失的，应当赔偿损失。"根据第259条第2款规定："定作人不履行协助义务致使承揽工作不能完成的，承揽人可以催告定作人在合理的期限内履行义务，并可以顺延履行期限；定作人逾期不履行的，承揽人可以解除合同。"至于定作人不履行协助义务上有无过错，可以不予过问。但是，若定作人不履行协助义务并不能导致承揽工作不能完成的，则承揽人不能解除合同，而只能请求赔偿损失；若因此而使工作完成的期限拖延的，则定作人应负迟延履行责任，承揽人不承担因此造成的工期迟延的责任。

（三）承揽中的风险负担

承揽中的风险负担，是指在承揽工作完成中，工作成果因不可归责于当事人任何一方的事由而毁损灭失时，应由何方负担损失问题。承揽中的风险负担分以下几种情况：

1. 工作成果须实际交付的，以交付作为风险转移的时间。承揽人完成的工作成果在交付定作人之前毁损灭失的风险，由承揽人承担，但毁损、灭失发生在定作人受领迟延后的，应由定作人承担。工作成果交付后发生风险的，由定作人承担。

2. 工作成果无须实际交付的，在工作完成前发生的风险由承揽人负担；在工作完成后发生的风险，则由定作人负担。如维修房屋，在完成维修工作前房屋因意外风险毁损灭失的，不论承揽人已完成多少工作，均不能请求定作人支付报酬；若于完成维修任务后房屋发生意外毁损灭失，则定作人仍应向承揽人支付报酬。

3. 原材料由定作人提供而意外毁损灭失的风险。定作人提供的材料在承揽人占有期间毁损、灭失的风险，应由承揽人承担，但不可抗力的除外。承揽人具有妥善保管定作人原材料的义务，如果出现可归责于承揽人对定作人提供的原材料发生毁损灭火的事由时，应当由承揽人承担风险。如果出现不可抗力的情形，因原材料的所有权仍归属于定作人，只是由承揽人占有，依据风险责任的一般原理，所有人应承担标的物意外毁损失的风险。因此，出现不可抗力的事由时，原材料意外毁损灭失的风险应由定作人自己承担。

三、承揽合同的终止

（一）双方协议终止

承揽合同因当事人协议而订立，也可以因双方的合意而解除。在当事人双方协议解除合同时，承揽合同也即因解除而终止。

（二）因一方行使解除权而终止

1. 因定作人解除承揽合同而终止

《合同法》第 268 条规定："定作人可以随时解除承揽合同，造成承揽人损失的，应当赔偿损失。"依此条款规定，在承揽人未交付定作物之前，定作人可以不以任何理由，在任何时间以赔偿承揽人的损害为代价而解除合同。因为承揽合同是为定作人的特殊需求而订立的，如果定作人于合同成立后由于各种原因不再需要承揽人完成工作，则应当允许定作人赔偿承揽人的损失而解除合同。这样处理，既可以避免给定作人造成更大的浪费，也不会给承揽人造成不利。当然，尽管定作人享有随时解除权，但是因其解除合同给承揽人造成的损失，应由定作人承担责任。

2. 因一方当事人严重违约致使合同不能继续履行时解除合同而终止

承揽合同在一方当事人严重违约致使合同不能继续履行时，另一方有权解除合同。在定作人不履行协助义务致使承揽工作不能完成时，承揽人可解除合同；承揽人违反义务显然不能按期完成工作时，定作人有权解除合同。在有解除权的当事人一方行使解除权时，则承揽合同因解除而终止。

（三）承揽合同的法定终止

承揽合同除因解除而终止、因履行而终止、因合意而终止外，还可因下列法定事由而终止：

1. 承揽人死亡或者丧失完成工作的能力

由于承揽合同是以承揽人的特定技能为前提的，承揽人的债务履行具有一定的人身性质，因此，在承揽人死亡或者丧失完成工作能力时，其所承揽的工作已无完成的客观条件，则合同理应终止。

2. 定作人死亡，并且其继承人不需要该项工作

定作人死亡，若其继承人需要承揽人承揽的工作，承揽人应继续将工作完成，并由定作人的继承人承担给付报酬的义务；但若其继承人不需要该项工作时，承揽合同应当终止，承揽人不应再继续完成未完成的工作。因为定作人的继承人不需要时，若承揽合同不终止，承揽人仍将未完成的工作完成，则会给定作人的继承人造成浪费。但在此情形下，定作人的继承人应将定作人死亡的事实和其不再需承揽人继续完成未完成的工作的意

思通知承揽人。否则，定作人的继承人对于承揽人于定作人死亡后完成的工作仍应当受领并支付相应的报酬。

3. 承揽人或者定作人被宣告破产

承揽人或定作人被宣告破产时，承揽合同应当终止，因为定作人受破产宣告时，如合同不终止，承揽人于完成工作后也难以得到应得的全部报酬，合同终止后承揽人就已完成的工作所应得的报酬以及依约定定作人应负担的费用应一并参加定作人破产财产的分配。在承揽人受破产宣告时，其已经没有继续完成承揽工作的能力和条件，因此承揽合同也应当终止。在此情况下，定作人应当接受对其有用的承揽人已完成的工作部分并支付相应的报酬，同时定作人对于交付给承揽人的所有权属于自己的材料有取回权。

因前两种事由而终止合同时，如果承揽人已完成了部分工作，则定作人的继承人应当验收承揽人已完成的工作部分并支付相应的报酬。此种情形实际上与因不可归责于当事人双方的事由而致合同的部分履行不能的情形相同，定作人一方不必支付约定的全部报酬和费用，但也只能是减少给付。

第二节　建设工程合同

一、建设工程合同概述

（一）建设工程合同的概念

建设工程合同是承包人进行工程建设，发包人支付价款的合同。是指由承包人进行工程建设，发包人支付价款的合同，通常包括建设工程勘察、设计、施工合同。在传统民法上，建设工程合同属承揽合同之一种，德国、日本、法国及中国台湾地区民法均将对建设工程合同的规定纳入承揽合同。但是，由于建设工程不同于其他工作的完成，建设工程合同除具有与一般承揽合同相同的特征外，如建设工程合同也为诺成、双务、有偿合同，更具有与一般承揽合同不同的一些特点。"建设工程合同的法律调整主要有三种立法例：一是将建设工程合同视为承揽合同，一并归入到劳动力租赁合同，以租赁合同规范予以调整，此以罗马法和法国法为代表；二是将建设工程合同纳入到承揽合同统一规范，仅坚持承揽合同的独立性，但鉴于建设工程合同之特殊性而规定若干条款，此以德国法、日本法、意大利法、俄罗斯法及我国台湾地区民法为代表；三是将建设工程合同与承揽合同分离单独调整，而根据其特殊性专门设定具体规则，此以苏联及我国《合同法》为代表。"①

　　《合同法》已将建设工程合同作为不同于承揽合同的一类新合同。对于将建筑工程合同独立于承揽合同的立法做法，有学者指出："将建设工程合同作为区别于承揽合同的有名合同单独规定，仍然过分强调其特殊性，国家干预、计划理念基本予以保留，相应的资质管理、转分包限制、合同效力干预、强制招投标、合同变更转让限制、剥夺发包人合同任意解除权、禁止承包人留置权等制度安排得以大量沉淀，其国家管制的广度和深度与契约自由、私法自治的理念显得格格不入。建设工程合同应当回归契约，取消特别规定，并入承揽合同。"② 该学者还进一步指出："契约自由并不排斥政府对建设工程进行适当有效的管制，政府可以制定土地规划制度、用地许可制度、立项审查制度、资质管理制度、招投标制度、安全生产制度、环境保护制度等等，对建设工程合同的立项、投资、订立和履行等进行法律管制，不过这些管制通常属于取缔性规定，而不属于效力性规定，应受行政法调整。如未违反公序良俗原则，违反取缔性规定不影响合同的效力。"③ 也有学者持相反的观点，认为："建设工程合同制度和该类纠纷的处理，首要的是脱离承揽合同和民事合同思维的窠臼，要充分认识到其社会公共利益属性和作为工程载体的土地的稀缺性；其次，从规范配置和规范定位的角度来看，强制性规范应当远较任意性规范多，留给当事人意思自治的空间相当有限，非一般民事合同所能比拟，是故宜将建设工程合

① 张继承：《论建设工程合同规范定位的嬗变及完善》，载《时代法学》2013 年第 1 期，第 69 页。
② 李志国：《建筑工程合同并入承揽合同是契约精神的理性回归》，载《学术交流》2010 年第 11 期，第 73 页。
③ 李志国：《建筑工程合同并入承揽合同是契约精神的理性回归》，载《学术交流》2010 年第 11 期，第 75 页。

同作为商事合同独立调整。"①

根据现行法，由于建设工程合同和承揽合同一样，都是一方当事人利用自己的设备技术或劳力为他人完成一定的工作，具有承揽合同的一般特征，所以《合同法》第287条规定："本章没有规定的，适用承揽合同的关规定。"

（二）建设工程合同的法律特征

1. 建设工程合同的主体只能是法人

建设工程合同在主体上与承揽合同不同。承揽合同的主体没有限制，可以是公民个人，也可以是法人。而建设工程合同的主体是有限制的，建设人（发包人）只能是经过批准建设工程的法人，承建人（承包人）也只能是具有从事勘察、设计、施工任务资格的法人。公民个人既不能为建设人，也不能为承建人。因为建设工程合同所要完成的工程是投资大、周期长、质量高的建设项目，公民个人无能力承担。建设工程合同的主体对合同的效力具有较大影响。"建设工程合同有效成立的主体要件，不仅要考察当事人的一般行为能力，而且要特别注重对当事人特殊行为能力的考察。发包人的主体资格主要是其行为能力问题。发包人未依法取得从事房地产开发经营营业执照、缺乏相关的行政许可和民事权利应认定为无效合同。房地产开发企业缺乏资质或超越资质等级进行房地产项目开发经营未必导致建设工程合同必然无效。② 未申领施工许可证与建设工程合同的效力不存在必然的联系。承包人不具备法人资格或者超出核准登记的经营范围从事建设活动是导致建设工程合同无效的原因。"③

---

① 张继承：《论建设工程合同规范定位的嬗变及完善》，载《时代法学》2013年第1期，第81页。
② 承包人和施工人不具有相应的资质却不相同。《最高人民法院关于审理建设工程施工合同纠纷案件适用法律问题的解释》（2004年9月29日最高人民法院审判委员会第1327次会议通过。法释〔2004〕14号）第1条规定：建设工程施工合同具有下列情形之一的，应当根据合同法第五十二条第（五）项的规定，认定无效：（1）承包人未取得建筑施工企业资质或者超越资质等级的；（2）没有资质的实际施工人借用有资质的建筑施工企业名义的；（3）建设工程必须进行招标而未招标或者中标无效的。第5条：承包人超越资质等级许可的业务范围签订建设工程施工合同，在建设工程竣工前取得相应资质等级，当事人请求按照无效合同处理的，不予支持。
③ 王建东、王亚敏：《建设工程合同的主体资格》，载《政法论坛》2007年第4期，第171页。

2. 建设工程合同的标的仅限于基本建设工程

建设工程合同的标的只能是属于基本建设的工程而不能是其他的事物。也正因为建设工程合同的标的为基本建设工程，而基本建设工程有着特殊的要求和意义，建设工程合同才成为与承揽合同不同的一类合同。所以，为完成不能构成基本建设的一般工程的建设项目的合同，不属于建设工程合同，而应属于承揽合同。如个人为建设个人住房而与其他公民或建筑队订立的合同，就为承揽合同，而不属于建设工程合同。

3. 国家的干预性

建设工程合同因涉及基本建设规划，其标的物为不动产的工程，承建人所完成的工作成果不仅具有不可移动性，而且须长期存在和发挥效用，事关国计民生，因此，国家要实行严格的监督和管理。对于承揽合同，国家一般不予以特殊的监督和管理，而对于建设工程合同，从合同的签订到合同的履行，从资金的投放到最终的成果验收，都受到国家严格的管理和监督。

4. 建设工程合同具有计划性和程序性

在市场经济条件下，建设工程合同虽不像计划经济时那样全部严格按照具体的建设计划定理，但是，基本建设项目的投资渠道多样化，并不能完全改变基本建设的计划性，国家仍然需要对基本项目实行控制；这是实现国民经济高速有效、稳定发展的重要措施，所以，建设工程合同仍受国家计划的约束。对于计划外的工程项目，当事人不得签订建设工程合同。对国家的重大项目工程。根据《合同法》第273条"国家重大建设工程合同，应当按照国家规定的程序和国家批准的投资计划，可行性研究报告等文件订立"。

由于基本建设工程建设周期长、质量要求高、涉及面广，各阶段的工作之间有一定的严密程序，因此，建设工程合同也就具有程序性的特点。例如，未经立项，没有计划任务书，则不能签订勘察设计合同；没有完成勘察设计工作，也不能签订建筑安装合同。"一般来说，建设工程项目的确立有着严格的程序要求，只有经过严格论证后的项目才能得以立项和开展后续工作。在实践中，首先由建设单位拟定项目建设建议书，经批准后方可进行可行性研究论证，编制可行性研究论证报告，最后确定工程选址。只有在可行性研究论证报告获得批准后，方可根据该报告缔结勘察、设计合同。只有在勘察设计合同履行后，才能根据批准的初步设计、技术设计、施工图纸和总概算等缔结施工合同，且须经过严格竣工验收合格后，才能交付使用。"[①]

5. 建设工程合同为要式合同

《合同法》第270条规定："建设工程合同应当采用书面形式。"建设工程合同必须采取书面形式，是国家对基本建设进行监督管理的需要，也是由建设工程合同履行的特点所决定的。因此，建设工程合同为要式合同，不采用书面形式的建设工程合同不能有效成立。

二、建设工程合同的订立

（一）建设工程合同订立的程序和方式

建设工程合同的订立必须遵守国家规定的程序。如一个工程项目的确定，首先要立项，即由有关业务主管部门和建设单位提出项目建议书，报经有关的计划机关批准。立项后进行可行性研究，编制计划任务书，选定工程地址。只有在计划任务书批准后，才能根据计划任务书签订勘察、设计合同。只有在勘察设计合同履行后，才能根据批准的初步设计、技术设计、施工图和总概算等签订施工合同。

建设工程合同的订立可以采取两种方式：一种为协议的方式；另一种为招标投标的方式。且一般情况下应采后者。《合同法》第271条规定："建设工程的招标投标活动，应当依照有关法律的规定公开、公平、公正进行。"在以招标投标方式订立合同时，要经过招标、投标、决标等阶段。招标是发包人提出拟发包工程的招标方案，招引或邀请有意承包人报价，以择优选定承包人的一种法律行为。投标是指投标人依据招标方案的要求，向招标人报价，并供其选择定标的法律行为。建设工程招标有全过程招标、勘察设计招标、材料设备供应招标和工程施工招标。

[①]　张继承：《论建设工程合同规范定位的嬗变及完善》，载《时代法学》2013年第1期，第70页。

招标可以采取公开招标，邀请招标和议标等方式。公开招标时由招标人通过新闻媒介或以其他方式发布招标公告。邀请招标时，招标人不发布招标公告，有目标地向至少三个以上有资格的单位直接发出招标邀请；议标是在不宜公开招标时经有关部门批准直接与不少于两家的单位商谈签订合同的事宜。不论以何种方式招标，招标人的意思表示仅属于要约邀请，而不具有要约的效力。投标人在按招标通告或招标邀请书投票时，其投标具有要约的效力，其标书一旦发出，不得更改。

建设工程的招标投标程序一般包括：（1）招标人编制招标文件，发出招标广告或招标通知书；（2）投标人申请投标和招标人对申请投标者进行资格审查；（3）招标人组织投标人勘察工程现场，对招标文件中进行充分的说明；（4）投标人密封投递标书；（5）当众开标、议标、审查标书，确定中标单位，发出中标通知书；（6）招标人与中标人签订承包合同。

（二）建设工程合同的结构

合同联系的结构是指合同当事人通过合同联系的方式，明确彼此间的权利和义务。合同联系的结构不同，当事人之间的关系也不同。由于基本建设是一种高度社会化的生产活动，其生产过程具有连续性、不间断性，生产的产品具有整体单一性，并且生产周期长，质量要求高。因此，参与工程建设的各单位之间必须明确分工，密切协作。选择适当的合同联系结构，也就成为各方当事人任务明确、责任清楚，保障按期、按质完成建设工程的重要环节。建设工程合同的结构主要有以下几种：

1. 总承建合同与分合同

这种联系结构适用于建设人（发包人）将工程承包给一个承建人（承包人）总负责的场合。总承建合同是建设人与承建人签订的由承建人承建整个工程的合同。分合同是指承建人就工程的勘察、设计、施工任务分别与勘察人、设计人、施工人订立的勘察、设计、施工合同。

根据合同法的规定，总承包人可以分别与勘察人、设计人、施工人签订勘察、设计、施工合同。勘察人、设计人、施工人就其完成的工作成果与总承包人向发包人承担连带责任。在上述这样一种合同联系结构中，建设人直接与承建人发生关系。建设人应当依合同的约定向承建人提供必要的技术文件、资料和其他工作条件，承建人应当按照合同的约定按期保质保量地完成建设工程工作。承建人分别与勘察人、设计人、施工人发生关系，承建人就工程建设全过程向建设人负责，须对勘察人、设计人、施工人完成的工作向建设人承担连带责任。因为任何一个环节的工作质量出现问题，都会影响整体的工程质量，而建设人是基于对承建人的技术水平、工作能力、经营管理水平等条件的信任才与承建人签订合同的，所以，承建人与勘察人、设计人、施工人签订合同时应征得建设人的同意。

2. 总包合同与分包合同

总包合同是指建设人与某一勘察人、设计人、施工人就建设工程的全部勘察、设计、施工工作的完成签订的合同。分包合同则是由与建设人签订合同的勘察人、设计人、施工人就其承包的工程建设任务部分的完成与他人签订的合同。这种合同联系的结构经常适用于施工工作的完成上。

总包合同与分包合同是两个合同，合同的标的有联系，即分包合同的标的是总包合同标的的一部分，但合同的当事人不一致。建设人与总包人、分包人之间形成一个复杂的联系体系。分包人直接向总包人负责，分包人向建设人的履行属于第三人代替履行；总包人直接向建设人负责，必须对分包人的履行向建设人承担责任。如果因分包人的行为引起总包合同的不履行或不适当履行，总包人须向建设人承担违约责任。总包人在向建设人承担责任后，有权向分包人追偿。但建设人无权直接追究分包人不履行行为的违约责任。

应当指出，采取这种合同联系的结构，总包人须对分包人的履行行为负责。这是与转包不同的。转包是指承包人承包工程后，又将其承包的工程建设任务转让给第三人。转包时，转让人退出承包关系，受让人成为承包合同的另一方当事人。转让人对受让人的履行行为不承担责任。我国法律上对承包工程建设的承包人有严格的要求，不具有相应的资格者不能参与投标，不能承包工程，于是就有一些人从承包人手中转包。因此在实务上，有相当多的承包人在承包工程后，纯为"牟利"的目的将承包的任务转包给他人，从中收取高额的"管理费"。更有甚者层层转包、层层"扒皮"，以致使直接完成工程建设任务的承包人不得不偷工减料，粗制滥造，严重影响工程质量和工期。这是造成工程质量低下，建筑市场混乱的一个重要原因。我国《合同法》规定承包人不得将其承包的全部建设工程转包给第三人或者将其承包的全部建设工程肢解后以分包的名义分别转包给第三人。

在分包中总包人并不退出承包合同关系，总包人应对分包人的履行行为负责，因分包人的履行不当造成损失的，由总包人向发包人承担责任，总包人再依据分包合同向分包人追偿。为保证工程质量，避免社会财富的浪费，对于承包人签订分包合同的情况应当予以规制。合同法一方面应规定承包人须完成工作的主要部分，只能允许将工程的次要部分或者附属工作转给第三人完成，并且承担任务的分包人也须具备相应的资格；另一方面规定，总包人就自己承担的工程建设工作与分包人签订分包合同的，应当经发包人同意。总包人不经发包人同意而擅自分包的，发包人应有权解除合同。

3. 总合同和年度合同

总合同与年度合同的合同联系结构主要适用于建设人与建筑安装人发生长期联系的大中型工程项目的建设。

总合同是建设人与建筑安装人根据批准的计划、初步设计和总概算签订的完成建筑安装工程的总协议书。合同双方可以根据总合同进行施工准备工作。年度合同是建设人与施工人每一年根据批准的年度建设计划以及所列工程的概算或预算所签订的年度施工合同或各单项工程建设方面的具体的权利义务。所以，总合同是年度合同签订的基础，年度合同是总合同的具体化。

4. 独立的建设合同

独立的建设合同联系结构有两种：

（1）建设人不将工程项目建设工作承包给某一承建人，而是由自己分别就建设工程的勘察、设计、施工工程与勘察人、设计人、施工人签订勘察、设计、施工合同。在这种合同联系结构下，在每一个合同中建设人都是一方当事人，但每个合同的相对人是不同的。各个合同中的相对人即勘察人、设计人、施工人各自就其承担的工作的完成依合同向建设人负责，相互之间没有联系。

（2）建设人就工程项目的勘察设计或者施工工作分别签订建设合同。这种情况发生在同一工程由几个勘察设计人或施工人参加勘察设计或施工的场合。这种联系结构与前一联系结构是相同的，只不过建设单位分别签订若干个勘察设计合同或者施工合同。在各个合同中建设人都为合同的一方当事人，而合同的相对人是不同的。尽管合同的相对人都是完成勘察设计或建筑安装工作的，但相互之间也不发生合同联系，各自仅就自己承担的工作部分向建设人负责。若某一合同的对方当事人未按合同的约定完成工作，建设人也只能依照与各个当事人签订的各个独立的合同追究对方的违约责任。

（三）建设工程合同的主要条款

1. 勘察、设计合同的主要条款

勘察、设计合同是建设人与勘察人、设计人为完成一定的勘察设计工作，明确相互权利义务的协议。建设人或承建人一方一般称委托人；勘察设计人一方一般称承包人。作为承包人的勘察、设计人只能是持有"勘察许可证"、"设计许可证"，可以从事相应工程的勘察、设计工作的单位。根据《合同法》第274条及《建设工程勘察设计合同条例》的规定，建设工程勘察设计合同应包括以下主要条款：

（1）建设工程名称、规模、投资额、建设地点

（2）委托方提供勘察或者设计基础资料的内容及期限

由委托方提供勘察设计基础资料的内容大致有：向设计单位提供勘察报告及有关资料；工程外部建设条件资料；需要经过科研取得的技术资料；工程所在地的气象、地震资料；有关环境保护和"三废"治理方面的资料；如工程设计属于技术改造或扩建项目的设计时，委托方还应提供企业生产现状的资料、原设计资料和对现状的实测资料。

委托方提供设计所需的基础资料的期限关系到设计工作进度，因此该期限应在合同中合理可行的得到规定。一般是在合同生效后，设计工作正式开始前，一些具备开展设计的设计工作除外。

（3）勘察、设计工作的范围、进度和质量

①勘察、设计的范围、阶段和技术要求

一个完整的勘察工作包括遗址勘察、初步勘察和详细勘察三个阶段，委托方可根据工程的实际需要确定具体的委托内容、阶段和范围，并经协商，在合同中明确规定下来。

设计工作大致包括初步设计、施工图设计和设计后服务三个阶段。不同的阶段有不同的工作范围和内容。签约双方应根据委托的内容和特定的技术要求，确定合同中的设计工作范围。另外，由于设计工作内容的专业性、技术性较强，一般要由合同双方当事人根据具体的委托工作内容，经协商研究后确定设计工作的技术要求，并尽可能地详细写入合同中。对于大中型或技术复杂的工程设计合同，该技术要求应该写入合同的技术附件中。

②勘察、设计的进度及质量

勘察、设计进度是建设工程总体建设进度中的一个主要部分，双方当事人要根据工程总工期的要求和勘察设计单位的实际情况商定勘察设计进度，并在合同中明确规定下来。

合同中各阶段勘察设计成果的质量大致按以下两个方面作出原则规定：第一，达到国家针对各阶段勘察设计内容和深度所作的有关规定标准；第二，满足委托方提出的各项技术要求的同时，各阶段勘察成果还应满足委托勘察任务书中的各项要求，初步设计文件中应符合批准的设计任务书中确定的设计原则和设计工作范围内规定的内容，施工图设计文件和图纸应圆满体现批准的初步设计文件中制定的设计思想，达到初步设计文件中规定的各项技术指标；第三，根据委托工作内容的所属行业、门类及性质，明确勘察、设计工作所应参照的国家法定的具体技术、设计规范和规定，以它们作为勘察设计工作应遵循的技术标准或验收勘察设计成果的基本标准。

（4）勘察、设计费用

勘察费取费依据及标准，一般是按承包方工作量的大小，根据《工程勘察取费标准》的有关规定计算费用数额。设计费主要包括工程设计费、设计前期工作费和非标准设备设计费等部分。其取费标准一般按《工程设计收费标准》的有关规定计算费用数额。勘察、设计费用给付期限和方式由合同双方当事人协商，依法在合同中明确规定。

（5）协作条款

建设工程勘察设计合同是协作性较强的合同，合同双方当事人良好的协作关系是顺利履行合同的重要因素之一，所以双方对于需要协作的内容要提前进行协商并在合同中作出规定。

（6）违约责任

建设工程合同一般情况下标的额比较高，一旦出现违约情形损失较大。为了保障己方的利益，当事人往往需要就违约责任作出明确的规定。

2. 施工合同的主要条款

施工合同是建设人与施工人就为完成施工工程，明确相互权利义务关系的协议。建设人一方一般称为发包人，施工人一方一般称为承包人。

根据《合同法》第275条和《建筑安装工程承包合同条例》第6条的规定建筑安装合同应具备以下主要条款：

（1）工程名称和地点

（2）工程范围和内容

工程范围是指建设人要求承包人承担的工作内容，它是计算工程价款的重要依据，必须在合同中明确规定。工程范围应按单项工程分列或按承包人的施工专业分列。

（3）建设工期及中间交工工程的开工、竣工日期

（4）工程质量及质量保证期

工程质量是基本建设的一个极其重要的问题，施工合同中必须明确规定该条款。

工程质量保证期即建设人对工程质量有权请求承包人修理返工、改建的期限。现实行的《建设工程质量管理办法》只对建设工程规定了保修期限，主要有：民用与公共建筑、一般工业建筑、构筑物的土建工程为1年，其中屋面防水工程为3年；建筑物的电气管线、上下水管线安装工程为6个月；建筑物的供热及供冷为一个采暖期及供冷期；室外的上下水和小区

道路等市政公用工程为1年；其他特殊要求的工程，其保修期由建设人和施工人在合同中规定。为了保证建设工程质量，有必要对工程质量、质量保证期加以延长，以提高当事人的工程质量意识。

（5）工程造价

工程造价，如果是招标工程，应以中标时确定的中标金额为准；如果按初步设计总概算投资包干时，应以经审批的概算投资中与承包内容相应部分的投资（包括相应的不可预见费）为承包工程价款；如果按施工图预算包干，则应以经审查后的施工图总预算或综合预算为准。如果一时不能计算工程价款的，合同中也应明确规定工程价款的计算原则。

（6）工程价款的拨付、结算及交工验收办法

工程价款的支付一般分为预付款、中间结算和竣工决算三大部分。工程价款应按有关法规的规定，由双方当事人根据工程实际情况协商确定，把支付的时间、金额和支付办法明确写在合同条款中。

工程竣工后，承包人发包人应办理交工验收手续。工程交工验收，应以施工图纸及说明书，国家颁布的施工验收规范和质量检验标准为依据，按合同规定交工验收办法进行。工程验收应履行严格的手续。需由承包方提出竣工验收技术资料和工程竣工结算。发包方要负责审查竣工结算。一旦交工验收手续完毕，则意味着该合同已经履行完毕。

（7）技术资料交付时间

技术资料应由建设人负责提供，它是合同履行的基础，一般应在施工工程协议书中或施工准备阶段完成，并在合同中明确规定提供日期。

（8）材料和设备的供应责任

建筑材料的供应由建设人和承包人协商确定，一般有以下几种情况：建设人自行采购主要材料；设备供给承包人；建设人委托物资部门进行采购配套；由承包人直接采购等。

成套设备、非成套设备及非标准设备，一般由建设人负责订货和加工，并按合同规定的时间成套地交付承包人。引进成套设备在交付承包人前，建设人应负责商品的检验。需要在现场加工的非标准设备，由建设人向承包人办理委托加工手续。

（9）双方相互协作事项

（10）违约责任及争议的解决方式

三、建设工程合同的效力

建设工程合同为双务合同，当事人双方自合同成立起均负有义务，也享有权利，一方的义务也正是另一方的权利。因此，建设工程合同的效力可从当事人双方的义务上分析。

（一）勘察、设计合同当事人的权利与义务

1. 委托人的主要义务

（1）按照合同的约定提供必要的资料

委托勘察的，在勘察工作展开前，应当提供所需要的勘察基础资料、勘察技术要求及附图。委托设计的，应当按照合同的约定提供设计的基础资料、设计的技术要求。在初步设计前，应当提供经批准的计划任务书、选址报告以及原料（或经过批准的资源报告）燃料、水、电、运输等方面的协议文件和能满足初步设计要求的勘察资料，需要经过科研取得的技术资料，在施工图设计前，应提供经批准的初步设计文件和能满足施工要求的勘察资料、施工条件以及有关设计的技术资料。

委托人对其提供的技术要求和资料应负瑕疵担保责任。因委托人未按约定提供的资料有错误，致使勘察人设计人不能按约定完成工作的，委托人应当承担责任。

（2）按照合同的约定提供必要的协作条件

在勘察设计人员入场工作时，委托人应当为其提供必要的工作条件和生活条件，以保证其正常开展工作。委托人不履行协作义务，造成勘察、设计的返工、停工、窝工的应当负违约责任。

（3）按合同约定支付勘察、设计费

勘察、设计的收费标准由当事人依国家的规定约定。1983年国务院发布的《勘察设计合同条例》中规定有定金担保。该条例第7条规定，勘察合同成立后，委托人应向勘察人支付勘察费总额的30%为定金；设计合同成立后，委托人应支付设计费的20%作为定金。这一规定现已与1995年颁布实行的《担保法》中定金的规定相冲突。《担保法》规定，定金的款额由双方当事人约定，但数额最高不得超过主合同标的额的20%。所以《勘察设计合同条例》中关于定金的规定不应再适用。当事人在勘察设计合同中可以《担保法》的规定约定定金担保，也可以不约定。委托人未按合同约定的方式、标准和期限支付勘察、设计费的，应负延期付款的违约责任。

（4）不得擅自修改、转让勘察设计成果

委托人对于勘察人、设计人交付的勘察、设计成果，不得擅自修改，也不得擅自转让给第三人重复使用。由于委托人擅自修改勘察、设计成果而引起的工程质量责任，应由委托人自己承担；擅自转让给第三人使用的，委托人应向勘察设计人负赔偿责任。

2. 勘察人、设计人的义务

（1）按照合同的约定按期完成工作并提交勘察、设计成果

委托勘察的，勘察人应当按照国家规定的或者合同约定的标准和技术条件进行工程测量、工程地质、水文地质等勘察工作。委托设计的，设计人应当按照合同的约定，根据委托人提供的文件和资料进行设计工作。勘察人、设计人应按照合同规定的进度勘察、设计任务，并在约定的期限内将勘察成果、设计图纸及说明和材料设备清单、概算等设计成果按约定的方式交付给委托人。勘察人、设计人未按期完成工作并交付成果的，应承担违约责任。

（2）对勘察、设计成果负瑕疵担保责任

勘察人、设计人对其完成和交付的工作成果应负瑕疵担保责任。即使在勘察合同履行后，于工程质量中发现勘察质量问题的，勘察人仍应负责重新勘察或者以其费用委托第三人重新勘察，并应赔偿因此而给委托人造成的损失。即使在设计合同履行后，因设计质量不合要求而引起返工时，设计人也应继续完善设计，并赔偿因此而给委托人造成的损失。

（3）按合同约定完成协作事项

设计人应当按照合同的约定对其承担设计任务的建设工程配合施工，进行设计交底，解决施工过程中设计的问题，负责设计变更和修改预算，参加试车考核和竣工验收等。对于大中型工业项目和复杂的民用工程应派

现场设计代表，并参加隐蔽工程验收。

（二）施工合同当事人的权利与义务

1. 发包人的义务

（1）做好施工前的准备工作

施工前准备工作，是整个工程建设过程的重要组成部分，是保证建设工程按期开工和保证工程质量的一个重要环节。发包人应当按照合同的约定做好施工前准备工作，包括：①办理正式工程和临时设施范围内的土地征用、租用；②申请施工许可证和占道、爆破及临时铁道专用线接岔许可证；③确定建筑物（或构筑物）道路、线路、上下水道的定位标桩、水准点和坐标控制点；④开工前，接通施工现场水源、电源和运输道路，依约定清除施工现场的障碍物；⑤组织有关单位对施工图等技术资料进行确定，并按约定的时间和份数提供给承包人。

（2）按照约定的分工范围和要求供应材料和设备

合同中约定由发包人提供材料和设备的，发包人应按照约定的范围和时间向承包人提供材料和设备，并对所提供的材料和设备的瑕疵负担保责任。

（3）解决施工中的有关问题，组织工程竣工验收

施工过程中，发包人应当派驻工地代表，对工程进度、工程质量进行必要的监督，检查隐蔽工程，办理中间交工工程的验收手续，负责签证、解决应由发包人解决的问题及其他事宜。发包人在接到承包人检查隐蔽工程的通知后未及时检查的，如事后检查而该隐蔽工程质量又符合标准时，发包人自行承担检查费用。

在工程完成时，发包人应按合同的约定组织竣工验收。发包人对未经验收的工程提前使用或者擅自动用的，对发现的质量问题由发包人自行承担责任。

（4）接受建设工程并按约定支付工程价款

发包人于建设工程完成后，对竣工验收合格的工程应予以接受并应当按照合同约定的方式和期限进行工程决算，向承包人支付价款。发包人未按合同约定的期限支付价款的，应负逾期付款的违约责任。针对现实生活

中大量存在的发包人拖延答复竣工结算文件，进而拖延结算工程价款的情况，《最高人民法院关于审理建设工程施工合同纠纷案件适用法律问题的解释》第20条作了进一步的规定："当事人约定，发包人收到竣工结算文件后，在约定期限内不予答复，视为认可竣工结算文件的，按照约定处理。承包人请求按照竣工结算文件结算工程价款的，应予支持。"但是适用该条的前提是有当事人的事先约定。最高人民法院的复函再次确认了这一观点。①

2. 承包人的义务

（1）做好施工前的准备工作，按期开发，确保工程质量

承包人开工前的工作主要有：①施工场地的平整，施工界区内的用水、用电、道路以及临时设施的施工；②编制施工组织设计（或施工方案）；③按约定的分工范围，做好材料和设备的采购、供应和管理；④向发包人提出应由发包人供应的材料、设备的计划。

承包人应按照合同约定的开工日期按时开工。在施工中，承包人必须严格按照施工图及说明书进行施工。承包人对于发包人提供的施工图和其他技术资料，不得擅自修改。

（2）接受发包人的必要监督

承包人应按照合同的约定，及时向发包人提出开工通知书、施工进度报告表、施工平面布置图等；在隐蔽工程隐蔽以前及时通知发包人检查；在工程完工时及时发出验收报告，在施工过程中按照约定向发包人提供月份作业计划、月份施工统计报表、工程施工报告等。承包人有义务接受发包人对工程进度和工程质量的必要监督，对于发包人不影响其工作的必要

---

① 最高人民法院关于如何理解和适用《最高人民法院关于审理建设工程施工合同纠纷案件适用法律问题的解释》第二十条的复函（［2005］民一他字第23号）：你院渝高法［2005］154号《关于如何理解和适用最高人民法院〈关于审理建设工程施工合同纠纷案件适用法律问题的解释〉第二十条的请示》收悉。经研究，答复如下：同意你院审委会的第二种意见，即：适用该司法解释第二十条的前提条件是当事人之间约定了发包人收到竣工结算文件后，在约定期限内不予答复，则视为认可竣工结算文件。承包人提交的竣工结算文件可以作为工程款结算的依据。建设部制定的建设工程施工合同格式文本中的通用条款第33条第3款的规定，不能简单地推论出，双方当事人具有发包人收到竣工结算文件一定期限内不予答复，则视为认可承包人提交的竣工结算文件的一致意思表示，承包人提交的竣工结算文件不能作为工程款结算的依据。

监督、检查应予以支持和帮助，不得拒绝。

（3）按期按质完工并交付工程

承包人应按期完成建设工程。因可归责于承包人的事由显然不能按期完工而严重影响发包人使用的，发包人应有权解除合同。但发包人解除合同应当接受承包人已经完成的部分建设工程并支付相应部分的价款或报酬。

承包人在工程竣工后。交工前应负责保管完成的工程并清理施工现场；按照合同的约定和有关规定提出竣工验收技术资料，通知发包人验收工程并办理竣工结算和参加竣工验收。验收不合格的，承包人应当在规定的期限内负责修理或返工、改建。

（4）对建设工程负瑕疵担保责任

承包人承建的工程质量负有瑕疵担保责任。在工程质量保证期内，工程所有人或使用人发现工程有瑕疵的，有权直接请求承包人修理或者返工、改建。

为保证建设工程质量，当事人可以约定保证金。当事人双方在合同中约定质量保证金的，发包人于支付价款时得扣留约定的保证金。在保证期届满后，未发现工程瑕疵或虽有瑕疵，承包人已维修或返工、改造经验收合格后，发包人才归还质量保证金。

3. 承包人的法定权利——优先受偿权①

承包人的优先受偿权是特定历史背景的产物。从 20 世纪 90 年代初到现在，随着固定资产投资规模的过快增长，拖欠工程款的现象出现了大幅度增加的势头。不少地区的工程款拖欠数额庞大，有的工程拖欠付款无期限，问题已经相当突出，不仅严重地影响建设企业的生产经营，制约了建设企业的发展，也影响了工程建设进度，制约了投资效益的提高。②"由于工程款大量被拖欠，承包人亦频繁拖欠其建筑工人的工资。目前中国的建筑工人主体来自经济发展滞后的农村地区，对大多数建筑工人而言，参与建设工程的劳务收入是其赖以养家糊口的主要经济来源。于是，发包人拖

---

① 对于承包人的优先受偿权国内著述颇丰，最为全面的研究请参见王旭光《建筑工程优先受偿权制度研究——合同法第 286 条的理论与实务》，人民法院出版社 2010 年版。

② 胡康生：《中华人民共和国合同法释义》，法律出版社 2010 年版，第 438 页。

欠工程款，致使承包人拖欠工人工资，此种恶性连锁反应不仅引发出如何保护处于弱势地位的工人这一社会问题，甚至可能深化城乡经济发展的不平衡。"① 为了确实解决拖欠工程款的问题，保障承包人价款债权的实现，②《合同法》第 286 条规定了承包人的优先受偿权。该条规定："发包人未按照约定支付价款的，承包人可以催告发包人在合理期限内支付价款。发包人逾期不支付的，除按照建设工程的性质不宜折价、拍卖的以外，承包人可以与发包人协议将该工程折价，也可以申请人民法院将该工程依法拍卖。建设工程的价款就该工程折价或者拍卖的价款优先受偿。"另外，还有最高人民法院的批复对此作了进一步规定。③ 合同法确立的承包人优先受偿权具有积极的社会功能，主要体现在：保护建筑工人的合法权益；平衡各方当事人的利益；促进建筑业健康发展。该制度的确立是实施社会政策的需要；追求公平正义的需要；保护特定债权的需要；保护特定债权的需要。该制度基于维护社会稳定、促进建筑业乃至整个国民经济健康发展的政策

---

① 张巍：《建设工程承包人优先受偿权之功能研究》，载《北大法律评论》2005 年第 7 卷第 1 辑，第 254 页。

② 当然，对于该优先受偿权是否能够真正使承包人的地位得以改善，有学者经过深入研究后指出："表面看来，这一制度旨在强化承包人相对发包人的地位，以激励后者妥善支付工程款。然而，实际上它重新调整了承包人与发包人之其他债权人——主要是银行及购房人的利益关系。其结果是使这些当事方之间的权利顺位关系变为：购房人（如为消费者）最先，银行最后。至于发包人，其地位几乎没有变化。随着相对银行地位的提升，承包人应该更为安全，因为建设工程拍卖后，将有更多收益用以支付工程款。不过，只有在承包人可以且确实实行了优先权的情况下，才会出现这种效果。而这又有赖于法院的理解、银行的策略与承包人的动力。在目前的制度条件下，笔者得出初步结论：承包人优先权未必对承包人完全有利。法院似乎尚不愿给予承包人彻底保护，而银行则更乐于采取规避措施，特别是，市场机制也向着不利于承包人的方向作用。针对法院（或许还有立法者）保护劳动者目的，应当指出：无论如何，这至多只是承包人优先权的一项副产品，此目的在多大程度上能够实现，主要取决于第 286 条给予承包人多少保护。承包人地位更为安全未必等同于劳动者得到充分保护，因为钱直接流进的是承包人的裤兜，可以用它来支付工资，也可以支付其他费用。"

③ 《最高人民法院关于建设工程价款优先受偿权问题的批复》（2002 年 6 月 11 日最高人民法院审判委员会第 1225 次会议通过。法释〔2002〕16 号）。该批复的主要内容有：（一）人民法院在审理房地产纠纷案件和办理执行案件中，应当依照《中华人民共和国合同法》第二百八十六条的规定，认定建筑工程的承包人的优先受偿权优于抵押权和其他债权；（二）消费者交付购买商品房的全部或者大部分款项后，承包人就该商品房享有的工程价款优先受偿权不得对抗买受人；（三）建筑工程价款包括承包人为建设工程应当支付的工作人员报酬、材料款等实际支出的费用，不包括承包人因发包人违约所造成的损失；（四）建设工程承包人行使优先权的期限为六个月，自建设工程竣工之日或者建设工程合同约定的竣工之日起计算。

考量，根据民法上的公平原则，结合建设工程合同之债的特点，赋予承包人以其物化劳动成果对其债权进行担保并优先受偿的权利，具有其设立的必要性和合理性。[①] "《合同法》第286条对于矫正建设工程发包人和承包人失衡的地位以及完善相关法律制度具有重要意义。"[②]

对于合同法规定的承包人的优先受偿权的得失，有学者指出："承包人优先权有助于减少工程款拖欠，但也许仅是一部分拖欠。如果建设工程不按市场机制运作，那么承包人优先权将无力应对发包人的违约。目前由第286条及最高院解释勾画出的承包人优先权之形态尚需作一些改进，以利其在有用武之地更好地发挥效用。最终，承包人优先权要直接保护承包人，其制度结构亦只能适应此等功能，而保护劳动者不过是它的一项衍生功能。因此，不应为保护劳动者而牺牲此项制度的效率。其实，其他许多措施能为劳动者提供更加直接的保护，例如社会保障系统。承包人优先权制度并非简单地通过将损失由承包人移转给银行来发挥其功能，现有的各种以公正为基点提出的政策理由几乎都无法令人信服地将这种再分配合理化。此项制度的真正优势在于其减少风险转换与监管成本，从而提高整体效率。因此，设计其制度结构时，应注重激发银行的监管动力，因为它们才是发包人不端行为的最有效防止者。"[③] 我们认为，该种观点颇有见地，值得引起我们对该制度进行制度功能和应用实效的进一步反思，并作出进一步的改进。

关于承包人的该种优先受偿权的性质在理论界存有争议，主要存在以下观点。

（1）留置权说。这种观点认为，承包人优先受偿权的性质为不动产留置权。因此，如果发包人不按约定支付工程价款，承包人即可留置该工程，并以此优先受偿。该种观点认为，建设工程合同实际上是一种加工承揽合同，在加工承揽关系中，当定作人在工程验收合格后而不能支付价款时，

---

① 王旭光：《建筑工程优先受偿权制度研究——合同法第286条的理论与实务》，人民法院出版社2010年版，第86页。

② 王建东：《评〈合同法〉第286条》，载《中国法学》2003年第2期，第63页。

③ 张巍：《建设工程承包人优先受偿权之功能研究》，载《北大法律评论》2005年第7卷第1辑，第285—286页。

承揽人即留置该工程，以确保其工程款得到优先受偿，因此，该承包人的优先受偿权实际上是一种法定留置权。但是，根据留置权理论，如果债务人在留置权人催告后仍未按约支付合同价款，则留置权人有权拍卖留置物，以抵偿价款。留置权人必须占有留置物，方可主张留置权。此外，按照我国担保法之规定，留置权的标的物须为动产。因此，该种观点的说服力不强，持该种观点的学者也不多见。

（2）法定抵押权说。有学者首先从历史解释的角度对第 286 条的性质作出了解释。"从以上立法过程可知，合同法第 286 条，从设计、起草、讨论、修改、审议直至正式通过，始终是指法定抵押权。在历次专家讨论会上，未有任何人对此表示异议，未有任何人提出过规定承包人优先权的建议。"① "承包人的优先受偿权既不是不动产留置权，也不是不动产优先权。它符合抵押权的主要特征，与一般抵押权的区别仅在于成立原因：一般的抵押权为意定担保物权，由当事人以合同方式自由设定；承包人优先受偿权因具备法定要件而当然成立。所以，可以说，承包人优先受偿权是一种法律直接规定的抵押权。所称法定抵押权是指承揽人（承包人）承揽工作物为建筑物或其他土地上之工作物或为此等工作物的重大修缮，因此所生的债权，依法对其工作所附之定作人的不动产享有的抵押权。之所以称为法定抵押权是因为这种抵押权非因抵押合意产生而是依法律规定当然产生，且一般不以登记为必要。通观各国民法，绝大多数都有法定抵押权之规定。"② 在台湾有所谓承揽人抵押权之说，是指承揽人对于自己所工作之工作物就工作之报酬享有的优先受偿的权利。

（3）优先权说。"承包人的建设工程优先权在性质上应当是法定优先权。"③ 有学者指出《合同法》第 286 条之规定应属"建设工程优先权"之规定。其一，此项权利不符合我国现行法上抵押权和留置权的基本特征和要件。依我国《担保法》之规定，不动产抵押以登记为生效要件，未经登

---

① 梁慧星：《合同法第二百八十六条的权利性质及其适用》，载《人民法院报》2000 年 12 月 1 日，第 3 版。

② 余能斌、范中超：《论法定抵押权——对〈合同法〉第 286 条之解释》，载《法学评论》2002 年第 2 期，第 123 页。

③ 王利明：《合同法研究》（第三卷），中国人民大学出版社 2012 年版，第 490 页。

记则不能取得抵押权；而留置权的标的物则须为动产，且以债权人占有标的物为成立要件。显然，工程承包人的"优先受偿权"并不符合上述特征或要件。其二，我国《担保法》虽未将优先权作为一种独立的担保物权作统一规定，但在《海商法》和《民用航空法》中分别规定了船舶优先权和民用航空器优先权，在特别法上对优先权已采肯认态度，而《合同法》第286条之规定则成为新的适例。以上各种优先权，均具有法定性及无须公示性之特征，并借此区别于抵押权和留置权。其三，从该条立法背景看，《合同法》作此规定，乃是针对当前建设单位拖欠工程款现象严重，为切实保障承包单位合法权益而设，而要使承包单位的优先受偿权真正落实，则非将其定性为优先权不可，因为若将其定性为法定抵押权，则往往与同一标的物上成立的意定抵押权（在建工程抵押）发生冲突，其效力优劣殊难判定（若依成立时间判认意定抵押权优先，则上述规定几乎失去意义，若作相反认定，又无法可依）。① "优先权是传统债法和物法制度体系的变异，是国家强力直接干预的体现，因而具有鲜明的人为色彩。与其运用法定抵押权，并强行使该权利优先于一般抵押权，从而破坏传统私法权利的效力规则，不如直接将其界定为优先权更为妥当。优先权本就是法律直接解决债权受偿顺位的方法，在没有当事人约定的情况下，这一规定全然属于国家意志的体现，没有必要适用传统民法当事人意思自治语境下的抵押制度。"② 《最高人民法院关于建设工程价款优先受偿权问题的批复》采优先权说（参见第4款：建设工程承包人行使优先权的期限为六个月，自建设工程竣工之日或者建设工程合同约定的竣工之日起计算）。

合同法第286条所规定的优先受偿权的成立条件是：（1）建设工程已竣工。建设工程若未竣工，则不发生该优先受偿权。建设工程未竣工而中途解除建设工程合同的情形，亦不发生该优先受偿权。（2）须是建设工程承包合同所生债权。这里所谓建设工程合同，应当作狭义解释，仅指建筑工程施工合同，勘察合同和设计合同不包括在内。订立总承包合同后，再由总承包人订立分承包合同、转承包合同，仅总承包人享有该优先受偿权，

---

① 温世扬：《建设工程优先权及其适用》，载《法制日报》2000年10月22日，第2版。
② 梅夏英：《不动产优先权与法定抵押权的立法选择》，载《法律适用》2005年第2期，第52页。

分承包人、转承包人无此权利。（3）债权为依建设工程合同所应支付的价款。此所谓"价款"非指市场交易中的商品价款，而是发包人依建设工程合同约定应支付给承包人的承包费。包括承包人施工所付出劳动的报酬、所投入的材料和因施工所垫付的其他费用。但是不包括承包人因发包人违约所造成的损失。① （4）标的物为承包人施工所完成的，属于发包人所有的建设工程及其基地使用权。包括组装或固定在不动产上的动产。（5）须不属于"不宜折价、拍卖"的建设工程。此所谓"不宜折价、拍卖"的建设工程，应当解释为法律禁止流通物，包括：公有物，如国家机关办公的房屋建筑物及军事设施；公用物，如公共道路、桥梁、机场、港口，及公共图书馆、公共博物馆等。但国家机关的员工宿舍不属于公有物。②

　　《合同法》第286条中规定的优先受偿权的行使应当注意以下具备法定的条件：（1）承包人应当催告发包人在合理期限内支付价款。如果在该期限内，发包人已经支付了价款，承包人只能要求发包人承担支付约定的违约金或者支付逾期的利息、赔偿其他损失等违约责任。如果在催告后的合理期限内，发包人仍不能支付价款的，承包人才能将该工程折价或者拍卖以优先受偿。（2）承包人对工程依法折价或者拍卖的应当遵循一定程序。发包人对工程折价的，应当与发包人达成协议，参照市场价格确定一定的价款把该工程的所有权由发包人转移给承包人，从而使承包人的价款债权得以实现。承包人因与发包人达不成折价协议而采取拍卖方式的，应当申请人民法院依法将该工程予以拍卖。承包人不得委托拍卖公司或者自行将工程予以拍卖。（3）工程折价或者拍卖后所得价款如果超出发包人应付价款数额的，该超过的部分应当归发包人所有；如果折价或者拍卖所得价款还不足以清偿承包人价款债权额的，承包人可以请求发包人支付不足部分。（4）按照工程的性质不宜折价拍卖的，承包人不能将该工程折价或者拍卖。如该工程的所有权不属于发包人，承包人就不得将该工程折价，如国家重点工程、具有特定用途的工程等也不宜折价或者拍卖。

---

① 参见《最高人民法院关于建设工程价款优先受偿权问题的批复》第3款。
② 梁慧星：《合同法第二百八十六条的权利性质及其适用》，载《人民法院报》2000年12月1日，第3版。

四、建设工程施工合同的解除

（一）发包人解除合同

承包人具有下列情形之一，发包人请求解除建设工程施工合同的，应予支持：（1）明确表示或者以行为表明不履行合同主要义务的；（2）合同约定的期限内没有完工，且在发包人催告的合理期限内仍未完工的；（3）已经完成的建设工程质量不合格，并拒绝修复的；（4）将承包的建设工程非法转包、违法分包的。①

（二）承包人解除合同

发包人具有下列情形之一，致使承包人无法施工，且在催告的合理期限内仍未履行相应义务，承包人请求解除建设工程施工合同的，应予支持：（1）未按约定支付工程价款的；（2）提供的主要建筑材料、建筑构配件和设备不符合强制性标准的；（3）不履行合同约定的协助义务的。②

（三）解除的法律后果

建设工程施工合同解除后，已经完成的建设工程质量合格的，发包人应当按照约定支付相应的工程价款；已经完成的建设工程质量不合格的，参照本解释第三条规定处理。因一方违约导致合同解除的，违约方应当赔偿因此而给对方造成的损失。③

五、建设工程合同的违约责任

（一）建设工程勘察设计合同的违约责任

1. 委托人的违约责任

（1）由于变更计划，提供的资料不准确，或者未按期限限提供必需的

---

① 《最高人民法院关于审理建设工程施工合同纠纷案件适用法律问题的解释》（2004年9月29日最高人民法院审判委员会第1327次会议通过。法释〔2004〕14号）第8条。

② 《最高人民法院关于审理建设工程施工合同纠纷案件适用法律问题的解释》（2004年9月29日最高人民法院审判委员会第1327次会议通过。法释〔2004〕14号）第9条。

③ 《最高人民法院关于审理建设工程施工合同纠纷案件适用法律问题的解释》（2004年9月29日最高人民法院审判委员会第1327次会议通过。法释〔2004〕14号）第10条。

勘察、设计工作条件而造成勘察、设计的返工、停工或者修改设计，委托人应当按照勘察人、设计人实际消耗的工作量增付费用。因委托人责任而造成重大返工或重作设计，应另行增费。

（2）委托方超过合同规定的期限付费的，应偿付逾期的违约金。

2. 勘察人、设计人的违约责任

勘察、设计的质量不符合要求或者未按照期限提交勘察、设计文件拖延工期，给发包人造成损失的，勘察人、设计人应当继续完善勘察、设计，减收或者免收勘察、设计费并赔偿损失。

（二）施工合同的违约责任

1. 发包人的违约责任

（1）发包人未按照约定的时间和要求提供原材料、设备、场地、资金、技术资料的，承包人可以请求顺延工程日期，还可以请求赔偿停工、窝工等损失。

（2）由于发包人的原因致使工程中途停建、缓建的，发包人应当采取措施弥补或减少损失，赔偿承包人因此造成的停工、窝工、倒运、机械设备调迁、材料和构件积压等损失和实际费用。

（3）发包人擅自使用未经验收的建设工程，发现质量问题的，由发包人承担责任。

（4）发包人在建设工程竣工后，应根据施工图纸及说明书、国家颁发的施工验收规范和质量检验标准进行验收，超过合同规定日期验收，应承担违约责任。

（5）建设工程竣工后，发包人未按照约定支付价款的，承包人可以催告发包人在合理的期限内支付价款。发包人逾期不支付的，承包人可以与发包人协议将该工程折价，也可以将该工程依法拍卖。建设工程的价款从该工程折价或者拍卖的价款中优先受偿。

《最高人民法院关于审理建设工程施工合同纠纷案件适用法律问题的解释》对建设工程施工合同中发包人的过错责任作了规定。该司法解释第12条规定，发包人具有下列情形之一，造成建设工程质量缺陷，应当承担过错责任：（1）提供的设计有缺陷；（2）提供或者指定购买的建筑材料、建筑构配件、设备不符合强制性标准；（3）直接指定分包人分包专业工程。承包人有过错的，也应当承担相应的过错责任。

2. 承包方的违约责任

（1）因承包人的原因致使建设工程质量不符合约定，造成人身和财产损害的，承包人应承担损害赔偿责任。

（2）因承包人的原因致使建设工程质量不符合约定的，发包人有权请求承包人在合理的期限内无偿修理或返工、改建。经过修理或者返工、改建后，造成逾期交付的，承包人应承担违约责任。

（3）由于承包人的原因致使建设工程逾期完成的，应承担违约责任。由于建设工程的特殊性，建设工程合同应允许提前完成工程。如果承包人没有按时交付工程，要偿付逾期违约金，若因此造成发包人的损失，还应承担赔偿责任。

（4）因承包人的过错造成建设工程质量不符合约定，承包人拒绝修理、返工或者改建，发包人请求减少支付工程价款的，应予支持。（《最高人民法院关于审理建设工程施工合同纠纷案件适用法律问题的解释》第11条）

第六章　提供劳务的合同

根据《合同法》分则的体系，本章所谓的"提供劳务的合同"又分为三小类，分别为：运输合同、保管合同和仓储合同，委托合同、行纪合同和居间合同共六种有名合同。该六种合同之债的标的单纯提供劳务，债的目的在于提供劳务本身，故属于劳务性契约。劳务性契约重在提供劳务，财产性契约重在财产的转移。劳务性契约与财产性契约比较，有其个性所在，如劳务性契约具有人格性，即劳务性契约的缔结和履行等是建立在债权人和债务人之间的特殊信任关系之上的；另外，劳务性契约的履行一般具有继续性，因为劳务性的提供往往是一个持续的过程。

第一节　运输合同

运输合同属于提供劳务的合同，而不属于完成并交付工作成果的合同。运输合同的标的是承运人的运输行为本身，承运人提供的是运输服务而非某项工作成果。

一、运输合同的一般规定

（一）运输合同的概念和特征

1. 运输合同的概念

运输合同，又称运送合同，是指承运人将旅客或者货物从起运地点运输到约定地点，旅客、托运人或者收货人支付票款或者运输费用的合同。运输合同大多属于格式合同。在我国台湾地区称为"运送契约"。"运送者，谓当事人约定，由运送人为托运人运送物品或旅客，而托运人待运送完成时给付报酬之契约。"①

在运输合同中，要求从事公共运输的承运人不得拒绝旅客、托运人通常、合理的运输要求。承运人应当在约定期间或者合理期间内按照约定的或者通常的运输路线将旅客、货物安全运输到约定地点。对于约定支付的票款或者运输费用，旅客、托运人或者收货人应当按照约定支付，如承运人未按照约定路线或者通常路线运输以致增加票款或者运输费用的，旅客、托运人或者收货人对于增加部分的票款或者运输费用可以拒绝支付。

2. 运输合同的特征

（1）主体的特殊性

运输合同是运送旅客或者货物的合同，一般有承运人和托运人或者旅客两方当事人，如运输合同运送的对象为货物时，通常还有收货人参加合同关系。收货人在多数情况下为托运人之外的人，在少数情况下，收货人则是托运人本人，因此运输合同与承揽合同的区别之一就是运输合同具有涉他性。所谓承运人是指将旅客或者货物从起运地点运输到约定地点的人。承运人一般是以营运为业的人。"台湾民法"第 622 条规定："称运送人者，谓以运送物品或旅客为营业而受运费之人。"但是，承运人不以专营为限。"运送人不以专营为限，即与他业结合而为实质营业之一部者，亦属此所谓之运送人。例如，饭店或旅行社，以自用客车前往机场、车站或港埠运送旅客或行李者，于此部分，亦属营运人。"② 所谓托运人是指将自己或他人的货物托付于承运人运输的人。所谓收货人则是指从承运人处接收货物的人等。

（2）运输合同的标的是运输行为

承运人提供的是运输这种行为，即通过运输工具实现客货的空间位移。从其运输性质而言，可以归入提供劳务类合同，属于提供劳务合同。但运

---

① 林诚二：《民法债编各论》（中），中国人民大学出版社 2007 年版，第 302 页。

② 邱聪智：《新订债法各论》（中），中国人民大学出版社 2006 年版，第 339 页。

输合同又有其特殊性。在运输合同中，承运人向旅客或者托运人提供的是运输服务，而不是某项工作成果，所以运输合同不同于承揽合同。在运输合同中，承运人是以自己的名义独立完成对旅客或者货物的运输，因此，也不属于雇佣和委托。其直接目的是运输旅客或者货物，既不是对一般事务的处理，也不是一般地提供劳务，所以运输合同的标的是承运人的运输行为本身。旅客或者货物仅是运输行为的对象。运输合同双方当事人的权利和义务均是围绕运输行为而产生的。

（3）运输合同的客体为物品或旅客

运输合同的客体所指的物品仅限于动产，不动产和无体财产不在运输合同的客体之列。而且这里的动产原则上应解释为包括一切动产，不问其有无财产上价值，也不论是否为商品。垃圾虽无财产价值但是仍可为运输合同的客体。人尸虽不得为交易之标的，但是可以成为运输合同的客体，成立物品运输合同。但是，由于运输合同运输的对象为旅客或者货物，所以，如果不是承运旅客或者货物，而是将其他财产从一地运送到另一地，则不属于运输合同的调整范围，如电信业务的传输、信函的邮寄。

（4）运输合同是双务合同、有偿合同

由于运输合同是承运人将旅客或者货物从起运地点运输到约定地点，并向旅客、托运人或者收货人收取票款或者运输费用的合同，所以运输合同属于有偿合同。运输合同一旦成立，合同的双方当事人均负有相应的义务，即承运人须将旅客或者货物从起运地点运输到约定地点，旅客、托运人或者收货人则须支付票款或者运输费用，正由于双方当事人的义务具有对价性，所以运输合同又是双务合同。

（5）运输合同多为诺成合同

按照传统的观点，运输合同是实践合同。也有学者认为，运输合同是否为实践合同，应区分不同情况：依指令性计划签订的运输合同于签订时即告成立，故是诺成合同；客运合同自旅客取得客票时即告成立，亦是诺成合同；不受指令性计划约束的货运合同和旅客行李包裹运输合同则为实践合同。《合同法》除对客运合同的成立作明确规定外，对货运合同和多式联运合同的成立均未明确规定。《合同法》第 293 条规定："客运合同自承运人向旅客交付客票时成立，但当事人另有约定或者另有交易习惯的除外"，由此，客运合同原则上是诺成合同。因此，我们认为，对于货运合同，为保护合同当事人的利益，有利于经济的发展，原则上应认定运输合同为诺成合同。只要在承运人与托运人之间达成合意，运输合同即告成立，无须以支付运输对象为成立要件，即使货物运输必须填写标准化的托运单和提单。除非合同当事人明确约定以托运人办理完托运手续，领取托运单为合同成立的条件。只要当事人双方未明确约定以办理完托运手续为合同成立要件，均不得认定为实践合同。

（6）运输合同多为标准合同

运输合同的主要内容，如合同当事人的权利、义务、责任等一般是以法规的形式统一规定的，不以双方当事人的意志为转移，双方当事人无权自行变更，因此，运输合同通常为标准合同。但也不排除一部分运输合同不是标准合同。

（二）运输合同的种类

运输合同的种类很多，根据不同的标准可以作不同的分类。常见的分类标准有如下几种：

1. 以运输的对象为标准，可分为客运合同和货运合同。货运合同又可分为普通货物、特种货物（如鲜活货物、易腐、易变质的货物和动物等）和危险货物（如易燃、易爆、有毒、有腐蚀性和有放射性的货物等）的运输合同。

2. 以运输方式为标准，可分为铁路运输合同、公路运输合同、航空运输合同、水路运输合同、管道运输合同等。其中，水路运输又可以细分为内河运输、河海运输、海上运输。

3. 以承运人的多少为标准，可分为单一承运人的运输合同和多个承运人的运输合同。多个承运人的运输合同又称为联运合同。其中，根据运输方式的不同，联运又可分为同一运输方式的联运和多式联运；根据是否涉及境外运输工具，联运又可分为国内联运和国际联运。

二、客运合同

（一）客运合同的概念和特征

1. 客运合同的概念

客运合同是指承运人与旅客关于承运人将旅客及其行李从起运地点安全运输到约定地点，旅客予以支付票款的合同。一般认为，在交易习惯上，容许旅客携带他人，纵未另行支付运费，仍应解释为其成立旅客运送。例如，父母搭车，携带孩提幼童，幼童虽属免费，仍不失为旅客，当有旅客运送之适用。①

旅客运输合同根据运输工具的不同，一般分为铁路客运合同、公路客运合同、水路客运合同和航空客运合同等。

2. 客运合同的特征

各种客运合同虽各有其特点，但亦有许多共同之处，其法律特征如下：

（1）客运合同是标准合同，其表现形式为客票。在客运合同中，承运人和旅客不得就合同的条款进行协商，只能按国家统一规定的客运规程订立合同，合同的唯一表现形式就是旅客持有的客票。客票即是运输合同的书面形式，又是有价证券。由于客票是运输合同的书面形式，因此，客运合同自承运人向旅客交付客票时成立，除非当事人另有约定或者另有交易习惯。如旅客先上车（船）后买票，合同则自旅客乘上车（船）起成立。合同生效与成立的时间并下一致，其生效时间为自检票时起。由于客票为有价证券，根据有价证券的特点，除记名的飞机票外，其他不记名的客票的持有人在检票前可以自由转让该客票。在检票时，谁持有客票，谁就是客运合同的旅客一方。

（2）客运合同常常包括对旅客行李运输的内容。客运合同不仅包括将旅客从起运地点运输到约定地点的内容，而且还包括将旅客按照约定的限量携带的行李随同旅客从起运地点运输到约定地点的内容。承运人在运输旅客的同时，有义务随同运输旅客按照约定的限量携带的行李。对于超过

---

① 邱聪智：《新订债法各论》（中），中国人民大学出版社 2006 年版，第 339 页。

限量携带的行李，旅客应当办理托运手续。其中，行李运输合同实际上是基于客运合同附带订立的合同，行李票是其表现形式。而对超过限量携带的行李所办理的托运，则是一种独立的货运合同。

（二）客运合同的订立

《合同法》第293条规定："客运合同自承运人向旅客交付客票时成立，但当事人另有约定或者另有交易习惯的除外。"客票是客运合同的唯一表现形式。客运合同的订立一般先由旅客或旅客以外的购票人向承运人支付规定的票价，支付票价的行为为要约，承运人发售客票的行为为承诺。因此，客运合同为诺成合同。① 但是，从事公共运输的承运人不得拒绝旅客通常、合理的运输要求。合同成立的时间有如下情形：（1）预订票的，以取票人取到票时或承运人将票送至客票接收人处时为合同成立；（2）先购票的，自购票时起合同成立；（3）先乘上运输工具后购票的，从旅客乘上运输工具时起合同成立。

由于其诺成合同的性质，运输合同的生效时间与成立时间并不一致。客运合同的生效时间一般为检票时间。

（三）客运合同的履行

在客运合同的履行中，合同的双方当事人依法享有权利，亦依法承担义务。

1. 旅客的权利和义务

（1）旅客的权利

旅客的权利主要有：①有依约乘行的权利。旅客有权按照客票上载明的时间、班次、座别乘坐约定的运输工具到约定的地点。对于因承运人迟延运输的，旅客有权要求安排改乘其他班次或者退票。对于承运人擅自变更运输工具而降低服务标准的，应当根据旅客的要求退票或减收票款；提高服务标准的，不应当加收票款。②依约携带权。旅客有权依照约定免费携带一定限量的行李和随行一名儿童。《合同法》第296条规定："旅客在

---

① 关于客运合同为诺成合同的解释学分析，参见王利明：《合同法研究》（第三卷），中国人民大学出版社2012年版，第523页。

运输中应当按照约定的限量携带行李。超过限量携带行李的，应当办理托运手续。"③要求提供必要方便的权利。如在运输过程中，患有疾病、分娩、遇险，有权要求承运人尽力救助。④依法要求赔偿的权利。旅客对在运输过程中造成的人身伤亡或自带行李的毁损、灭失，有依法要求承运人赔偿的权利。其中对于造成旅客死亡的，则其继承人或其他有抚养关系的人有权依法要求赔偿。⑤有拒绝支付额外费用的权利。旅客有权拒绝支付承运人未按照约定的路线或者通常的路线运输而增加部分的票款。

（2）旅客的义务

旅客的义务主要有：①支付费用的义务。旅客必须按照约定支付票款。旅客应当持有效客票乘运。旅客无票乘运、超程乘运、越级乘运或者持失效客票乘运的，应当补交票款。②遵守客运规章的义务。旅客应当按照客票上载明的时间、班次、座别乘坐运输工具。旅客不得随身携带或者在行李中夹带易燃、易爆、有毒、有腐蚀性、有放射性以及有可能危及运输工具上人身和财产安全的危险物品或者其他违禁物品。③爱护运输设备的义务。旅客由于自己的过错造成运输设备损坏的，应当承担赔偿责任。

2. 承运人的权利和义务

（1）承运人的权利

承运人的权利主要有：①收取费用的权利。承运人有权按照规定的标准收取票款。承运人对无票乘运、超程承运、越级承运或者持失效客票乘运的旅客，可以按照规定加收票款。对拒不交付票款的，可以拒绝运输。该权利承运人一般在合同成立时实现，在旅客无票或持失效票乘运时，则于合同生效后实现。②依规定检验票和检查所携物品的权利，承运人有权对于持票乘坐运输工具的旅客验证检查，对其所携行李物品予以检查、对于旅客违反规定携带或者夹带违禁物品的，承运人可以将违禁物品卸下、销毁或者送交有关部门。对于坚持携带或者夹带违禁物品的，承运人应当拒绝运输。

（2）承运人的义务

承运人的义务主要有：①按照约定运输旅客的义务。从事公共运输的承运人不得拒绝旅客通常、合理的运输要求。承运人应当按照约定的或者客票载明的时间和班次运输旅客。承运人应当按照通常的运输路线将旅客运输到约定地点。承运人不得迟延运输、擅自变更运输工具。②为旅客提供必要方便的义务。在运输过程中，承运人应当为旅客提供必要的设施和生活服务。如应当尽力救助患有急病、分娩、遇险的旅客；免费为旅客提供饮水；保持运输工具清洁卫生；免费让乘客使用运输工具上的厕所等。旅客在途中死亡的，承运人应按照有关规定填写客运记录，并详细写明旅客的死亡经过并负责处理。③安全运输的义务。承运人应当在约定期间或者合理期间内将旅客包括其随身携带的行李和随行的儿童安全运输到约定的地点，并应当向旅客及时告知有关不能正常运输的重要事由和安全运输应当注意的事项。对于在运输过程中造成旅客伤亡的，承运人应当承担损害赔偿责任，但伤亡是旅客自身健康原因造成的或者承运人证明伤亡是旅客故意、重大过失造成的除外。上述规定同样适用于按照规定免票、持优待票或者经承运人许可搭乘的无票旅客。对于在运输过程中旅客自带行李毁损、灭失的，承运人有过错的，应当承担损害赔偿责任。至于旅客托运的行李毁损、灭失的，则适用货物运输的有关规定。

（四）客运合同的变更、转让和终止

1. 客运合同的变更、转让

客运合同的变更也必须遵守合同变更的一般规则，非依法律规定或者双方当事人协商一致，不得擅自变更合同。否则，应承担相应的民事责任。

旅客因自己的原因不能按照客票记载的时间乘坐的，应当在约定的时间内办理退票或者变更手续。逾期办理的，承运人可以不退票款，并不再承担运输义务。如铁路客运合同中，旅客补交相应的费用后，可变更座别。旅客还可通过签字办理改乘手续，提前或者推迟乘坐同一运行路线的列车。旅客如中途发生疾病，经医生证明为不适于继续履行的，可变更到站，中途下车，由承运人退还未旅行区段的票价等。承运人迟延运输的，应当根据旅客的要求安排改乘其他班次。

由于客票属于有价证券，承运人运输的旅客又是非特定的人（航空客运合同除外），在合同成立后尚未检票（合同生效）前，持票人可以将客票转让给其他人（航空客运合同除外），但在检票（合同生效）后，客票

则不得转让给他人。

2. 客运合同的终止

根据《合同法》规定，客运合同的终止主要有下列情形：①承运人按照规定加收票款，旅客不交付票款的；②逾期办理退票或者变更手续的；③旅客违反规定坚持携带或者夹带违禁物品的；④承运人迟延运输，旅客要求退票的；⑤承运人擅自变更运输工具的。

对于承运人按照规定加收票款，旅客不交付票款的，承运人可以拒绝运输。旅客违反规定坚持携带或者夹带违禁物品的，承运人应当拒绝运输。对于旅客逾期办理退票或者变更手续的，承运人可以不退票款，并不再承担运输义务。对于承运人迟延运输或擅自变更运输工具的，旅客则有权要求予以退票。

（五）客运合同中的赔偿责任

1. 关于旅客在运输过程中伤亡的损害赔偿责任

《合同法》第 302 条规定："承运人应当对运输过程中旅客的伤亡承担损害赔偿责任，但伤亡是旅客自身健康原因造成的或者承运人证明伤亡是旅客故意、重大过失造成的除外。""前款规定适用于按照规定免票、持优待票或者经承运人许可搭乘的无票乘客。"根据《合同法》第 302 条之规定，我们可以得出：承运人对在运输过程中造成的旅客人身伤亡应负无过错责任，其免责条件除法律另有规定外，只有下列三种情况：一是旅客的故意造成的；二是旅客的重大过失造成的；三是旅客自身的健康原因造成的。由此可见，客运合同中的承运人承担的损害赔偿责任不仅较一般合同重，而且较货物运输合同也重。因此，承运人对不可抗力、意外事故以及旅客的一般过失造成的伤亡亦应承担损害赔偿责任。其原因在于将旅客安全运输到约定地点是承运人的基本义务，而现代交通运输是具有高度危险性质的业务，为了保障旅客的人身安全，促使承运人改善经营，承运人承担较重的赔偿责任是必要的。而且免责条件的举证责任除死亡是旅客自身健康原因造成的以外，均是由承运人来承担的。

关于旅客在运输过程中发生的人身伤亡问题，有关法律、法规等亦作了相应规定。如《中华人民共和国铁路法》第 58 条第 1 款规定："因铁路行车事故及其他铁路事故造成人身伤亡的，铁路运输企业应当承担赔偿责任；如果人身伤亡是因不可抗力或者由于受害人自身的原因造成的，铁路运输企业不承担赔偿责任。"可见，对于旅客运输过程造成的人身伤亡，承运人的免责条件是不可抗力或者旅客自身的原因造成的。另根据铁道部1994年8月30日发布的《旅客运输损害赔偿规定》第5条和第6条规定，铁路运输中造成旅客伤亡，运输企业对每名旅客的赔偿限额为人民币4000元，对此费用的赔偿，不影响旅客按国家有关铁路旅客意外伤害强制保险规定获取的保险金赔偿。《中华人民共和国民用航空法》第124条规定："因发生在民用航空器上或者旅客在上、下民用航空器过程中的事件，造成旅客人身伤亡的，承运人应当承担责任；但是，旅客的人身伤亡完全是由于旅客本人的健康状况造成的，承运人不承担责任。"第127条第1款中亦规定："经承运人证明，死亡或者受伤是旅客本人的过错造成或促成的，同样应当根据造成或促成此种损失的过错程度，相应免除或者减轻承运人的责任。"可见，在航空旅客运输过程中，承运人的免责条件和减轻责任的条件是旅客本人的健康状况造成的或者旅客本人的过错造成或促成的人身伤亡。另依1993年11月29日经国务院修改通过的《国内航空运输旅客身体损害赔偿暂行规定》第6条规定，对造成国内航空运输旅客伤亡的，最高赔偿金额为人民币7万元。第7条规定，旅客可自行决定向保险公司投保航空运输人身意外伤害险。此项保险金的给付，不得免除或者减少承运人应当承担的赔偿金额。至于国际航空运输中，根据《民用航空法》的规定，承运人对每名旅客的赔偿责任限额为16600计算单位；但是，旅客可以同承运人书面约定高于本项规定的赔偿责任限额。

2. 关于运输过程中旅客自带行李毁损、灭失的责任

《合同法》第303条规定："在运输过程中旅客自带行李毁损、灭失，承运人有过错的，应当承担损害赔偿责任"，"旅客托运的行李毁损、灭失的，适用货物运输的有关规定。"

根据《合同法》的上述规定，可见，对在运输过程中旅客自带行李毁损、灭失的赔偿责任上采取的是过错责任原则，而《铁路法》和《民用航空法》对在运输过程中造成旅客行李毁损、灭失的，则是采取无过错责任

原则，我们认为，应按照特别法优于普通法的原则，适用无过错责任原则。至于旅客托运的行李毁损、灭失的，依《合同法》规定，应适用货物运输的有关规定，即《合同法》第311条至第314条以及其他法律、法规中有关货物运输的规定。

三、货运合同

(一) 货运合同的概念和特征

1. 货运合同的概念

货运合同是指承运人将托运人交付的货物从起运地点运输到约定地点，托运人或者收货人支付运输费用的合同。

货运合同依不同的标准，可有多种分类方式。依运输方式不同，可分为铁路、公路、水路、航空货运合同；依运输的货物性质不同分为一般、危险、鲜活物品运输合同；依装卸方式不同分为整机、整车、整船货运合同、集装箱货运合同、零担货运合同。合同类型不同，适用的具体法律规范亦有差别。

2. 货运合同的特征

各种货运合同虽各有其特点，但仍有许多共同之处。有学者指出，货物运输合同具有以下独立法律特征：货物运输合同对承运人一方进行全面的限制，承运人资格许可化；货物运输合同缔约的法律强制化；货物运输合同条款格式化；货物运输合同的主要内容法律化。[①] 货运合同除具有运输合同的一般特征外，还具有如下法律特征：

(1) 货运合同关系主体的特殊性。货运合同关系的主体有别于一般合同关系的主体。首先，货运合同除订立合同的双方当事人，即托运人和承运人之外，通常还有第三人，即收货人。因为在货运合同中，不仅托运人可以为自己的利益托运货物，亦可以为第三人的利益托运货物。除少数情况下，托运人就是收货人外，多数情况下，收货人则是托运人以外的第三

---

① 张长青：《关于货物运输合同法律特征的探讨》，载《物流技术》2010年7月刊，第201—202页。

人。尽管收货人没有直接参与合同的订立，但依《合同法》的有关规定，收货人有权享受合同的权利并承担相应的义务。正因如此，人们又将货运合同有时称为为第三人利益订立的合同。其次，托运人可以是具有合法当事人资格的任何单位或者个人，而承运人则主要是具有相应安全运输货物能力的专业货运企业或者其他法人以及个体运输户等。

关于作为托运人之外的收货人何时取得合同权利和承担合同义务问题，通说认为，作为托运人之外的收货人虽没有参与合同的订立，但在合同成立后，也对承运人负有相当的权利和承担相应的义务。另外，《合同法》第288条关于运输合同的规定中，将托运人或收货人规定为支付运输费用的人。一改过去学者们在给运输合同所下的定义中，仅将托运人作为支付运输费用的人。

（2）货运合同将货物交付给收货人作为履行义务的终结。尽管货运合同和客运合同的标的都是运输行为本身，但二者履行义务终结的标志并不一致。在客运合同中，只要承运人将旅客在约定期间或者合理期间内将旅客安全送达到约定的地点，承运人的义务即为履行终结，合同终止；而在货运合同中，承运人仅将货物依托运人的要求运输到约定的地点，其义务并未履行终结，合同尚未终止，只有承运人将货物交付给收货人后，其义务才为履行终结，合同方可终止。

（3）货运合同可以采取留置方式作为担保。在托运人不履行支付运杂费和按时领取货物的义务时，承运人可以对货物进行留置，并在条件满足时实现留置权。我国《铁路法》第22条及《担保法》对此都有相关规定。

（二）货运合同的订立

货运合同一般经过托运人提出运输货物的要约、承运人同意运输的承诺而成立。但对从事公共运输的承运人不得拒绝托运人通常、合理的运输要求。

货运合同的托运、承运手续一般按如下方式办理。托运人托运货物时，包括托运行李、包裹时，必须首先办理托运手续。办理托运手续时，对于承运人要求填写托运单的，托运人还须如实填写托运单。一般而言，托运单主要包括如下内容：（1）托运人、收货人的姓名、名称和详细地址；

（2）货物的名称、数量、质量、重量、包装和价值；（3）承运日期、运到日期；（4）运费及其结算方式；（5）起运地和到达地；（6）填写托运单的地点和日期；（7）双方商定的其他事项。托运人办理完托运手续后，承运人应向托运人交付提单或者其他提货凭证。提单除应记载托运单上记载的事项外，还应记载如下事项：（1）运费及其支付人；（2）提单的填发地及填写日期；（3）承运人签章。由于提单属于一种有价证券，因此，提单具有有价证券的一般特征。提单是货物所有权的凭证，谁持有提单谁就享有提单项下货物的所有权。只有持有提单的人才能主张提单上载明的权利。提单有记名提单和无记名提单之分，对于记名提单，可以背书转让，但提单上记载有禁止背书转让的，则不得转让；对无记名提单，则通过交讨直接实现转让。在签发提单后，提单的持有人和承运人之间关于运输的有关事项，则依照提单上的记载为准。有关运输的变更、中止以及运输货物的提取或者转让，均须依提单进行。提单上记载的事项即使与事实不符，当事人亦不得否认；提单上未记载的事项，即使事实上存在，当事人亦不得主张。

关于货运合同的成立时间，《合同法》未作明确规定。依据有关货运的法规、规章等，具体有如下几种情况：（1）铁路货物运输为整车、零担和集装箱运输三种类型。铁路货运合同须采用书面形式签订。按年度、半年度、季度和月度签订的整车货物运输合同，经双方在合同上签认后，合同即告成立。如客观条件允许，整车货运合同亦可按当事人商定的期限签订合同，其成立亦是自双方在合同上签认后对于整车货物运输合同，托运人在交运货物时还应向承运人按批提出货物运单，作为运输合同的组成部分。按月度签订的货运合同，可以用月度要车计划表代替。零担和集装箱货运合同，在承运人与托运人提出的货物运单上加盖车站日期戳后，合同即告成立。（2）公路货物运输的类别主要有整车运输、零担运输、特种车辆运输、集装箱运输和包车运输五种。公路货物运输合同一般须以书面形式签订，自双方当事人签认后成立。除当事人订立的年度、季度、月度货运合同及提送的运输计划外，托运人和承运人在办理货物托运、承运手续时所添置的货物运单或运输发票等书面货运凭证，以及有关的函电等亦属合同的组成部分。而在零担运输中，货物运单或运输发票则是合同的主要形式。（3）水路货运合同有口头和书面两种，其基本形式为月度运输合同和货物运单，按月签订的货运合同，经双方在合同上签认后，合同即告成立。承运人、托运人无须商定特定事项的，也可以用月度托运计划表代替运输合同，经双方在计划表上签认后，合同即告成立。在实际办理货物托运承运手续时，托运人还应向承运人按批提出货物运单，作为合同的组成部分。以货物运单作为运输合同的，经承运人在托运人提出的货物运单上加盖承运日期戳后，合同即告成立。（4）航空货运合同，必须采用书面形式订立。托运人托运货物应向承运人填交货物托运单，并根据国家主管部门规定随附必要的有效证明文件。托运人填交的货物托运单经承运人接受，并由承运人填发货运单后，合同即告成立。托运人要求包机的，应填交包机申请书，经承运人同意并签订包机运输协议书后，合同即告成立。

（三）货运合同的履行

在货运合同履行过程中，无论是托运人、承运人还是收货人均应依法享有权利，并依法承担相应的义务。

1. 托运人的权利和义务

（1）托运人的权利

托运人的权利主要有：①依约运输货物的权利。托运人有权要求承运人按照合同约定的期间或者合理期间内将货物安全运输到约定地点。②拒绝支付额外费用的权利。如果运输费用由托运人支付，对于承运人未按照约定路线或者通常的路线运输增加运输费用的，托运人可以拒绝支付增加部分的运输费用。③变更、中止和解除合同的权利。在承运人将货物交付收货人之前，托运人可以要求承运人中止运输、返还货物，变更到达地或者将货物交给其他收货人。④要求赔偿损失的权利。对于承运人在运输过程中造成货物毁损、灭失的，收货人有请求承运人赔偿损失的权利。

（2）托运人的义务

托运人的义务主要有：①支付运输费用的义务。托运人应当按照合同的约定支付运输费用。②如实申报的义务。托运人办理货物运输，应当向承运人准确表明收货人的名称或者姓名或者凭指示的收货人，货物的名称、性质、重量、数量、收货地点等有关货物运输的必要情况。根据《合同法》第304条的规定，因托运人申报不实或者遗漏重要情况，造成承运人损失的，应当承担赔偿责任。③办理审批、检验等手续的义务。对于货物运输需要办理审批、检验等手续的，托运人应当将办理完有关手续的文件提交承运人。④包装货物的义务。托运人应当按照约定的方式包装货物，对包装方式没有约定或者约定不明确的，当事人可以协议补充；不能达成补充协议的，按照合同有关条款或者交易习惯确定。仍不能确定的，应当按照通用的方式包装，没有通用方式的，应当采取足以保护标的物的包装方式。⑤遵守有关危险品运输规定的义务。托运人托运易燃、易爆、有毒、有腐蚀性、有放射性等危险物品的，应当按照有关危险物品运输的规定对危险物品妥善包装，作出危险物标志和标签，并将有关危险物品的名称、性质和防范措施的书面材料提交承运人。⑥承担违约责任和赔偿损失的义务。托运人未按照合同的约定履行义务的，应当承担违约责任，如托运人违反有关危险物品运输的规定，应承担承运人为采取相应措施以避免损失的发生而产生的费用。对因申报不实或者遗漏重要情况以及变更、中止和解除合同造成承运人损失的，还应赔偿承运人因此受到的损失。

2. 承运人的权利和义务

（1）承运人的权利

承运人的权利主要有：①收取运输费用的权利。承运人有权按照合同的约定收取有关的运输费用。②有要求赔偿损失的权利。因托运人申报不实或者遗漏重要情况，造成承运人损失的，托运人应当承担损害赔偿责任。对于承运人在将货物交付收货人之前，托运人因请求承运人中止运输、返还货物、变更到达地或者将货物交给其他收货人而给承运人造成的损失，承运人有权要求赔偿。收货人逾期提货的，承运人有权要求支付保管费等费用。③留置相应的运输货物的权利。托运人或者收货人不支付运费、保管费以及其他运输费用的，承运人对相应的运输货物享有留置权，但当事人另有约定的除外。这里的"承运人对相应的运输货物享有留置权"，是指承运人留置的货物的价值应与承运人未受偿的债权额相当。另外，承运人不得以托运人未交付运输费用而留置货物不予运送。④提存无人认领的货物或价款的权利。收货人不明或者收货人无正当理由拒绝受领货物的，依照《合同法》第 101 条的规定，承运人可以提存货物。货物不宜提存的，承运人依法可以拍卖或变卖该货物，扣除运费、保管费以及其他运输费用后，提存剩余价款。

（2）承运人的义务

承运人的义务主要有：①接受并运输货物的义务。承运人应当按照约定提供合适的运输工具，接受托运人交付的货物。承运人应当在约定期间或者合理期间内将货物安全运输到约定地点，并应当按照约定的或者通常的运输路线运输货物。②安全运输的义务。承运人不仅应当在约定期间或者合理期间内将货物运输到约定地点，而且要安全运输到约定地点。③赔偿损失的义务。承运人对于运输过程中货物的毁损、灭失承担损害赔偿责任，但承运人证明货物的毁损、灭失是因不可抗力、货物本身的自然性质或者合理损耗以及托运人、收货人的过错造成的，不承担损害赔偿责任。两个以上承运人以同一运输方式联运的，与托运人订立合同的承运人应当对全程运输承担责任。损失发生在某一运输区段的，与托运人订立合同的承运人和该区段的承运人承担连带责任。④通知的义务。货物运输到达后，承运人应当及时通知收货人。收货人不明或者收货人无正当理由拒绝受领货物的，依照《合同法》第 101 条的规定，承运人可以提存货物。⑤保管货物的义务。对于收货人逾期提货的，承运人应当妥善保管所运的货物。

3. 收货人的权利和义务

（1）收货人的权利

收货人的权利主要有：①拒绝支付额外费用的权利。对于承运人未按照约定的或者通常的路线运输增加的运输费用，收货人有权拒绝支付增加部分的运输费用。②受领货物的权利。在货物运输到达后凭提货凭证受领货物。③要求赔偿损失的权利。对于承运人在货物运输过程中造成的货物毁损、灭失，收货人有要求承运人赔偿损失的权利。

（2）收货人的义务

收货人的义务主要有：①受领货物和交付有关费用的义务。货物运输到达后，收货人收到承运人的通知，应当及时提货；逾期提货的，应当支付保管费用及其他因此而发生的费用；收货人在提货时，应当将提单或其他相关单据交付承运人。②检验货物的义务。收货人提货时应当按照约定的期限检验货物。对检验货物的期限没有约定或者约定不明确的，可以协议补充；不能达成补充协议的，按照合同有关条款或者交易习惯确定；仍不能确定的，应当在合理期限内检验货物。收货人在约定的期限或合理的期限内对货物的数量、毁损等未提出异议的，视为承运人已经按照运输单证的记载交付的初步证据。

（四）货运合同的变更、中止和终止

1. 货运合同的变更、中止

货运合同一经签订，即具有法律约束力，非经双方当事人协商同意和法律规定的情形，不得擅自变更和解除。《合同法》第 308 条规定："在承运人将货物交付收货人之前，托运人可以要求承运人中止运输、返还货物、变更到达地或者将货物交给其他收货人，但应当赔偿承运人因此受到的损失。"根据上述规定可以看出，承运人变更、中止货运合同的时间必须在其将货物交付收货人之前，变更货运合同的内容只能是变更货物的到达地或者收货人，除此之外的内容不允许变更。变更、中止货运合同的后果是应当赔偿承运人因此受到的损失。

对于承运人变更合同的，《合同法》未作明确规定，但根据有关货物运输的法律、法规等，在下列情况下，承运人亦可变更合同：交通事故、自然灾害、运输路线障碍等原因，货物不能运输到约定地点或执行国家命令需要变更运输的，承运人可以变更运输合同，但应及时通知托运人并提出处理意见，原则上应征得托运人的同意，但如果是为了托运人或者收货人的利益，并且事先无法通知托运人的，也可予以单方变更。变更后，可根据具体情况增加或减少运费。

但对于铁路货运合同，根据有关规定，对于属于下列情况的，不得办理变更：（1）违反国家法律、行政法规、物资流向或运输限制的；（2）变更后的货物运输期限，大于货物允许运送期限的；（3）变更一批货物中的一部分的；（4）第二次变更到站的。

2. 货运合同的终止

根据《合同法》关于运输合同的有关规定，托运人或承运人在具备下列情形之一的情况下，合同权利义务终止：（1）托运人没有按照约定的包装方式或者通用的包装方式或者采取足以保护标的物的包装方式的，承运人可以拒绝运输；（2）托运人违反有关危险物品运输的规定的，承运人应当拒绝运输；（3）在承运人将货物交付收货人之前，托运人可以要求承运人返还货物。

货运合同终止后，由于托运人没有按照约定的包装方式或者通用的包装方式或者采取足以保护标的物的包装方式以及由于托运人违反有关危险物品运输的规定，致使承运人拒绝运输的，承运人不承担任何责任。由于托运人在承运人将货物交付收货人之前要求承运人返还货物的，托运人应当赔偿承运人因此受到的损失。

（五）货运合同中货物毁损、灭失的赔偿责任

1. 承运人赔偿责任的成立

《合同法》第311条规定，承运人对于运输过程中货物的毁损、灭失承担损害赔偿责任。因此，承运人在货运合同中对货物毁损、灭失的赔偿责任承担的是无过错责任。另外，《铁路法》第17条规定，铁路运输企业应当对承运的货物、包裹、行李自接受承运时起到交付时止发生的灭失、短少、变质、污染或者损坏，承担赔偿责任。《民用航空法》第125条亦规定，因发生在航空运输期间的事件，造成旅客的托运行李、货物毁灭、遗失或者损坏的，承运人应当承担责任。

货物在运输过程中因不可抗力灭失，未收取运费的，承运人不得请求支付运输费用；已收取运输费用的，托运人可以要求返还。两个以上承运人以同一运输方式联运的，与托运人订立合同的承运人应当对全程运输承担责任。损失发生在某一运输区段的，与托运人订立合同的承运人和该区段的承运人承担连带责任。

对于收货人在约定的期限或者合理期限内对货物的数量、毁损等未提出异议的，视为承运人已经按照运输单证的记载交付的初步证据。对于未在约定的期限或者合理期限内对货物的毁损、灭失提出异议的，承运人可以免除责任，除非承运人有欺诈行为或者承运人有故意或者重大过失造成货物毁损、灭失的。

2. 承运人赔偿责任的免责条件

根据《合同法》第 311 条之规定，承运人赔偿责任的免责条件包括：(1) 不可抗力；(2) 货物本身的自然性质或者合理损耗；(3) 托运人、收货人的过错。《铁路法》关于货物损失的免责条件与此同。《民用航空法》第 125 条规定，托运行李的毁灭、遗失或损坏的免责条件是行李本身的自然属性、质量或者缺陷。货物毁灭、遗失或者损坏的免责条件则是：(1) 货物本身的自然属性、质量或者缺陷；(2) 承运人或者其受雇人、代理人以外的人包装货物的，货物包装不良；(3) 战争或者武装冲突；(4) 政府有关部门实施的与货物入境、出境或者过境有关的行为。

3. 承运人赔偿责任的范围

《合同法》第 312 条规定，货物的毁损、灭失的赔偿额，当事人有约定的，按照其约定；没有约定或约定不明确，可以协议补充；不能达成补充协议的，依照合同有关条款或者交易习惯确定；仍不能确定的，按照交付或者应当交付时货物到达地的市场价格计算。法律、行政法规对赔偿额的计算方法和赔偿限额另有规定的，依照其规定。具体赔偿责任范围可分以下两种情况：

(1) 未按保价或者未声明金额的货物受损的，按照实际损失赔偿，但最高不超过国务院主管部门规定的赔偿限额；赔偿范围不包括可得利益的损失。赔偿数额应以应当交付或者应当交付时货物到达地的市场价码计算。如损失是由于承运人的故意或重大过失造成的，不适用赔偿限额的规定，按照实际损失赔偿。

(2) 托运人办理保价运输的，或者在托运时声明了金额并交付了附加费的，在该货物受损时，承运人应当赔偿实际损失，但最高不超过保价金额或托运人声明的金额。如损失是由于承运人的故意或重大过失造成的，不适用赔偿限额的规定。

如果保价托运的保价额或者特别声明并交付附加费的声明金额超过了货物的实际利益，而货物又全损的情况下，承运人除证明保价额或声明金额超过货物的实际利益外，承运人应当在保价额或者声明金额的范围内承担责任。

4. 承运人赔偿责任的时效

《合同法》对承运人赔偿责任的时效未作明确规定，但各国法律一般将其规定为短期时效。我国有关货物运输的法规多规定为不超过180日，但起算点不尽一致。《民用航空法》第135条规定，航空运输的诉讼时效期间为两年，自民用航空器到达目的地点、应当到达目的地点或者运输终止之日计算。

四、多式联运合同

（一）多式联运合同的概念和特征

多式联运合同是指用两种以上的不同运输方式将旅客或货物从起运地点运输到约定地点的合同，包括旅客联运合同和货物联运合同。其特征如下：

1. 承运人一方为两人以上

多式联运合同的承运人必须为两人以上。虽为两人以上，但在各个承运人之间只存在一个运输合同关系。

2. 各承运人以相互衔接的两种以上运输方式运输

承运人虽为两人以上，但如各承运人采用的是同一运输方式，亦不是多式联运。多式联运合同的承运人须以不同的运输方式承运，如铁路与航空，铁路与公路，公路与水路等联运。

3. 托运人或旅客一次性支付费用并使用同一运输凭证

多式联运合同的托运人或旅客一次性支付整个联运过程的费用，使用同一运输凭证，即多式联运单据。

4. 多式联运中存在着缔约经营人和实际承运人的区别

在多式联运中，缔约经营人可能并不实际参与运输，而是由其他实际承运人进行货物或旅客的运输。多式联运经营人既可以是缔约经营人，也可以是缔约经营人兼实际承运人。[1]

---

[1]　王利明：《合同法研究》（第三卷），中国人民大学出版社2012年版，第551页。

（二）多式联运合同的订立与履行

1. 多式联运合同的订立

多式联运合同的订立可分以下两种情况：

（1）托运人或旅客与经营多式联运业务的经营人订立合同。经营多式联运经营人以自己的名义与托运人或旅客订立合同，然后再与其他承运人订立合同。多式联运经营人组织履行多式联运合同，对全程运输享有承运人的权利，承担承运人的义务。托运人或旅客只与多式联运经营人直接发生合同关系，而与实际承运人并不直接发生合同关系。多式联运经营人与实际承运人之间的权利义务关系则依其相互间的合同而定。

（2）托运人或旅客直接与每个承运人订立的合同。托运人或旅客为多式联运合同的一方当事人，各个承运人为合同的另一方当事人，但由多式联运经营人作为各个承运人的代表与托运人或者旅客订立合同，其他承运人不参与订立合同。多式联运经营人负责履行或者组织履行合同，对全程运输享有承运人的权利并承担承运人的义务。

2. 多式联运合同的履行

（1）多式联运经营人的权利和义务

其权利主要有：多式联运经营人对全程运输享有承运人的权利；多式联运经营人可以与参加多式联运的各区段承运人就多式联运合同的各区段运输约定相互之间的责任，但该约定不影响多式联运经营人对全程运输承担的义务。

其义务主要有：多式联运经营人负责履行或者组织履行多式联运合同，对全程运输承担承运人的义务；多式联运经营人收到托运人交付的货物时，应当签发多式联运单据；货物的毁损、灭失发生于多式联运的某一运输区段的，多式联运经营人的赔偿责任和责任限额，适用调整该区段运输方式的有关法律规定。货物毁损、灭失发生的运输区段不能确定的，依照本法规定承担损害赔偿责任。

（2）托运人的权利和义务

托运人的主要权利是有权要求签发的多式联运单据可以是可转让单据，也可以是不可转让单据。其义务主要是因托运人托运货物时的过错造成多式联运经营人损失的，即使托运人已经转让多式联运单据，托运人仍然应当承担损害赔偿责任。

3. 多式联运合同的特殊效力

与单一方式的运输合同不同，多式联运有其特殊的效力，主要表现为：

（1）承运人权利和义务由多式联运经营人享有，多式联运之承运人之间的内部责任划分约定，不得对抗托运人。

（2）支付费用的总括性。托运人将全程不同运送设备的运费一次性支付多式联运经营人，并取得多式联运单据。多式联运单据分可转让和不可转让两种。

（3）对于联合运输过程中的货物灭失或毁损的赔偿责任以及赔偿数额，首先适用法律的特别规定或国际公约的规定；发生损害的运输区段不能确定的，由多式联运经营人负赔偿责任，承运人之间的内部责任依约定或法定分配。

第二节　保管合同和仓储合同

保管合同和仓储合同，都是以特定的场所提供劳务的合同。仓储合同本质上也属于保管合同，但它是一种特殊的保管合同。《合同法》分则中仓储合同没有规定的，适用保管合同的规定。随着现代市场经济仓储业的迅猛发展，世界各国都把仓储合同作为独立于保管合同的一种有名合同加以规定。

一、保管合同

（一）保管合同概述

1. 保管合同的概念

保管合同又称寄托合同、寄存合同。"台湾民法"称为寄托。① 保管合

---

① "台湾民法"第589条：称寄托者，谓当事人一方以物交付他方，他方允为保管之契约。受寄人除契约另有订定或依情形非受报酬即不为保管者外，不得请求报酬。

同制度发端于罗马法。罗马法上称其为寄托，包括一般寄托和特殊寄托。[①]
保管合同包括一般保管合同和仓储保管合同。《合同法》将一般保管合同
和仓储合同作为两种独立的有名合同加以规定。根据《合同法》第365条
规定，保管合同是指保管人保管寄存人交付的保管物并返还该物的合同。
在保管合同中，替他人保管物品的人，称为保管人或受托人；交付保管物
品的人，称为寄存人或寄托人，被保管的物品称为保管物。

　　保管合同的标的物，即保管物是否限于动产，各国立法有两种趋势：
第一种以德国、意大利为代表，在民法典中明确规定寄托物以动产为限。
第二种是以日本和我国台湾地区为代表，在其民法典中对寄托下的定义中，
不明确寄托物为动产或为不动产。[②] 关于保管物的范围，还有学者指出：
"保管物的范围除动产外，还应包括不动产。保管物虽一般为寄存人所有
之物，但不限于寄存人所有之物。第三人之物也可作为保管的标的物，如
寄存人将拾得之物交给保管人保管，甚至保管人所有的物在特殊情形也可
成为保管的标的物，如承租人将租赁物临时交给出租人保管，此际出租人
作为保管人系保管自己之物。但若保管物为盗赃物，此际，固可成立保管
合同，但该合同能否有效，则应区分不同情形而定：当保管人为恶意时，
该保管合同应属违反公序良俗而无效。当保管人为善意时，因公序良俗的
违反不能仅以客观行为为断，还需考虑法律行为、当事人的主观意识，该
保管合同应为有效；但保管人嗣后发现保管物为盗赃物的，该保管人可以
错误或欺诈为由撤销保管合同，并拒绝继续保管。虽然知识产权的相关证明资
料可作为保管的标的物，但知识产权本身不能作为保管的标的，无成立知识产
权保管合同的可能。"[③] 我们认为上述观点颇具合理性，值得赞同。

　　2. 保管合同的特征

　　(1) 保管合同的标的是保管行为

　　保管合同的目的是保管人保管物品，而不是由保管人获得保管物品的

---

① 崔建远主编：《新合同法原理与案例评释》，吉林大学出版社1999年版，第1335页。
② 胡康生：《中华人民共和国合同法释义》，法律出版社2010年版，第535页。
③ 宁红丽：《论我国保管合同制度的法律适用》，载《暨南学报》（哲学社会科学版）2008年第6期，第
42页。

所有权或使用权。因此，保管合同的标的是保管人的保管行为。保管人应当将保管物置于自己的保护范围之内，维持其原状，而不能对保管物进行改良或加以利用，也不能许可第三人改良或加以利用。保管合同的这一特征使其不同于其他合同。

（2）保管合同原则上为实践合同

关于保管合同为实践合同还是诺成合同，在各国立法规定不一，大陆法系国家多将保管合同规定为实践合同。法国、德国、意大利、日本以及我国台湾地区的民法中，对保管合同下的定义都强调当事人一方接受他方的物品，保管合同始生效力。实践合同成立必须同时具备双方合意及交付标的物两个要件。一般来说，保管合同的成立，不仅须有当事人双方意思表示一致，而且须有寄存人将保管物交付保管人的事实。因此，保管合同原则上是实践合同。而《合同法》第367条规定："保管合同自保管物交付时成立，但当事人另有约定的除外。"这就是说，在当事人约定的情况下，保管合同可不自保管物交付时成立，即为诺成合同。关于保管合同之所为实践合同的理由，台湾学者指出："民法立法当时，所以寄托契约采取要物契约，其主要理由在于，斟酌当事人意思，并求实际便利。"[1]

（3）保管合同既可为有偿合同，也可为无偿合同

根据《合同法》第366条的规定，保管合同既可为有偿合同，又可为无偿合同。是否有偿，由双方当事人决定；当事人没有约定或约定不明的，由当事人通过协商达成补充协议确定；无法达成协议的，依合同的有关条款或交易惯例确定；依合同的有关条款或交易惯例也无法确定的，则保管合同应确定为无偿合同。

（4）保管合同为双务合同、不要式合同

在有偿的保管合同中，保管人负有保管保管物等义务，寄托人负有支付保管费及其他必要费用的义务，因此为双务合同。在无偿的保管合同中，寄托人虽不必支付保管费，但必须支付其他费用，这与保管人的保管义务

---

[1] 邱聪智：《新订债法各论》（中），中国人民大学出版社2006年版，第273页。

也具有对价关系，因此也为双务合同。

《合同法》并未要求当事人必须采取某种特定的合同形式，当事人有权选择合同形式。因此，保管合同为不要式合同。

3. 保管合同与相关合同的区别

（1）保管合同与承揽合同

保管合同和承揽合同都有交付标的物和保管标的物的内容：保管合同的保管人应负保管保管物的义务，而承揽合同的承揽人也应负保管定作人交付的物品的义务。但二者的区别在于：

①目的不同。保管合同的目的仅在于保管保管物；而承揽合同的目的主要在于完成一定的工作并取得工作成果。

②当事人的权利义务不同。在保管合同中妥善保管保管物是保管人的基本义务，除非当事人另有约定，保管人只能对物品进行保管，不得对物品进行加工、改造和修理；而在承揽合同中，承揽人有权对委托人交付的物品进行加工、改造。妥善保管保管物只是承揽人附带的义务，是为完成承揽任务而进行的保管。

（2）保管合同与委托合同

保管合同与委托合同都属于提供劳务的合同，但二者之间有明显区别：保管合同中保管人的义务主要在于保管保管物的行为，而委托合同中受托人所提供的劳务则为范围更广泛的事务处理；委托合同在大多数情况下，都发生对外代理的问题，因此，委托合同常包括代理权的授予；而保管合同则不发生对外代理，更不包含代理权的授予问题。

（3）保管合同与租赁合同

保管合同与租赁合同，在合同期内标的物的占有权都发生转移，都存在合同期限届满时返还标的物的问题。二者的区别主要在于使用权是否转移。在保管合同中，合同目的仅仅在于保管人对物品实施保管行为，并非以转移使用权为目的，使用权不发生转移，除非有当事人的特别约定，保管人不得使用保管物；而在租赁合同中，合同目的在于使物品使用权转移，租赁人可以使用该物。

（二）保管合同的效力

1. 保管人的主要义务

（1）给付保管凭证的义务

保管凭证，是指由保管人给寄存人出具的表明已经收到了保管物的凭证。《合同法》第368条规定："寄存人向保管人交付保管物的，保管人应当给付保管凭证，但另有交易习惯的除外。"也就是说给付保管凭证是保管人应当履行的一项义务。但若有特殊情况的，则应依交易习惯，寄存交付保管物时保管人可以不开具保管凭证。保管凭证既是保管合同成立的一种证据，又是保管物验收凭证。

（2）妥善保管保管物的义务

保管合同是以物品的保管为目的的，因此，妥善保管保管物是保管人应承担的主要合同义务。所谓妥善保管，是指保管人进行保管活动时，应在其条件允许的范围内尽注意义务。保管人妥善保管义务的注意程度应该区分有偿保管和无偿保管有所不同。有偿保管合同的保管人所应尽的注意义务比善良管理人的注意义务更重，还须就通常事变负责。因此，依我国合同法，除法定免责事由外，在保管期间保管物损毁灭失的，有偿保管人即应承担违约责任，不管其是否具有过失。对无偿保管合同而言，保管人仅需尽普通人的注意义务，保管人若已尽一般人所应尽的注意即无重大过失，从而可以免责。[①] 为保护消费者的利益，同时也是考虑到其具有的间接有偿性，商业场所对顾客寄存的物品，不管其保管是有偿还是无偿，都应尽善良管理人的义务。对此日本商法典第593条设有明文："商人于其营业范围内受寄托时，虽未受报酬，须以善良管理人之注意义务为之。"[②]

①保管人应尽合理的注意，按照合同所约定场所和方法进行保管

除紧急情况或者为了维护寄存人的利益以外，不得擅自改变保管人场所或者方法。这是《合同法》第369条的规定。保管保管物的地点、保管场所应具有符合合同约定的适于保管物并且安全可靠的技术和设备条件。

[①] 宁红丽：《论我国保管合同制度的法律适用》，载《暨南学报》（哲学社会科学版）2008年第6期，第43页。

[②] 崔建远主编：《新合同法原理与案例评释》，吉林大学出版社1999年版，第1335页。

保管保管物的具体方法和措施为实现保管合同的目的，保障寄存人的利益，保管人的保管方法也应符合合同的要求。保管人不得擅自改变保管场所与保管方法，否则构成违约行为。但保管人在情况紧急时或为维护寄存人利益，有权改变保管场所与方法。如发生了紧急情况，此时再以原定的场所和方法已无法进行保管或对寄存人不利时，且又无法及时与寄存人取得联系，保管人可自行改变保管的场所和方法。

②亲自保管保管物的义务

《合同法》第 371 条规定，保管人应亲自从事保管行为，除当事人另有约定外，不得将保管物转交给第三人保管。因为保管合同是基于寄存人对保管人的人身信任关系而订立的，所以保管人应履行亲自保管义务，保管人违反亲自保管义务，擅自让第三人代为保管，造成保管物遭受损失的，保管人应承担损害补偿责任。"所谓亲自保管，包括保管人自己保管，也包括使用履行辅助人辅助保管。保管人擅自让第三人保管，对于保管物因此受到的损害，保管人应负赔偿责任。在当事人另有约定，保管人使第三人代为保管的，应就对第三人的选任和指示上的过失承担责任，于此情况下，若保管人对第三人的选任和指示上没有过错，则不承担责任。"① "保管人不得将保管物转交给第三人'保管'，此处所指的'保管'的含义为何？应认为，此处所指的'保管'是指独立的保管而不包括辅助保管，保管人使履行辅助人辅助保管并不在禁止之列，换言之，此处'第三人'并不包括履行辅助人。保管人使其辅助人辅助保管从而造成保管物损失的，应当依《合同法》第 121 条的规定由保管人承担违约责任。"②

但并非任何情况下保管人均得负亲自保管的义务，以下特殊情况下，保管人不负亲自保管的义务：其一，寄存人与保管人约定可以将保管物转交第三人保管的、转保管在获得寄存人同意后，可以成为合法行为，当事人可以在保管合同中约定保管人有权选任合适的第三人代为保管。其二，保管人因特殊事由无法继续履行保管义务同时又不能及时通知寄存人的，

---

① 崔建远主编：《新合同法原理与案例评释》，吉林大学出版社 1999 年版，第 1341 页。

② 宁红丽：《论我国保管合同制度的法律适用》，载《暨南学报》（哲学社会科学版）2008 年第 6 期，第 43 页。

如保管人患有急病，寄存人可以选择适合的第三人代为保管。

③不得使用或许可第三人使用保管物的义务

根据《合同法》第 372 条规定，保管人不得使用或者许可第三人使用保管物，但当事人另有约定的除外。保管合同的目的在于保管保管物而不是使用标的物，所以保管人只能占有和管理保管物并维持其原状，而不能自己使用或许可第三人使用。如果保管人擅自使用或许可第三人使用保管物，将使保管物的原状由于使用而发生改变，降低保管物的价值，从而严重损害寄存人的利益。"除非经寄存人同意，保管人不得擅自利用、改良保管物，更不得处分保管物。当然，有时为保管寄存物需对其加以使用，如当保管物为汽车时，为防止久未发动的汽车发生故障，保管人定期发动汽车，再如保管人对其所保管的马、猎犬等应使其适当活动，对其所保管的奶牛应取其乳，但该使用构成保管寄托物的方法，因此应视为保管行为的一部分，并非违反不得使用保管物的义务。"①

如果在订立保管合同时，双方当事人约定保管人可以以适当的方式使用保管物的，保管人有权使用管理物，不受上述义务的限制。

保管人未经寄存人同意，擅自使用或许可第三人使用保管物的，应当向寄存人给付使用费作为补偿，由此造成保管物受到损害的，应承担赔偿责任。

（3）危险通知的义务

《合同法》第 372 条规定："第三人对保管物主张权利的，除依法对保管物采取保全或者执行的以外，保管人应当履行向寄存人返还保管物的义务。第三人对保管人提起诉讼或者对保管物申请扣押的，保管人应及时通知寄存人。"当保管物面临第三人的权利主张、诉讼请求、司法保全、司法执行或者非法扣押时，寄存人的权利处于危险状态，只有合法占有保管物的保管人及时履行通知寄存人的义务，寄存人才能及时采取法律上的手段使保管物面临的法律上的权利危险状态消除。如果保管人未及时通知，寄存人对保管物面临的危险并不知晓，寄存人就无法采取排除危险的措施，

---

① 宁红丽：《论我国保管合同制度的法律适用》，载《暨南学报》（哲学社会科学版）2008 年第 6 期，第 44 页。

保管物因危险而受损，寄存人的权益将受到损害。因此，保管人应尽危险通知的义务。如果保管人未尽危险通知义务，造成寄存人遭受损失的，应负损害赔偿责任。

（4）返还保管物的义务

保管合同的目的在于保管保管物，而不是使保管人获得保管物的所有权，因此，在保管期限届满时，保管人负有返还保管物的义务。根据《合同法》第376条规定，当事人对保管期间没有约定或者约定不明确的，保管人可以随时要求寄存人领取保管物。如合同约定了保管期间，寄存人既可以在保管期届满时领取保管物，也可在保管期届满之前随时领取保管物。但保管人无特别事由，在约定保管期间的情况下，不得要求寄存人提前领取保管物。

根据《合同法》第377条规定，保管人应当将原物及其孳息一并返还给寄存人。孳息是基于法律规定或自然属性由原物产生的新物，其转移的原则是与原物一起转让，归属原所有人所有。

同时，《合同法》第378条还规定："保管人保管货币的，可以返还相同种类、相同数量的货币。保管其他可替代物的，可以按照约定返还相同种类、品质、数量的物品。"①

（5）损害赔偿责任

《合同法》第374条规定："保管期间，因保管人保管不善造成保管物毁损、灭失的，保管人应当承担损害赔偿责任，但保管是无偿的，保管人证明没有重大过失的，不承担损害赔偿责任。"保管人承担赔偿责任的归

---

① 对于该条，有学者进行了比较详细的研究，指出：民法学界对《中华人民共和国合同法》第378条的规定普遍存在误解。该条规定所针对的并非货币的消费保管，最多只能是混藏保管。这种立法模式存在诸多缺陷。我国合同立法应区别对待货币的民事保管与商事保管。对于民事保管，应以当事人的意思自治为原则，即依合同约定来判断货币保管是否为消费保管；在此基础上适当兼顾保管效率，依合同的约定判断是否为混藏保管。对于商事保管，除对银行业金融机构的货币保管以促进货币融通为立法目的外，其他营业中产生的货币保管应以货币财产之安全为最高价值目标，规定此类货币保管为混藏保管，保管人不可使用其所保管货币，但可就替代物负返还义务。参见万建华《〈中华人民共和国合同法〉第378条之理解与完善》，载《法商研究》2010年第2期，第75页。也有学者认为《合同法》第378条所规定的消费性保管具有其独特的法律属性，并结合消费性保管的独特特征对消费者保管的完善提出了进一步的改善建议。参见郭洁《论〈合同法〉保管合同的若干法律问题》，载《辽宁大学学报》（哲学社会科学版）2001年第2期，第74—75页。

责原则因保管合同的性质不同而有别。有偿合同中，保管人承担责任是实行无过错责任原则，即除法定事由外，在保管期间保管物损毁灭失的，有偿保管人应承担违约责任，不管其是否有过失。而对于无偿保管合同，实行的是过错推定原则，即保管人对自己没有重大过失的情况负举证责任，若能举证则无须承担损害赔偿责任。

2. 寄存人的主要义务

（1）支付保管费的义务

《合同法》第 379 条规定，有偿的保管合同，寄存人应当按照合同约定的期限向保管人支付保管费。这是有偿保管合同寄存人的主要义务。

合同中当事人对支付期限没有约定或者约定不明确，由当事人事后进行协商，达成补充协议的，寄存人应该按补充协议的约定向保管人支付保管费；如无法达成补充协议，保管费应按照合同有关条款或者交易习惯确定，若按上述方法仍无法确定的，寄存人应当在领取保管物的同时支付。"保管人不得以报酬未付为由而行使同时履行抗辩权而拒绝保管寄存物。不过，保管人可以报酬未支付为由行使同时履行抗辩权而拒绝返还寄存物。"① 寄存人未按照合同规定支付保管费，保管人可以对保管物行使留置权。

（2）支付必要费用的义务

保管合同无论有偿还是无偿，如果保管人为保管物品而支出了其他必要费用，寄存人都有义务予以偿还。所谓必要费用，以维持保管物原状为准，包括重新包装、防腐、防虫、防火等费用。如寄存人不按合同规定支付必要费用时，保管人有权对保管物行使留置权。

（3）保管物情况的告知义务

根据《合同法》第 370 条规定，寄存人交付的保管物有瑕疵或者按照保管物的性质需要采取特殊保管措施的，寄存人应当将有关情况告知保管人。按照保管物的性质需要采取特殊保管措施的保管物，如易燃、易爆、有腐蚀性、有放射性等危险品或易变质物品，寄存人应该在交付保管物之

---

① 宁红丽：《论我国保管合同制度的法律适用》，载《暨南学报》（哲学社会科学版）2008 年第 6 期，第 45 页。

前告知保管人，以便于保管人采取有别于一般物品保管的保管方法和保管措施进行保管。

由于寄存人未履行告知义务而使保管物发生损毁、灭失的后果，责任应由寄存人承担，保管人不负赔偿责任；保管人因此而受到人身、财产损害的，寄存人要承担损害赔偿责任。

（4）贵重物品的声明义务

寄存人寄存货币、有价证券或者其他贵重物品的，因这些物品价值较大，风险也较大，保管人应尽的注意义务比一般情况要重得多，保管人在物品毁损时的责任也较重，因此，寄存人在寄存货币、有价证券或其他贵重物品时，应明确告诉保管人，以便保管人采取一些特殊保护措施，以确保保管物的安全。如寄存人寄存时，未事先声明，造成该物品的损毁灭失，寄存人只能要求保管人按照一般物品予以赔偿。这是《合同法》第375条的规定。

二、仓储合同

（一）仓储合同概述

1. 仓储合同的概念

仓储合同又称仓储保管合同。根据《合同法》第381条的规定，仓储合同是指保管人储存存货人交付的仓储物，存货人支付仓储费的合同。其中，接受和储存仓储物，并收取仓储费的当事人为保管人；交付仓储物并支付仓储费的当事人为存货人。

仓库营业是一种专为他人储藏、保管货物的商业营业活动，它发端于中世纪西方的一些沿海贸易城市。随着国际和地区贸易的不断发展，仓库营业的作用日渐重要。在现代，仓库营业已经成为社会化大生产和国际、国内商品流转中一个不可或缺的环节。在我国社会主义市场经济条件下，商品的储存、运输、原材料的采购中转等几乎离不开仓库营业服务。仓储业务对于加速物资流通，减少仓储保管的货物的损耗，节省仓库的基建投资，提高仓库的利用率，增强经济效益，无不具有重要意义。[1] 关于仓库营业和仓储合同的立法例，大致有以下三种：其一为规定在商法典中，大陆法系采民商分立立法体例的国家，如日本、德国采之。其二为规定在民法典中，大陆法系采民商合一立法体例的国家，如瑞士采之。其三为制定有关单行法规，英美法系国家采之。[2] 我国民事立法系采民商合一立法体例，因此在归属于民法的《合同法》中规定仓储合同。仓储合同本质上属于保管合同，但它是一种特殊的保管合同，在合同主体、保管对象、成立条件等方面均别于一般的保管合同。仓储业是随着商品经济的发展，从保管业中发展、壮大起来的特殊营业。近代以来，仓储业日渐发达，原因就是随着国际及地区贸易的扩大，仓储业能为大批量货物提供便利、安全、价格合理的保管服务。因此仓储合同不再作为一般的保管合同来对待，而是作为一种独立的有名合同在合同法中加以规定。[3]

2. 仓储合同的特征

（1）保管人是具有仓储设备并专事仓储保管业务的人

仓储合同中的保管人既可以是法人，也可以是自然人，但必须具有仓储设备和从事仓储业务的资格，这是仓储合同与保管合同的重要区别，也是仓储合同主体上的特点。所谓仓储设备，是指可以能够满足用于储藏和保管仓储物品需要的设施。这里讲的"具有"，并不一定指仓库属于保管人所有，只要保管人拥有仓库的使用权即可。所谓从事仓储业务的资格，是保管人应在工商行政管理部门办理仓储营业的核准登记，取得仓储保管业务的营业许可。

（2）仓储物为动产

仓储合同的标的物具有特定性，并非所有的物品均可成为仓储物，存货人交付保管人保管的只能是动产，存货人不能以不动产为仓储物订立合同。因为不动产不可能置放于某处仓库之中加以保管。金钱、有价证券以及其他权利凭证，除非在极特殊的情况下，为保存其物理形态的需要以外，

---

[1] 郭明瑞、王轶：《合同法新论·总则》，中国政法大学出版社1997年版，第347页。

[2] 郭明瑞、王轶：《合同法新论·总则》，中国政法大学出版社1997年版，第348页。

[3] 胡康生：《中华人民共和国合同法释义》，法律出版社2010年版，第552页。

不能作为仓储物加以保管。

（3）仓储合同是诺成合同、不要式合同

《合同法》第382条规定："仓储合同自成立时生效。"仓储合同的订立无须以交付特定物或履行特定行为为其成立要件，即只需仓管人与存货人达成一致意见后合同便告成立，并不以存货人将货物实际存放于仓管处为合同成立的标志，这是由仓储合同的主体特征所决定的。因此仓储合同是诺成合同。

现行合同法并未确定订立仓储合同应当采取某种特定的形式。至于保管人必须签发的仓单，它并非仓储合同的成立要件，只是持有人行使返还请求权的一种权利凭证。因此，仓储合同是不要式合同。

（4）仓储合同是双务合同、有偿合同

在仓储合同中，双方当事人互负义务：仓管人负有仓储和保管等义务，存货人负有给付仓储费用等义务，双方具有对应性，因此仓储合同为双务合同。

存货人应向仓管人支付报酬作为仓管人提供仓储服务的对价，即使当事人未在合同中约定报酬，保管人依然可以根据法律的规定就自己给付的劳务请求存货人支付报酬。因此，仓储合同是有偿合同。

3. 仓储合同与保管合同的区别

仓储合同与保管合同都是一方当事人保管另一方当事人提交的物品的合同，在某些方面有共同之处。因此，《合同法》第395条规定，仓储合同没有规定的，适用保管合同的有关规定。但是，二者毕竟是各自独立的合同关系，存在着明显的区别，主要表现在：

（1）合同的主体不同

仓储合同的仓管人特定，必须是经过工商行政管理机关核准登记依法从事仓储保管业务的人；而保管合同的保管人范围广泛，没有这种限制。

（2）合同标的物的数量大小不同

仓储合同标的物主要涉及大宗生产资料或生活资料，数量较多，储存量大；而保管合同标的物多为日常生活用品，数量较少，储存量小。

（3）合同的有偿性不同

仓储合同中，保管人是以营利为目的，收取保管费，其性质决定了仓储合同是有偿合同；而保管合同既可以是无偿合同也可以是有偿合同，这取决于当事人在合同中的意思表示。

（4）合同的诺成性不同

仓储合同自双方当事人达成仓储协议，意思表示一致时即告成立，不以仓储物的交付为成立要件，因此仓储合同是诺成合同。而保管合同原则上是实践合同，当事人意思表示达成一致时，合同并未生效，还需存货人交付保管物，合同方才成立。

（二）仓储合同的效力

1. 保管人的义务

（1）接受、验收仓储物的义务

保管人应按合同的约定，接受存货人交付的仓储物。同时应当提供适当的仓位，并保证仓库设施和条件符合仓储物的要求。

《合同法》第384条规定，保管人应当按照约定对入库仓储物进行验收。其中仓管人的正常验收项目包括货物的品名、规格、数量、外包装情况，以及无须开箱拆捆直观可见可辨认的质量情况。验收方法包括实物检查和样品验查。验收期限为双方当事人约定的期限。保管人未按规定的项目、方法、期限验收或不准的，应承担由此造成的实际损失。保管人验收时发现入库仓储物与约定不符合的，应当及时通知存货人。保管人验收后，发生仓储物的品种、数量、质量不符合规定的，保管人应当承担损害赔偿责任。

（2）给付仓单的义务

《合同法》第385条规定："存货人交付仓储物的，保管人应当给付仓单。"仓单是保管人收到仓储物后给存货人开具的提取仓储物的凭证，以便存货人取回或处分其仓储物。仓单是有价证券的一种，是仓储物的所有权凭证，但不能代替仓储合同。

根据《合同法》第385条的规定，仓单除有保管人的签字或盖章，还应包括以下内容：（1）存货人的名称或者姓名和住所；（2）仓储物的品种、数量、质量、包装、件数和标记；（3）仓储物的损耗标准；（4）储存场所；（5）储存期间；（6）仓储费；（7）仓储物已经办理保险的，其保险金额、期间以及保险人的名称；（8）填发人、填发地和填发日期。关于仓单填写方式，我国合同法采取一单主义，即保管人只能填发一张仓单，而这张仅有的仓单，即可以用于提取仓储物，又可以用于转让或出质。但都应通过法定的形式进行，即存货人应当在仓单背书并经保管人签名或者盖章，否则不生效。

仓单是指保管人在收到仓储物时向存货人签发的表示收到一定数量的仓储物的有价证券。第一，仓单是要式证券。要式证券是具备法定格式才能有效的证券，即法律对要式证券的格式有严格要求。第二，仓单是背书证券。背书证券是指可以通过背书方式加以转让的证券。第三，仓单是物权证券。物权证券是以物权为证券权利内容的证券。仓单是提取仓储物的凭证。第四，仓单是文义证券。文义证券是指证券上的权利义务仅依证券上记载的文义而确定的证券。仓单所创设的权利义务是依仓单记载的文义予以确定的，不能以仓单记载以外的其他因素加以认定或变更。第五，仓单是记名证券。记名证券是在证券上记载权利人姓名或名称的证券。仓单可否为无记名证券，各国规定不一，学者们的看法也不一致。第六，仓单为无因证券。无因证券是指证券权利的存在和行使不以作成证券的原因为要件，证券的效力与作成证券的原因完全分离的证券。第七，仓单为自付证券。自付证券是指发行人自己给付的证券。根据《合同法》的规定，存货人交付仓储物的，保管人应当给付仓单。[①]

仓单具有以下两方面的效力：第一，受领保管物的效力。保管人一经填发仓单，持单人对于保管物的受领，不仅应提示仓单，而且还应缴回仓单。第二，移转保管物的效力。仓单上所记载的货物，非由货物所有人在仓单上背书，并经保管人签名，不发生所有权转移的效力。仓单的持有人，可以请求保管人将保管的货物分割为数部分，分别填发仓单，同时持有人须交还原仓单。这在学说上称为仓单的分割。其目的是为了便于存货人处

[①] 房绍坤：《仓单若干问题探讨》，载《求是学刊》2002 年第 1 期，第 75 页。

分保管物。分割仓单所支出的费用，由存货人支付或偿还。如因仓单损毁或遗失、被盗而灭失，存货人或仓单持有人丧失仓单的，得依我国《民事诉讼法》的规定，通过公示催告程序以确认其权利。[①]

（3）接受仓储物检查的义务

《合同法》第388条规定，在保管过程中保管人根据存货或仓单持有人的要求，应同意其检查仓储物或提取样品。允许存货人或仓单持有人检查仓储保管情况，便于发现问题后及时处理，维护保管人的利益。

（4）妥善保管仓储物的义务

保管人应当按照双方约定的储存条件、场所和保管要求，妥善保管仓储物。对于一些特殊仓储物易燃、易爆、有腐蚀性、有放射性等危险物品的，应当按照国家或合同规定的要求以及仓储物的性质进行保管和储存；在储存保管过程中不得损坏货物的包装物。如因保管或操作不当使包装发生毁损的，保管人应当负责修复或按价赔偿。

《合同法》第394条规定，储存期间，如因保管人员保管不善而发生的仓储物毁损、灭失的，保管人应当承担损害赔偿责任。但因仓储物的性质、包装不符合约定或者超过有效储存期造成的仓储物变质、损坏的，保管人不承担责任。

未经存货人同意，仓管人不得转托第三人代为储存和保管仓储物，亦不得擅自使用或者允许第三人使用仓储物。

（5）危害通知及催告的义务

根据《合同法》第389条和第390条的规定，此义务主要包括：

①保管人对入库仓储物发现有变质或者其他损坏的，应当及时通知存货人或者仓单持有人。

②保管人对入库仓储物发现有变质或者其他损坏，危及其他仓储物的安全和正常保管的，应当催告存货人或者仓单持有人作出必要处置。因情况紧急，保管人可以作出必要的处置，但事后应当将该情况及时通知存货人或者仓单持有人。

---

① 郭明瑞、王轶：《合同法新论·总则》，中国政法大学出版社1997年版，第352页。

③当第三人对仓储物提起诉讼或对仓储物申请扣押的，保管人应及时通知存货人。

（6）返还仓储物的义务

在合同约定的仓储期限届满或因其他事由终止合同时，保管人应当将仓储物及时返还存货人或仓单持有人。在合同期限届满前，存货人或仓单持有人要求返还仓储物的，保管人也应及时将仓储物返还给存货人或者仓单持有人。但保管人不得要求存货人或仓单持有人提前领取仓储物。

当事人对储存期间没有约定或者约定不明确的，存货人或者仓单持有人可以随时提取仓储物，保管人也可以随时要求存货人或者仓单持有人提取仓储物，但应当给予必要的准备时间。

储存期间届满，存货人或仓单持有人应当凭仓单提取仓储物。储存期间届满，存货人或仓单持有人不提取仓储物，保管人可以催告其在合理期限内提取，逾期不提取的，保管人可以提取仓储物。

2. 存货人的义务

（1）交付仓储物入库的义务

存货人应按照合同约定的品种、数量、质量、包装、期限将仓储物交保管人入库，并在验收期间向保管人提供验收资料。储存易燃、易爆、有毒、有腐蚀性、有放射性等危险物品或者易变质物品，存货人应向保管人说明仓储物的性质和预防危险、腐烂的方法，并提供有关保管、运输等技术资料，还应采取相应的防范措施。存货人违反此项义务时，保管人有权拒收该货物；保管人因接受该货物并为避免货物发生损失而支出的费用，存货人应当承担；保管人因接受该货物而造成损害的，存货人应承担损害赔偿责任。

（2）支付仓储费及其他费用的义务

存货人应当按照约定向保管人支付仓储费和其他必要费用。其他费用，是保管人因储存仓储物而支出的必要费用，包括运输费、修缮费、转仓费、保险费等，这些费用存货人必须支付。存货人迟延支付仓储费和其他必要费用，应承担违约责任。如果仓储期满，存货人仍不支付仓储费和其他必要费用，保管人可行使留置权和提存权。

（3）按时提取仓储物的义务

合同对储存期间没有约定或者约定不明确的，存货人或仓单持有人可以随时提取仓储物，保管人也可以随时要求存货人或仓单持有人提取仓储物，但应当给予对方必要的准备时间。

合同中约定有储存期间的，存货人或仓单持有人可在合同约定的期限届满时提取仓储物，也可提前提取仓储物。存货人或仓单持有人逾期提取仓储物的，应当加收仓储费；逾期不提取的，保管人可以提取仓储物。

（4）妥善处置储存物的义务

保管人催告存货人处置变质仓储物时，存货人有作出必要处置的义务。如存货人未及时作出必要处置，造成保管人损害的，保管人有权要求赔偿。

不经包装就无法储存和管理的物品，存货人应按有关标准或合同约定的标准包装。如存货人不尽包装义务，保管人本着善意进行了包装的，包装费用由存货人负担。包装不符合约定，造成仓储物变质和损坏的，保管人不承担责任。

第三节　委托合同、行纪合同和居间合同

委托合同、行纪合同和居间合同，都是以特定的社会技能提供劳务的合同。《合同法》分则中行纪合同没有规定的，适用委托合同的规定。

一、委托合同

（一）委托合同概述

1. 委托合同的概念

委托合同又称委任合同。根据《合同法》第 396 条规定，委托合同是委托人和受托人约定，由受托方处理委托人事务的合同。在委托合同关系中，委托他人为自己处理事务的人称委托人，接受委托的人称受托人。委托合同是一种比较古老的合同类型。在古巴比伦汉谟拉比法典中，就对委托合同有所规定。在早期罗马法中，由于不承认家子的法律人格，加上为法律行为采用复杂烦琐的程式，故委托、代理关系不发达。至帝政时期出

现了委托、代理的法律规定，但并不区分委托和代理的关系，而将两者混为一体，认为委托合同必含有代理权的授予。《法国民法典》承袭了这一理论。但自《德国民法典》以后，各个国家和地区的立法一般都严格区分委托合同和代理：通常在总则中专门规定代理制度，而在债编中规定委托合同。我国《民法通则》第四章对代理设专节加以规定，且在《合同法》第四次审议稿以前的分则规定中，也是将代理与委托合同相区分的。《合同法》的第四次审议稿在委托合同中加入了所谓间接代理的规定，从而变更了原有的立法体例，形成了目前的立法模式：一方面在《民法通则》中承认了直接代理制度，另一方面在《合同法》关于委托合同的规定中承认了间接代理制度。同时仍然区分委托合同和代理关系，确认有委托合同未必一定产生代理关系。[①]

2. 委托合同的特征

（1）委托合同的标的是为他人处理事务

委托合同的标的是劳务，这种劳务体现为委托人为受托人处理委托事务。合同订立后受托人在委托的权限内所实施的行为等同于委托人自己的行为，受托人办理受托事务的费用由委托人承担。

委托事务的范围非常广泛。既包括买卖、借贷、诉讼等法律行为，也包括记账、清点货物等事实行为。但必须由委托人亲自处理的事务（如婚姻登记）、具有人身属性的事务（如收养、遗嘱）和违背法律公序良俗的事务（如盗窃）不得作为委托的事务。

（2）委托合同的订立以委托人和受托人之间的信任为基础

委托人之所以选定受托人为其处理事务，是基于对受托人人格、能力的了解和信任，相信受托人能处理好受托的事务。而受托人之所以接受委托，也是出于对委托人的了解和信任，愿意为其处理事务。没有相互信任和了解，委托关系难以成立。即使委托合同关系成立生效后，如果一方对另一方产生了不信任，可随时终止委托合同。

---

① 崔建远主编：《新合同法原理与案例评释》，吉林大学出版社 1999 年版，第 1355 页。

（3）委托合同是诺成合同、双务合同、不要式合同

委托合同自当事人双方意思表示一致时即告成功，无须以交付标的物或实际履行行为作为合同成立的要件，因此委托合同为诺成合同而非实践合同。委托合同成立后，当事人双方负有对应的给付义务，所以委托合同为双务合同。同时，委托合同的订立可自由选择形式，法律并未规定特定的形式，因此委托合同为不要式合同。

（4）委托合同可以是有偿的，也可以是无偿的

法律对委托合同是有偿还是无偿的问题未作规定，该合同是否有偿应由当事人双方自由约定。但如没有约定或约定不明的，应认为是有偿的。

值得注意的是，无论委托合同是否有偿，委托人都负有支付委托事务必要费用的义务。

3. 委托合同与相关概念的区别

（1）委托合同与委托代理

委托代理是指代理人在代理权限内以被代理人的名义实施民事行为，被代理人对代理人的行为承担法律后果。委托代理与委托合同中受托人为委托人处理事务相似，但二者仍有明显的区别：

①产生的基础不同

委托合同产生的基础是当事人双方意思表示一致；而委托代理的基础是委托人单方的委托授权行为，即代理行为基于独立于委托合同之外的单独的授权行为而产生。

②处理事务的范围不同

委托合同中的委托事务既可以是法律行为，也可以是事实行为；而代理行为中的代理事务只能是法律行为。

③确立的关系不同

委托合同是委托人与受托人之间权利义务的协议，它所确认的关系是委托人与受托人的内部关系；而委托代理是代理人以委托人的名义同第三人从事法律行为，其所确立的是代理人与第三人的外部关系。委托合同是产生委托代理的基础关系之一，仅有委托合同没有委托授权行为不能产生委托代理关系；但委托代理与委托合同又是彼此独立的，委托合同无效或

被撤销，代理人的代理权并不必然随之消失，必须有被代理人撤销委托授权的行为。

（2）委托合同与雇佣合同

委托合同与雇佣合同都是一方当事人向另一方当事人提供劳务的合同。但二者的区别也很明显。

①目的不同

订立委托合同的目的在于受托人为委托人处理委托事务，提供劳务不是合同的目的，只是为达目的而采取的一种手段；而订立雇佣合同则是以受雇人向雇佣人提供劳务为目的。

②当事人在合同中处理事务有无独立性不同

委托合同的受托人有一定的独立地处理事务的权利；而在雇佣合同中，受雇人的劳务全由雇佣人决定，受雇人必须服从指挥，没有独立的处理有关事务的权利。

③是否有偿不同

委托合同可以是有偿合同，也可以是无偿合同；而雇佣合同是有偿合同，不存在无偿的情况。

（3）委托合同与承揽合同

委托合同与承揽合同都是委托他人处理一定事务的合同，但二者毕竟不同，区别主要有：

①委托合同的目的在于处理一定的事务，不以完成为必要；而承揽合同的目的在于一定工作的完成，完成工作成果后才有权请求报酬。

②委托合同中受托人以委托人的名义处理委托事务，风险责任由委托人负担；而承揽合同的承揽人是以自己的名义完成工作，风险责任一般由承揽人负担。

③委托合同既可以是有偿合同，也可以是无偿合同；而承揽合同只能是有偿合同。

④委托合同的受托人一般应亲自处理事务，不得转委托给他人处理；而承揽合同为完成工作可将工作的次要部分交由他人完成。

4. 委托合同的终止

（1）委托合同终止的原因

委托合同终止的原因包括一般原因和特殊原因。

委托合同终止的一般原因即指一般合同共同适用的终止原因。例如，委托事项处理完毕，委托合同履行已不可能；委托合同中约定的合同存续期限届满；合同约定的解除条件成就等。

委托合同终止的特殊原因是指导致委托合同终止特有的原因。主要包括以下两种情况：（1）当事人一方任意解除合同。《合同法》第410条规定，在委托合同中，委托人和受托人任一方当事人均可以随时解除合同。这是基于当事人双方的信任关系，信任关系有一定的主观任意性，因此当事人无须任何理由即可随时解除合同。（2）当事人丧失主体资格。《合同法》第411条规定，委托人或者受托人死亡、丧失民事行为能力或者破产的，委托合同当然终止。但双方当事人另有约定，或者根据委托事务的性质不宜终止委托合同的除外。

（2）委托合同终止的法律后果

①因当事人一方任意解除合同给对方造成损失的，除不可归责于该当事人的事由以外，应当赔偿对方损失。

②因委托人死亡、丧失民事行为能力或者破产，致使委托合同终止将损害委托人利益的，在委托人的继承人、法定代理人或者清算组织承受委托事务之前，受托人应当继续处理委托事务。

③因受托人死亡、丧失民事行为能力或者破产，致使委托合同终止的，受托人的继承人、法定代理人或者清算组织应当及时通知委托人。因委托合同终止将损害委托人利益的，在委托人作出善后处理之前，受托人的继承人、法定代理人或者清算组织应当采取必要措施。

（二）委托合同的效力

1. 受托人的义务

（1）依委托人的指示处理委托事务的义务

依据《合同法》第399条规定，受托人应严格依委托人的指示办理委托事务，不得擅作主张，自行决定委托事务的处理方式和途径。委托人的指示分为三种：其一为命令性的指示。此时受托人绝对不得变更委托人的指示，纵使受托人的变更意见可能会更有利于委托人，也不得为之。其二为指导性的指示，即委托人虽有指示，但明示或者默示地给了受托人一定程度的酌情裁量权，即在关系变化或发出指示时真相未明而俟后需要对指示加以变更的，受托人得酌情予以变更。其三为任意性的指示。此时，受托人享有独立裁量的权利，对受托事务的处理得因势而定。一般认为，民法中所称的指示，多指指导性的指示而言，也包括命令性指示。如果客观情况需要变更指示的，必须经委托人同意。① 但在情况紧急、难以同委托人联系的情况下，为维护委托人的利益，受托人可不受上述义务的限制，妥善处理有关事务。所谓情况紧急，是指情势发生了事先订立合同时预想不到的变化，如仍按原来的指示处理委托事务必然给委托人带来较大损失。妥善处理委托事务，即指受托人应按最有利于委托人利益的原则处理委托事务。这一规定旨在以委托人和受托人之间的相互信赖关系为依托，开辟特殊情况下实现委托合同目的的新途径。

受托人在变更时，若无法与委托人取得联系的，应与变更后及时报告委托人。如果因受托人的怠于报告而给委托人造成损失的，受托人应负赔偿责任。

（2）亲自处理委托事务的义务

委托合同是建立在委托人对受托人人格、能力的信任基础上，因此，依据《合同法》第400条规定，受托人应当亲自处理委托事务。只有经委托人同意或情况紧急时，受托人才可以转委托第三人处理委托事务。根据这一规定，一般情况下，受托人应当亲自处理受托事务，不得将事务转托他人办理，即转委托。

转委托，又称复委托，是指受托人经委托人同意，将委托人委托的部分或全部事务转由第三人处理，在委托人与第三人之间直接发生委托合同关系的行为，其中由受托人负责选定第三人。在转委托关系中，该被委托的第三人叫次受托人。转委托的内容，得依原委托的内容。在下列两种情

---

① 崔建远主编：《新合同法原理与案例评释》，吉林大学出版社1999年版，第1360页。

况下，受托人可以转委托，不再亲自处理委托事务：其一，经委托人同意可以转委托的。转委托如经委托人同意，委托人与转委托的第三人之间就转委托事务的处理直接产生权利义务关系，委托人可以就转委托事务直接指示转委托的第三人，直接向转委托的第三人预付和偿还费用，并支付报酬；转委托的第三人接受指示并向委托人直接负责，并就需要变更指示的情形向委托人发出通知，在委托事务处理过程及处理完毕后向委托人履行报告义务。其二，在紧急情况下，受托人为维护委托人的利益需要转委托的。所谓紧急情况，是指如由于突患疾病等特殊原因，受托人自己不能亲自处理委托事务，且时机急迫，来不及或无法与委托人取得联系，如不及时委托他人就会给委托人的利益造成损失或者扩大损失的情况。对于受托人的转委托，受托人仅就第三人的选任及其对第三人的指示承担责任，但其应及时将这一情形告知委托人。

（3）及时报告的义务

为了使委托人随时了解受托人处理事务的情况，便于委托人及时采取措施，以保障受托人的利益，《合同法》第401条规定了受托人的及时报告义务。在处理委托事务的过程中，受托人应当按照委托人的要求，随时或定期向其报告委托事务的进展情况；委托合同解除或终止时，受托人应当报告委托事务的结果。报告的内容包括处理委托事务的始末经过和处理结果，并提交必要的证明文件。

在处理受托事务的过程中，如果委托人要求受托人履行报告义务，受托人应当报告。委托人没有要求但有报告的必要时（如情事变更、进行有障碍等），受托人也应随时报告。因此受托人作有关汇报，不以有委托人的请求为前提。受托人因怠于报告而致使委托人受损害的，委托人有权请求赔偿。受托人的此项义务的具体内容一般不由法律直接规定，而由当事人约定。

（4）转交财产的义务

受托人是受委托人的委托为委托人处理有关事务的，《合同法》第402条规定受托人处理委托事务取得的财产，应当转交给委托人所有。所谓财产，既包括受托人因处理委托事务所收取的金钱、物品及其孳息；也包括从事委托事务过程中产生的委托人应该享有的各项权利。这些财产，无论是以委托人名义取得的，还是以受托人名义取得的，受托人均应交付给委托人。若经委托人合理催告，受托人仍不履行交付义务，则应负迟延给付的责任。若受托人擅自使用属于委托人的财产的，则应当支付使用该财产的使用费。

（5）损害赔偿义务

依据《合同法》第406条规定，在有偿的委托合同中，受托人负有较重的注意义务，由于受托人过错给委托人造成损失的，委托人可以请求赔偿损失。而在无偿的委托合同中，受托人的注意义务较轻，因此仅对因故意或重大过失而给委托人带来的损失承担赔偿责任。受托人因超越权限给委托人造成损失的，不论有无过错，都应当对委托人赔偿损失。《合同法》第409条规定，两个以上的受托人共同处理委托事务的，对委托人承担连带责任，即其中一个或数个受托人违反约定给委托人带来损失的，委托人可向所有的或其中任何一个受托人要求赔偿。其中，无过错的受托人可以在承担连带责任后向有过错的受托人行使追偿权。但委托人与两个以上受托人签订委托合同时，已约定他们各自的责任范围的，则各受托人就各自处理的事务向委托人负责，并不发生连带责任的问题。

应当注意的是，受托人在处理委托事务时，因不可归责于自己的事由造成委托人损害的，受托人可不承担损害赔偿责任。相反，因不可归责于受托人的事由造成受托人损害的，受托人可以因此向委托人请求赔偿损失。

2. 委托人的义务

（1）支付费用的义务

委托合同中，受托人按照委托人的指示为其处理其委托事务，因而受托人处理事务所需要的费用，自然应由委托人支付。无论委托合同是否有偿，委托人都负有向受托人支付处理委托事务费用的义务。《合同法》第398条规定："委托人应当预付处理委托事务的费用。受托人为处理委托事务垫付的必要费用，委托人应当偿还给费用及其利息。"这里讲的费用是指处理委托事务所不可缺少的费用，如交通费、住宿费、手续费等，也包括这些费用的利息在内。何为"必要"？其标准是什么？我们认为，支出费用的合理原则应从三个方面考虑，其一，直接性原则。受托人支出的费用应与所处理的事务有直接联系。其二，有益性原则。受托人支出的必要费用应有利于委托人，目的是使委托人受益。其三，经济性原则。受托人在直接支出费用时，应尽善良人的行为，采用尽量节约、适当的方法处理事务。也就是说，必须是客观上确有必要，才可以请求偿还，以防其滥用。不能以受托人主观上是否认为支出为必要为标准，而应以受托人实施行为时的客观状态作为标准。①

费用的支付方式，一般由当事人协商确定，如无约定应采取委托人预付的方式；在受托人自愿的情况下，也可先由受托人垫付，而后再由委托人支付。

（2）支付报酬的义务

依据《合同法》第405条规定，当委托事务办理完毕或者非因受托人的原因而中途停止，委托人应就整个委托事务或完成的部分支付受托人相应的报酬。支付报酬的方式、数额应依合同规定，若合同没有约定或者约定不明确，按照习惯、其他法律规定或委托事务的性质在合理范围内支付。

因不可归责于受托人的事由（如委托人死亡、破产，或依委托人的意思终止委托合同等）导致委托合同解除或者委托事务不能完成时，委托人仍应当向受托人支付相应的报酬。但当事人另有约定的，按照其约定。对于因可归责于受托人的事由而导致合同终止或委托事务不能完成的，委托人没有支付报酬的义务。

如果合同中明确约定委托人不需要支付报酬，则该委托合同为无偿合同，委托人不存在支付报酬的义务。

（3）赔偿受托人损失的义务

依据《合同法》第407条规定，受托人处理委托事务时，因不可归责于自己的事由受到损失的，可以向委托人要求赔偿损失。即损失因处理委托事务而生，且受托人对此损失无过错，则该损失应由委托人承担。

此外，依据《合同法》第408条规定，委托人在受托人之外委托第三

---

① 胡康生：《中华人民共和国合同法释义》，法律出版社2010年版，第570页。

人处理委托事务时，给受托人造成损失的，委托人也应该承担赔偿损失责任。

（三）间接委托合同当事人与第三人的关系

委托合同中，受托人在处理委托事务过程中，需要与第三人签订合同时，受托人可能以委托人的名义，也可能以自己的名义与第三人订立合同。这就涉及间接委托合同当事人与第三人的关系问题。

1. 直接委托

直接委托，即直接代理、显名代理，是委托人授权受托人以委托人的名义与第三人签订合同，合同的后果由委托人承受。受托人的行为构成《民法通则》第63条所规定："代理人在代理权限内已被代理人的名义实施民事法律行为，被代理人对代理人的民事行为承担民事责任。"该合同对于委托人具有直接的效力，委托人就是该合同中的直接当事人。

2. 间接委托

间接委托，即间接代理、隐名代理，是受托人以自己的名义与第三人订立合同。该行为不构成《民法通则》第63条所规定的"代理"，该合同对委托人不具有直接的效力。

（1）第三人知道代理关系时的合同效力

《合同法》第402条规定，受托人以自己的名义，在委托人的授权范围内与第三人订立的合同，第三人在订立合同时知道受托人与委托人之间的代理关系的，该合同直接约束委托人和第三人。此时委托人即自动介入到受托人与第三人所订立的合同中，取代了受托人的合同地位。委托人介入后，受托人一般情况无须再承担任何合同义务，但合同另有规定或有特殊交易管理的除外。

如果有确切证据证明该合同只约束受托人和第三人的，该合同不对委托人发生效力。

（2）第三人不知道代理关系时的合同效力

①委托人的介入权

《合同法》第403条第1款规定，受托人以自己的名义与第三人订立合同时，第三人不知道受托人与委托人之间的代理关系的，受托人因第三人的原因对委托人不履行义务，受托人应当向委托人披露第三人，委托人因此可以行使受托人对第三人的权利。这就是委托人的介入权。

委托人的介入权，指的是在受托人与第三人的合同关系中，委托人取代受托人的地位，介入到原本是受托人与第三人的合同关系中。委托人行使介入权的条件是：第一，受托人以自己的名义与第三人订立合同，第三人不知道受托人与委托人之间的代理关系，也就是说受托人与第三人是该合同的当事人，该合同对受托人与第三人具有约束力。第二，当第三人不履行合同义务时，间接影响到委托人的利益，这时受托人应当向委托人披露第三人。第三，因受托人的披露，委托人可以行使介入权。委托人行使介入权的，应当通知受托人与第三人。第三人接到通知后，除第三人与受托人订立合同时如果知道该委托人就不会订立合同的以外，委托人取代受托人的地位，该合同对委托人与第三人具有约束力。第四，因受托人的披露，委托人也可以不行使介入权，仍然由受托人处理因第三人违约而产生的问题。

但是，委托人行使介入权也不是无条件的。在受托人与第三人订立合同时，第三人如果知道委托人的身份就不会订立该合同时，委托人就不得行使介入权。此外，如果受托人因自己的原因对委托人不履行义务，或者不向委托人披露第三人，委托人也无法向第三人主张权利。

②第三人的选择权

为平衡委托人与第三人之间的利益，《合同法》第 403 条第 2 款规定，受托人因委托人的原因对第三人不履行义务，受托人应当向第三人披露委托人，第三人因此可以选择受托人或者委托人作为相对人主张其权利。这就是第三人的选择权。第三人的选择权，指的是在受托人与第三人的合同关系中，因委托人的原因造成受托人不履行义务，受托人应当向第三人披露委托人，第三人因此可以选择受托人或者委托人作为相对人主张其权利，即第三人可以选择请求委托人承担违约责任，也可以请求仍然由受托人承担违约责任。但第三人只能选择其一，选定后不得变更。委托人的介入权、第三人的选择权，有利于解决因代理产生的合同纠纷，有利于贸易代理制度更好地为经济建设服务，但委托人的介入权、第三人的选择权是有条件的，不能滥用。

③受托人的披露义务

为维护委托人的利益，保障委托人的介入权和第三人的选择权能够有效地行使，受托人应当及时履行披露义务。主要体现在：其一，当受托人因第三人的原因对委托人不履行合同义务时，应当向委托人披露第三人，从而使委托人得以行使介入权，主张受托人对第三人的权利。其二，当受托人因委托人的原因对第三人不履行合同义务时，应当向第三人披露委托人，便于第三人行使选择权。

④委托人和第三人的抗辩权

《合同法》第 403 条第 3 款规定，委托人行使受托人对第三人的权利的，第三人可以向委托人主张其对受托人的抗辩。这是基于委托人通过介入权取得受托人在合同中的地位，并基于合同行使受托人对第三人的权利。

第三人选定委托人作为相对人的，委托人可以向第三人主张其对受托人的抗辩以及受托人对三人的抗辩。前者基于委托人与受托人订立的委托合同，后者基于受托人与第三人订立的合同。

二、行纪合同

（一）行纪合同概述

1. 行纪合同的概念

行纪，或称经纪，固有法上通称牙行或委托行。[1] 行纪为营业形态之一，并因其营业为他人管理事物（从事交易）而收受报酬，在此点上，与代办商颇为相近。唯行纪人，系以自己名义而为他人管理委托之事物，非若代办商之以本人名义从事交易，是为二者之主要不同。[2] 根据《合同法》第 414 条规定："行纪合同是行纪人以自己的名义为委托人从事贸易活动，委托人支付报酬的合同。"其中以自己名义为他人办理贸易业务活动的一方称为行纪人；委托他人为自己办理贸易业务，并支付报酬的一方称为委

---

① 邱聪智：《新订债法各论》（中），中国人民大学出版社 2006 年版，第 241 页。
② 邱聪智：《新订债法各论》（中），中国人民大学出版社 2006 年版，第 242 页。

托人。在罗马法的无名契约中，有一类代销契约即为现代意义上行纪合同的雏形。在这一契约中，一方当事人把货物委托他人销售，并给予一定的利益或报酬。如果受托一方卖掉了这一货物，委托方将如约支付确定的报酬；如果没有卖掉，则将货物退还。如果受托一方以高于或者低于委托方指定的价格出卖的，其利益或损失均由自己负责。① 在我国，自汉代以来就已经出现经营行纪业务的组织，被称为"牙行"，即接受客商委托，代为销售或寄售货物而收取"牙钱"（即佣金）的行纪人。民国时期的民法典也设专章对行纪加以规定。新中国成立后，在我国几十年的计划经济体制下，行纪一直没有合法的地位。② 行纪合同也称信托合同，最早罗马法所称信托是一种遗产处理形式，是指被继承人将遗产的全部、一部或者一特定物，嘱托其继承人转交给指定的第三人，这时的信托并不产生法律上的效力。英美法信托是从英国中世纪所通行的用益权制度发展而来，源于英国的衡平法。信托是英美法中一项很重要的财产法律制度。其主要内容是受托人根据信托人（财产所有人）的委托，为受益人（第三人）的利益而运用此财产，对信托人的财产进行管理、处分。大陆法系由于有财团法人制度及法定代理制度，可以实现信托所想要达到的目的，因此大陆法无信托制度。随着行纪业务的发展，行纪合同逐渐被广泛应用，成为一种独立的合同类型，与委托合同并存。有些国家把行纪合同规定在商法典中，如法国商法典和德国商法典对行纪合同都作了专门详细的规定。我国台湾地区"民法典"对行纪也有专门的规定。③《合同法》分则中设专章对行纪合同作了明确规定。

2. 行纪合同的特征

（1）行纪合同的主体必须具备法定的主体资格

在我国，行纪合同的行纪人只能是经批准经营行纪业务的法人、自然人或其他组织，即只有取得法定的行纪从业资格才能从事行纪活动。未经批准或许可的任何人或组织都不得从事行纪业务。

---

① 周枏：《罗马法原论》，商务印书馆1996年版，第750页。
② 陈小君主编：《合同法学》，高等教育出版社2003年版，第439页。
③ 胡康生：《中华人民共和国合同法释义》，法律出版社2010年版，第584—585页。

（2）行纪人以自己的名义为委托人办理委托贸易事务

行纪人为委托人办理委托贸易事务时，是以自己的名义与第三人从事法律行为，自己是权利义务的主体，即行纪人自己独立享有或承担由法律行为所产生的权利义务。委托人与第三人不发生直接的权利义务关系，换言之，委托人不是行纪人与第三人订立合同的当事人，因此，也不对行纪人的行为承担责任。

（3）行纪人为委托人的利益办理委托贸易事务

行纪合同的行纪人对外虽然以自己的名义与第三人直接发生法律关系，但该行为所发生的权利义务最终应归于委托人承受，因此在行纪人与第三人为民事行为时，应充分考虑到委托人的利益，并将其经济利益归属于委托人，且因该行为所产生的风险最终由委托人承担。

（4）行纪合同的标的是行纪人为委托人进行的贸易活动

行纪合同行纪人为委托人进行的贸易活动，即行纪合同是由行纪人为委托人提供服务的合同，但行纪人所提供的服务不是一般的劳务，而是同第三人实施商业上具有交易性质的贸易活动。该性质的劳务才是行纪合同的标的。

（5）行纪合同是双务、有偿合同、诺成合同和不要式合同

行纪合同中，行纪人负有为委托人办理买卖或其他商业上交易的义务，而委托人负有给付报酬的义务，双方的义务互为对应互为对价，因此行纪合同是双务合同、有偿合同。

行纪合同只需行纪人与委托人意思表示一致即可成立，不以委托人交付委托物或实际履行行为为成立条件，且订立方式可由当事人自由选择，法律对此并无特别要求，因此行纪合同是诺成合同、不要式合同。

3. 行纪合同与其他类似概念的区别

（1）行纪合同与信托制度

行纪合同与信托制度都以相互信任为基础，都是基于委托而产生，有关财产都由委托人转移给行纪人或受托人占有，都涉及财产的管理与处分。但是，这毕竟是不同的制度，其区别主要表现在：

①性质不同

行纪合同是由行纪人为委托人办理贸易活动的合同关系；而信托制度是由受托人为信托人或受益人管理信托财产的特殊财产管理关系。

②主体不同

行纪合同的主体为行纪人和委托人双方当事人，因此合同只对双方当事人有约束力；而信托制度的主体为信托人、受托人和受益人三方当事人，合同对这三方都有约束力。

③所涉及财产的所有权归属不同

行纪合同中，行纪人为委托人购买或出售物品的所有权以及从委托事务中所取得的一切财产权都归属于委托人所有；而在信托制度中，信托财产的所有权属于受托人，在信托存续期间，受托人之将信托财产的收益交给受益人，受益人并无信托财产的所有权。

④处理事务的范围不同

行纪合同的行纪人主要从事代办购销、寄售等财产买卖的贸易行为；而信托中的受托人可从事财产的管理、处分、投资、利益分配等各种行为。

（2）行纪合同与承揽合同

行纪合同与承揽合同都属于一方当事人为另一方当事人处理一定事务的合同，且行纪人与承揽人都以自己的名义进行活动。但二者属于两种独立的合同，其区别主要有：

①合同标的不同

行纪合同是行纪人提供劳务的合同；而承揽合同的承揽人必须完成一定工作并给付工作成果。

②涉及行为的性质不同

行纪合同中，行纪行为属于民事法律行为，且必须是动产和有价证券买卖等贸易活动；而在承揽合同中，承揽人只是完成一定工作并交付成果，承揽人完成一定工作行为的性质是事实行为，而不属于法律行为。

③是否涉及第三人不同

行纪合同中行纪人须与第三人发生民事法律关系；而在承揽合同中承揽人无须与第三人发生法律关系。

（3）行纪合同与委托合同

行纪合同与委托合同都是为他人提供劳务处理委托事务的合同，两者有许多相似之处，都以当事人双方的信任为前提等。因此，许多国家的立法都明确规定，关于行纪合同除另有规定外，适用委托合同的规定。《合同法》第 423 条就规定"本章没有规定的，适用委托合同的规定"。在我国法律中，行纪合同与委托合同为两种独立的合同，其区别表现在：

①主体不同

行纪合同的主体只能是经批准经营行纪业务的人；而委托合同的主体则无此限制。

②委托事务的范围不同

行纪合同中的行纪事务只能是买卖、寄售等商业上具有交易性质的贸易活动；而委托合同中的委托事务非常广泛，既可以是贸易活动，也可以是其他法律行为或各种事实行为。

③受托人活动的名义及其效力不同

行纪合同中，行纪人只能以自己的名义对外进行活动，因而与第三人订立的合同不能直接对委托人发生效力；而在委托合同中，受托人可以以委托人的名义也可以自己的名义对外进行活动，该合同直接对委托人发生效力。

④是否有偿不同

行纪合同只能是有偿合同；而委托合同既可以是有偿合同，也可以是无偿合同。

（二）行纪合同的效力

1. 委托人的义务

（1）支付费用的义务

在行纪合同中，如双方当事人约定由委托人支付费用的，委托人应按约定支付费用。这里讲的费用，是指行纪人保管委托物的保管费、运输费等费用以及行纪人为委托人的利益支出的其他费用。如双方当事人没有约定费用负担问题，行纪人支出的费用，则由行纪人负担。

（2）支付报酬的义务

《合同法》第 422 条规定，行纪人完成或者部分完成委托事务的，委托人应当向其支付相应的报酬。行纪是一种以营利为目的的营业活动。行纪合同都是有偿合同，行纪人在完成或部分完成委托事务后，委托人均应向其支付相应的报酬。报酬的数额、支付方式一般由合同双方事先约定，如无约定或约定不明确的，则应遵从国家的其他规定。

委托人逾期不支付报酬的，行纪人有权将该委托物进行折价或有权从出卖、变卖该委托物的价款中优先受偿，即行纪人行使留置权。但当事人另有约定的除外。

（3）及时受领或取回委托物的义务

《合同法》第 420 条规定，行纪人按照约定买入委托物，委托人应当及时受领，如发现有不符合合同约定的情况应当立即通知行纪人。在委托人不能按期接受货物时，行纪人应当对该物代为保管，但委托人无正当理由拒绝受领货物并超过一定期限时，对于易于保存的货物，行纪人经催告后依法可向有关机关进行提存；对于易腐烂等不适于保存之物，可进行拍卖，以提存价金。

对于委托人委托行纪人出卖的委托物，在委托物不能卖出或者委托人撤回出卖时，委托人应当按期取回该货物或者按期对该货物进行处分，委托人逾期既不取回又不处分该物的，行纪人可向委托人发出催告，催告后委托人仍不取回或处分的，行纪人可对该物行使提存权。

2. 行纪人的义务

（1）按照委托人的指示处理行纪事务的义务

行纪人虽然是以自己的名义从事贸易活动，但他是为委托人办理有关事务，因此，行纪人应当遵照委托人的指示进行交易。《合同法》第 418 条规定，若委托人对行纪人所为的买卖活动制定了一定价格的，行纪人应严格遵照执行，以实现委托人预期的利益。

①行纪人以低于指定价格卖出或者高于指定价格买入的

《合同法》第 418 条第 1 款规定，行纪人以低于委托人指定的价格卖出或者高于委托人指定的价格买入的，因买卖违背了委托人的指示与意愿，对委托人明显不利，因此该买卖一般对委托人不发生效力。但在下列两种情形下例外：一种情形是经委托人同意或事后追认的。行纪人以低于委托人指定的价格卖出或者高于委托人指定的价格买入，而委托人对该买卖同意或事后追认，表明委托人愿意接受低于其指定的价格卖出或者高于其指定的价格买入的后果，也即此买卖仍符合委托人的意愿，因此，该买卖行为有效；另一种情形是行纪人补偿其差额的。行纪人以低于委托人指定的价格卖出或者高于委托人指定的价格买入，如行纪人补偿其差额，虽未尽委托人同意或事后追认，但委托人不会因此蒙受损失，所以这一买卖对委托人发生效力。

②行纪人以高于指定价格卖出或者低于指定价格买入的

《合同法》第418条第2款规定，行纪人以高于委托人指定的价格卖出或者低于委托人指定的价格买入的，由于行纪人是以较有利的价格进行买卖，经济上显然对委托人有利，因而这种买卖无须委托人同意，即可对委托人发生效力。在此情况下行纪人可以要求增加报酬，增加报酬有约定的，以其约定；没有约定或者约定不明确的，依合同法第61条的规定确定；依合同法第61条仍不能确定的，委托人无偿获得利益。

③委托人对价格有特别指示的

《合同法》第418条第3款规定，委托人基于特殊原因对价格作出特别的指示，即严格性的指定，不允许行纪人予以变更，行纪人只能以委托人指定的价格买卖，不得违背该指示，否则构成违约。

（2）妥善保管委托物的义务

《合同法》第416条规定，行纪人占有委托物的，应当妥善保管委托物。即在委托物卖出前或交付委托人前，行纪人应尽到善良管理人的注意，照顾委托人的利益。这里讲的委托物，包括行纪人从委托人处收取的用于交易的物以及行纪人为委托人利益从第三人处买入的物，但不包括金钱和有价证券在内。行纪人应根据约定或委托物的特性，妥善地选择保管的方式、场地，以保管好委托物，不得擅自变更。行纪人应亲自进行保管，未经委托人同意，不得擅自将委托物转托他人保管，但紧急情况的除外。行纪人亦不得使用或允许他人使用委托物。

在行纪人占有委托物期间，若行纪人对委托物未尽到妥善保管义务，致使委托物毁损、灭失的，行纪人应对由此给委托人造成的损失承担损害赔偿责任；但若行纪人已尽到善良管理人的注意，则行纪人不负任何责任。

（3）负担行纪费用的义务

行纪费用，是指行纪人处理委托事务时所支出的费用。《合同法》第415条规定："行纪人处理委托事务支出的费用，由行纪人负担，但当事人另有约定的除外。"之所以规定行纪人负担处理委托事务所支付的费用，是因为行纪是一种营业活动，行纪人为处理事务所支付的费用，相当于为获取利润而支付的成本，这一成本可以通过从委托人支付的相应的报酬中来弥补。所谓风险，就行纪合同来说，反映在行纪人在为委托人处理委托事务，不仅需要尽职尽力，而且行纪的活动经费还需要行纪人自己负担，如交通费、差旅费等。行纪人所支出的这些费用，应该说是处理委托事务的成本。只有当行纪合同履行完毕，才能由委托人支付报酬，报酬就包括成本与利润。如果行纪人没有处理好委托事务，他所付出的代价，即支出的成本费用，也就算商业风险，由其自己负担了。但是也有例外情形，如委托人与行纪人事先有约定，不论事情成功与否，行纪人为此支出的活动费用，都由委托人偿还。行纪人处理委托事务的费用由行纪人自己负担是与委托合同的不同之处。

行纪费用由行纪人负担，仅是一般规定而并非强制性规定，如果双方当事人对行纪费用的负担另有约定，应依其约定。

3. 行纪人的权利

（1）报酬请求权

委托人负有按照合同约定或者法律规定或习惯，向行纪人支付报酬的义务。因此，行纪人享有向委托人请求支付报酬的权利。行纪人就自己处理委托事务的不同情况，可以按照合同的约定请求委托人支付报酬。有以下几种情况：①行纪人按照委托人的指示和要求履行了全部合同的义务，有权请求全部报酬；②因委托人的过错使得合同义务部分或者全部不能履行而使委托合同提前终止，行纪人可以请求支付全部报酬；③行纪人部分完成委托事务的，可以就已履行部分的比例请求给付报酬。

报酬数额，一般由合同双方事先约定，如有国家规定，则应当按照国家规定执行。原则上应于委托事务完成之后支付报酬，但当事人约定预先支付或分期支付的也可以按约定执行，如果寄售物品获得比原约定更高的价金，或者代购物品所付费用比原约定低，可以约定按比例增加报酬。

（2）委托物的处置权

《合同法》第 417 条规定："委托物交付给行纪人时有瑕疵或者容易腐烂、变质的，经委托人同意，行纪人可以处分该物；和委托人不能及时取得联系的，行纪人可以合理处分。"根据这一规定，行纪人为保护委托人的利益，可以以最有利于委托人的方法合理处分委托物。留置委托物需具备以下条件：①已合法占有委托物。行纪人行使留置权，必须是行纪人已经合法占有委托物，非法占有委托物的不得行使留置权。②委托人没有理由地拒绝支付报酬。行纪人行使留置权，必须具有委托人按期不予支付报酬的事实存在。③委托合同中没有事先约定过不得留置的条款。如果委托人与行纪人在行纪合同订立时已经约定，不得将委托物进行留置的，行纪人就不得留置委托物，但是，委托人需要提供其他物品作为担保。委托人向行纪人支付报酬超过了合同约定的履行期限的，应当承担逾期不支付报酬的责任，此时行纪人对占有委托物品享有留置权。但是，行纪人在行使留置权时应注意履行下列几项义务：①及时将留置的事实通知委托人，并要求其在约定期限内给付报酬、偿付费用。②妥善保管留置物。③及时返还留置物。④折价、拍卖、变卖必须依法进行。

（3）介入权

《合同法》第 419 条第 1 款规定："行纪人卖出或者买入具有市场定价的商品，除委托人有相反的意思表示的以外，行纪人自己可以作为买受人或者出卖人。"这是对行纪人介入权的规定，即指行纪人接受委托买卖有市场定价的证券或其他商品时，有权以买受人或出卖人的身份与委托人进行交易，介入委托人所委托的交易中去。行纪人的介入权，也叫行纪人的自约权，是指行纪人接受委托买卖有市场定价的证券或其他商品时，除委托人有反对的意思表示外，行纪人以自己作为出卖人或买受人，而不另与第三人成立买卖契约的权利。①

---

① 龙翼飞等：《合同法教程》，法律出版社 2008 年版，第 347 页。

　　一般认为，行纪人介入权是由商业习惯发展而来的，其上升为法律最早出现于《德国商法典》。此后，《日本商法典》、《瑞士债务法》等法典纷纷生效。立法上承认行纪人的介入权是因为考虑到："介入权之行使虽实质上形成了行纪人与委托人间的直接交易，形式上却表现为行纪人与自己的交易，不涉及他方利益，不会直接产生损人利己的嫌疑。更为重要的是，行纪人介入权的行使，大大简化了交易环节，缩短交易进程，降低交易成本，最大限度地鼓励交易，繁荣市场，使社会资源得以迅速、合理地配置。"①

　　行纪人的介入权虽有其合理性，但是同样不可忽视的是，基于法律规制领域中的人具有利己倾向的假设，行纪人与委托人利益的冲突客观存在，并且对于交易行为，行纪人与委托人之间存在信息的不对称性，行纪人对交易情况更为熟悉，占有信息优势。若行纪人利用这一优势损害委托人利益，势必引发双方之间的冲突。因此，法律有必要对行纪人行使介入权进行必要的限制，防止其损人利己，以期真正实现双赢局面，使行纪人介入权制度的积极效应得以充分发挥。② 故行纪人行使介入权，应该具备法律规定的要件方可：

　　①卖出或者买入的商品须具有市场定价，即委托人委托行纪人出卖或者买入的有价证券或者其他商品须具有公示的、统一的、固定的市场价格。市场价格是众所周知的，行纪人买卖具有市场定价的商品时难以操纵其价格，因此行纪人介入也就不会为谋求自己的不正当利益而损害委托人的利益。

　　②委托人无相反的意思表示，即委托人未作出反对行纪人介入。如果委托人已经作出了反对行纪人介入的意思表示（如明确表示不允许行纪人介入或已经特别指定了买卖的对象及地点），则行纪人不得介入。

　　尚需注意的是，委托人无禁止介入的意思表示，行纪人在介入权存续期间内均可行使介入权。介入权存续期间指行纪合同订立至委托人委托的交易行为并未实现这段时间。但委托人对交易时间有严格指定时，如依某

---

　　① 王卉、郭嗣彦：《浅谈行纪人的介入权》，载《湖北社会科学》2000 年第 6 期，第 34 页。
　　② 李亮：《论行纪人的介入权》，载《求实》2001 年第 11 期，第 96 页。

交易所某日某时价格交易，则行纪人应遵从其指定，只能在该指定时间行使介入权。①

行纪人行使介入权的后果是行纪人与委托人之间成立买卖关系，但最终行纪人完成了行纪合同约定的贸易活动，并不构成对行纪合同的违约行为。因此，此时行纪人仍然有权请求委托人支付报酬。委托人应按合同约定付给行纪人报酬。

三、居间合同

（一）居间合同概述

1. 居间合同的概念

根据《合同法》第 424 条规定，居间合同是指居间人向委托人报告订立合同的机会或者提供订立合同的媒介服务，委托人支付报酬的合同。在居间合同关系中，报告订立合同机会或者提供订立合同媒介服务的一方为居间人，支付报酬的一方为委托人。需要注意的是："居间人，通常固为商人，商业法规且曾列其为独立之商业类型，其为商人者，亦不限于公司形态，合伙或独资，均无不可。不过，就台湾民法而言，居间人并不以商人为限，其为非营利之法人或一般之自然人，亦无不可。至于委托人，亦不问其为自然人或法人，均得为之。是以，居间尚非为商事契约，与经理契约、代办契约、行纪或运送等商事契约，性质当有所不同。"②

居间合同的居间人是作为交易双方成交而从中取得报酬的中间人。居间是一种古老的商业现象，在古希腊时代即已经出现。当时，无论何人，都可以从事居间活动。及至中世纪，居间人有所变化，非为居间人团体的成员，不得从事居间活动，于是居间便带有公职的性质。其后居间活动都带有"官营性质"，对于不经允许私自从事居间者，要处以严罚，并加以禁止。德国旧商法也以居间人为一种官吏，其他为私居间人。但其新商法则采自由营业主义。其例外是 1896 年 6 月 22 日交易所法上的居间人。其

---

① 王卉、郭嗣彦：《浅谈行纪人的介入权》，载《湖北社会科学》2000 年第 6 期，第 34 页。
② 邱聪智：《新订债法各论》（中），中国人民大学出版社 2006 年版，第 227 页。

他国家如日本、比利时等国现大都采自由营业主义。在我国古代，居间人被称为"互郎"，是指促进双方成交而从中取酬的中间人。在古汉语中，"互"写作"东"，后讹传为"牙"，因此民间将居间人称为"牙行"或"牙纪"。旧中国民法对居间也采用自由营业主义。居间业务根据居间人所受委托内容的不同，可分为指示居间和媒介居间。前者指居间人仅为委托人报告订约机会的居间；后者指居间人仅为委托人为订约媒介的居间。无论何种居间，居间人都只是居于交易双方当事人之间起介绍、协助作用的中间人。在大陆法国家的立法上，采民商分立的国家，一般有以商法调整媒介居间，以民法调整指示居间的区分。我国为民商合一国家，我国《合同法》就媒介居间和指示居间一并调整。[①] 在现代社会，居间的范围十分宽泛，日常生活中的租房、买房、保险、货运、购买有价证券等活动，居间行为十分普遍。在现代生活中，居间合同发挥了活跃经济、促进交易的重要作用，是一种不可或缺的中介。[②]

2. 居间合同的特征

（1）居间合同的主体大多具有特殊要求

居间活动有着二重性，它既可以促进交易，繁荣市场，利于社会主义市场经济的发展。但如果处理不当，也可能会干扰正常经济秩序，造成社会经济秩序混乱，败坏社会风气。因而，法律应当对居间人的资格作出规定，只有具备从事居间活动条件的自然人、法人、其他组织才可以为居间人。例如《城市房地产中介服务管理规定》中明确要求：房地产估价员必须是经过考试并取得《房地产估价员岗位合格证》的人员。未取得《房地产估价员岗位合格证》的人员，不得从事房地产估价业务。目前立法中还有很多类似要求。

（2）居间合同的标的是居间人所提供的服务

居间合同是居间人为委托人提供居间服务的合同，其标的是居间人所提供的居间服务。所谓居间服务，包括报告服务和媒介服务。报告服务，是居间人为委托人报告订约机会，即居间人接受委托人的委托，寻觅及提

---

① 崔建远主编：《新合同法原理与案例评释》，吉林大学出版社 1999 年版，第 1402 页。
② 王利明：《合同法研究》（第三卷），中国人民大学出版社 2012 年版，第 766 页。

供可与委托人订立合同的相对人，从而为委托人订约提供机会；媒介服务，是居间人接受委托人的委托，从事介绍等行为，从而促成双方当事人订立合同。报告居间与媒介居间之不同，尚可从契约当事人结构之不同观之。通常，报告居间，仅受一方委托，为其寻觅并陈述可与委托人订约之相对人；反之，媒介居间，其受订约双方当事人委托，而斡旋于双方当事人之间折中协调着，颇为多见。"虽然纯就制度设计而言，报告居间与媒介居间，虽俨然可分，泾渭分明。惟媒介居间，如因居间人报告订约机会，已有效果（即契约因而订立），则委托人仍有支付报酬之义务。是以，二者之区分，现实意义非若制度设计分明，似可肯定。"[①] 无论是报告服务还是媒介服务，居间人都不参加委托人与第三人的合同谈判，同时也不作为任何一方当事人的代理人参与订立合同，只是作为中间人为委托人与第三人订约提供一定的信息活动帮助。

（3）居间合同是以促成委托人与第三人订立合同为目的的合同

订立居间合同的目的，是通过居间人的服务行为，从而促成委托人与第三人成立合同关系，也就是说，居间合同的目的是促成另一合同的产生。

（4）居间合同是双务合同、有偿合同

在居间合同中，居间人应为委托人提供订约机会或充当订约媒介，而委托人应当按照约定支付报酬和其他必要费用，双方互负义务又互享受权利，并且其义务形成对价关系，因而居间合同是双务、有偿合同。

（5）居间合同为诺成合同、不要式合同

居间合同只要居间人与委托人意思表示一致即可成立，不以居间人事实上提供居间服务为成立要件。因此，居间合同为诺成性合同。

法律对居间合同的成立未规定特定的形式，当事人可根据自己的意愿自由确定合同的形式，因此，居间合同是不要式合同。

（6）居间合同委托人的给付义务具有不确定性

在居间合同中，只有居间人的居间活动达到目的即居间人促进合同成立，委托人才有给付报酬的义务。《合同法》第427条规定，居间人未促

---

① 邱聪智：《新订债法各论》（中），中国人民大学出版社2006年版，第229页。

成合同成立的不得要求支付报酬，但可要求委托人支付从事居间活动支出的必要费用。因此，居间合同的居间报酬具有不确定性。

3. 居间合同与委托合同、行纪合同的区别

居间合同与委托合同、行纪合同都是基于信任，由一方当事人接受另一方当事人的委托，为他方当事人办理事务、提供劳务的合同，三者的主要差异体现在：

（1）合同是否有偿不同

居间合同为有偿合同，但居间人只有在促成委托人与第三人之间的合同成立之后才能获得报酬；委托合同既可以是有偿合同，也可以是无偿合同；行纪合同为有偿合同，行纪人可以向委托人请求报酬，而且若只部分完成委托事务也可获得报酬。

（2）合同所提供服务的性质不同

居间合同的居间人为委托人提供订立合同机会的行为，本身不具有法律意义，不发生法律后果；而委托合同的受托人是按委托人的要求处理受托事务，所处理的事务既可以是有法律意义的事务，也可以是不具有法律意义的事务；行纪合同的行纪人则是按照委托人的要求，从事购销、寄售等特定的法律行为，所处理的事务也只能是法律事务。

（3）为他人提供服务的当事人与第三人的法律关系不同

居间合同的居间人，只是向委托人报告订立合同的机会或者提供订立合同的媒介服务，自己并未参与委托人与第三人之间的合同；而委托合同的受托人是以委托人的名义或自己的名义与第三人订立合同，并参与该合同关系；行纪合同的行纪人是以自己的名义为委托人办理交易事务，与第三人订立的合同，与第三人直接产生权利义务关系。

（二）居间合同的效力

1. 居间人的义务

（1）为委托人报告订立合同机会或者提供合同媒介服务的义务

此项义务是居间人在居间合同中最主要的义务。在报告居间中，居间人应就其所知的有关订约的信息报告给委托人。但居间人对于第三人并不负有报告委托人有关情况的义务。在媒介居间中，居间人应将有关订约的

事项报告给各方当事人。

（2）如实报告和尽力的义务

根据《合同法》第 425 条规定，为促使委托人成功地与第三人订立合同，实现居间合同的目的，居间人应当将自己所知的有关订立合同的事项如实向委托人报告，不得隐瞒事实，不得捏造事实，更不得恶意促成或阻碍委托人与第三人订立合同。居间人的如实报告义务，不以委托人的请求为条件，即无论委托人是否作出请求，居间人都应主动履行。需注意的是，居间人只需就自己所知道的情况如实报告，对于不知道的情况并无保证义务，如果委托人与第三人订立合同后，因第三人无力履约而受损失的，居间人不承担责任。

居间人故意隐瞒与订立合同有关的重要事实或者提供虚假情况，诱使对方当事人作出的错误意思表示，损害委托人的利益的，不得要求支付报酬并应当承担损害赔偿责任。如果居间人由于过失而不是故意导致报告错误，致使委托人损失的，居间人应承担赔偿责任，但并不丧失报酬请求权。

居间人在负有如实报告义务的同时，还负有尽力义务。所谓尽力义务，是指居间人在居间活动中，应当努力地为委托人创造订约的机会，尽可能地促成委托人与第三人缔结合同。在报告居间中，居间人应尽可能准确、迅速地向委托人报告订约机会；在媒介居间中，居间人不仅要尽可能准确迅速向委托人报告订约机会，还应当通过说服和沟通，消除委托人与第三人所持的不同意见，排除双方所存的障碍，尽力使委托人与第三人达成合意。

（3）负担居间费用的义务

《合同法》第 426 条第 2 款规定，居间人促成合同成立的，居间活动的费用，由居间人负担。居间人虽然自行负担费用支出，但居间费用一般都已经作为成本计算在报酬之内，其可以用收取的报酬来补偿。如果委托人已经垫付，委托人可以从居间人的报酬中扣除，或请求居间人返还。如果当事人在合同中对费用承担另有约定的，则应依其约定。

（4）保密义务

居间人在居间活动中处于中介地位，是合同订立内幕的知情人，可能得知委托人或第三人的商业秘密，如产品供货及销售情况，客户的分布情况，产品的开发与研制计划等。居间人在居间过程中，未经委托人或第三人的同意，不得将其商业情况或其他不欲为外人所知的秘密告知对方。同时在促成合同成立之后，居间人也都不得将在居间活动中获悉的委托人或第三人的商业秘密及其他信息、成交机会、合同订立情况等资料泄露给他人。否则，因此造成损害的，居间人依法承担相应的损害赔偿责任。此外，还有所谓的不告知义务。不告知义务，仅于隐名居间有之。所谓隐名居间，系指居间人不得将当事人姓名告知相对者而言，由此情形，居间人负有不得将当事人姓名或商号名称告知相对人之义务，是为通称之不告知义务。①

2. 委托人的义务

（1）给付报酬的义务

居间合同是有偿合同，因此委托人应当向居间人支付报酬，以作为居间人活动的回报。

①委托人支付报酬的前提条件。《合同法》第 426 条规定，居间人促成合同成立的，委托人应当按照约定支付报酬。所谓促成合同成立，一是委托人与第三人是否成立合同关系；二是居间人的居间活动是否为合同的成立起到促进作用。若完全或基本上没有帮助，则不能认为促成合同成立。如果没有利用居间人提供的信息则不需要支付报酬。"与雇佣、承揽、保管、委托、行纪等劳务性契约不同，居间合同规则有两个特殊性：一为委托人给付义务的附条件性，二为居间报酬请求权的不确定性。在居间合同债务关系结构中，居间人给付义务的内容是给付效果（促成缔约），委托人给付义务的内容主要是居间报酬，该义务的生效以居间人促成缔约为前提，是附条件的法律行为。由于委托人给付义务具有附条件性，居间人报酬请求权的生效需要两个法律事实的结合，即'居间人报告缔约机会'加上'委托人与第三人缔约'。从居间人的角度来观察，前者取决于居间人自身的行为，是内在要素；后者取决于委托人的缔约意愿，是外在要

---

①　邱聪智：《新订债法各论》（中），中国人民大学出版社 2006 年版，第 233 页。

素。"① "合法、正当的居间活动和居间报酬，应以居间人付出的劳动和承担的风险为基础并与之相适应，而仅凭'引荐'行为即主张居间行为成立并据以要求巨额报酬的情形，应从公序良俗的角度从严审查，不能随意披以合法外衣，通过人民法院审理加以确认和合法化。"② 司法实践中，还有争议较大的是有关"跳单"的问题。③ 应当注意的是，只要合同成立居间人即可要求支付报酬，至于合同生效与否则在所不同。

但若当事人双方约定在未促成合同成立的条件下居间人仍可依其劳务的支出而获得一定的报酬，则即使居间人未促成合同成立，委托人也应按约定支付报酬。如果当事人没有上述约定，则只有在促成合同成立的条件下委托人才有支付报酬义务。

②报酬数额的确定。报酬数额原则上由当事人约定，如当事人对此没有约定或约定不明确，应由当事人协议补充；若不能达成补充协议，则按合同的有关条款或者交易习惯确定；依上述仍无法确定的，应根据居间人

---

① 税兵：《居间合同中的双边道德风险——以"跳单"现象为例》，载《法学》2011年第11期，第85页。

② 蒋蕾：《媒介居间合同是否履行的认定》，载《人民法院报》2012年11月21日，第7版。

③ 参阅最高人民法院第一批指导性案例（最高人民法院审判委员会讨论通过，2011年12月20日发布）指导案例1号《上海中原物业顾问有限公司诉陶德华居间合同纠纷案》裁判要点中指出："房屋买卖居间合同中关于禁止买方利用中介公司提供的房源信息却绕开该中介公司与卖方签订房屋买卖合同的约定合法有效。但是，当卖方将同一房屋通过多个中介公司挂牌出售时，买方通过其他公众可以获知的正当途径获得相同房源信息的，买方有权选择报价低、服务好的中介公司促成房屋买卖合同成立，其行为并没有利用先前与之签约中介公司的房源信息，故不构成违约。"

法院的裁判理由是："中原公司与陶德华签订的《房地产求购确认书》属于居间合同性质，其中第2.4条的约定，属于房屋买卖居间合同中常有的禁止'跳单'格式条款，其本意是为防止买方利用中介公司提供的房源信息却'跳'过中介公司购买房屋，从而使中介公司无法得到应得的佣金，该约定并不存在免除一方责任、加重对方责任、排除对方主要权利的情形，应认定有效。根据该条约定，衡量买方是否'跳单'违约的关键，是看买方是否利用了该中介公司提供的房源信息、机会等条件。如果买方并未利用该中介公司提供的信息、机会等条件，而是通过其他公众可以获知的正当途径获得同一房源信息，则买方有权选择报价低、服务好的中介公司促成房屋买卖合同成立，而不构成'跳单'违约。本案中，原产权人通过多家中介公司挂牌出售同一房屋，陶德华及其家人分别通过不同的中介公司了解到同一房源信息，并通过其他中介公司促成了房屋买卖合同成立。因此，陶德华并没有利用中原公司的信息、机会，故不构成违约，对中原公司的诉讼请求不予支持。"

对该案比较深刻的评析参阅周江洪《"上海中原物业顾问有限公司诉陶德华居间合同纠纷案"评释》，载《浙江社会科学》2013年第1期，第80—89页；隋彭生：《居间合同委托人的任意解除权及"跳单"——以最高人民法院指导案例1号为例》，载《江淮论坛》2012年第4期，第110—115页。

提供服务的性质合理支付报酬。

③报酬的给付义务人。报酬的给付义务人，因居间类别不同而有所不同。在报告居间中，居间人仅与委托人发生法律关系，报酬的给付义务人为委托人；在媒介居间中，除了委托人之外，合同的第三人也接受了居间人的服务，从居间活动中获益，因此也是报酬的给付义务人，应与委托人平均负担居间人的报酬。

（2）支付必要费用的义务

实践中，居间人从事居间活动所指出的费用，通常包含在报酬之中，因此，居间人从事居间活动所支出的费用应由居间人自己负担。但是，如果居间人没有促成合同的成立，虽不能请求支付报酬，但可以要求委托人支付从事居间活动支出的必要费用。因为在未能促成委托人与第三人成立合同的情况下，居间人已经不能得到报酬，此时若还要求其承担居间费用的话则有失公平，所以应由委托人支付必要费用。《合同法》第 427 条规定，如居间人未能促成委托人与第三人成立合同，不得要求支付报酬，但可要求委托人支付从事居间活动支出的必要费用。

居间人违反义务，损害委托人利益的，委托人不负偿还费用的义务，即居间人丧失费用偿还请求权。

第七章 技术合同

相较于一般的有名合同，技术合同更为复杂，它是涵盖技术开发、技术转让、技术咨询、技术服务等多种类型合同的综合体。其中，有的涉及技术服务提供，有的涉及技术权属变动，还有的涉及技术权属变动和技术服务提供的双重领域。因此，很难把技术合同完整地纳入到前属的某一种类型中，故本书设专章对技术合同进行探讨。本章的内容除涉及《合同法》第18章技术合同的相关内容外，还涉及知识产权法诸法规以及相关司法解释等。

第一节 技术合同的一般规定

一、技术合同的概念和特征

根据《合同法》第322条的规定，技术合同是指当事人就技术开发、转让、咨询或者服务，确立相互间权利和义务的合同。该类合同是技术成果商品化和社会化的必然产物，同时也是技术这一非物质形态的标的物进入市场的法律形式。《合同法》颁布前的《技术合同法》只适用中国法人之间、法人和公民之间、公民之间就技术开发、技术转让、技术咨询和技术服务所订立的确立民事权利与义务关系的合同，不适用涉外合同，即当事人一方是外国的企业、其他组织或者个人的合同除外。而《合同法》不仅适用国内技术合同，也适用涉外技术合同。

技术合同的特征主要表现在以下几个方面：

（一）技术合同发生于科技活动的领域中，其内容体现了科学技术发展规律的要求

技术合同涉及未知技术的开发、现有技术的转让以及用现有技术知识为经济建设和社会发展提供的咨询和服务项目等。相对来说，技术合同的专业性较强，内容复杂，需要有较多的特殊规则。因此，技术合同中当事人的有关权利与义务有不同于其他类合同的特点。

由于技术合同的标的是作为无形的知识产品的技术，当事人之间的权利义务关系就不是产生于物质商品的生产和流通领域，而是产生于技术商品的开发、转让以及利用技术为社会提供咨询和服务的领域内，这就决定了技术合同当事人之间的权利义务不是围绕着财产所有权与财产所有权有关的分配来确定的，而是围绕着知识产权由谁享有、如何使用以及由此产生的利益如何分配来确立的。因而在确立这种权利义务关系时，除了要反映商品经济的一般要求外，还应当反映科学技术发展规律的要求，用其特有的原则和规范去调整合同当事人之间产生的种种权利和义务关系。

（二）技术合同的标的是技术成果

关于技术合同的标的，有学者认为是提供技术的行为，有些认为是技术，有些认为是技术成果。王利明教授指出，技术合同的标的应当是技术成果，主要原因在于：一方面，典型的技术合同都需要以技术成果为依托规范当事人的行为，如果没有技术成果的表述，只是泛泛地约定转让或开发技术，则合同的标的就不具有特定性和确定性；另一方面，技术合同本身是为了实现技术成果的商品化和市场化而产生的，其所规范的最终是技术成果的开发、转让等关系。因此《合同法》关于技术合同的规则主要是围绕技术成果展开的。①

财产的形态主要有两类：一类是有形财产，如土地、房屋、机器、粮食等；另一类是无形的知识形态的财产，如专利发明、技术秘密等，它是

---

① 王利明：《合同法研究》（第三卷），中国人民大学出版社 2012 年版，第 556 页。

凝聚人类智慧和创造性劳动的科学技术成果和智力劳动。一般合同的标的是有形的物质形态的财产，如买卖合同、租赁合同、建设工程合同等。而技术合同的标的则是技术成果。其表现形式是多种多样的，既可以表现为某种信息状态，如技术资料、图纸、磁带、软盘等，又可以表现为某种行为，如技术咨询和技术服务等活动。这种无形的知识形态的财产，在生产的方式、价值的确定、主体的占有和控制方式等方面都具有与有形的物质形态的财产不同的特点，并由此决定了技术合同的特点。技术合同标的物的无形是技术合同最重要的特征之一。《最高人民法院关于审理技术合同纠纷案件适用法律若干问题的解释》（以下简称《技术合同司法解释》）第1条规定：技术成果，是指利用科学技术知识、信息和经验作出的涉及产品、工艺、材料及其改进等的技术方案，包括专利、专利申请、技术秘密、计算机软件、集成电路布图设计、植物新品种等。

技术秘密，是指不为公众所知悉、具有商业价值并经权利人采取保密措施的技术信息。

（三）技术合同是诺成合同、双务合同、有偿合同

技术合同因双方当事人的意思表示一致就成立，而不以交付标的物为成立要件，所以是诺成合同。技术合同成立后，当事人双方都负有义务，而且双方的权利义务是相对应的，因此是双务合同。一般来说，技术合同的当事人要取得权利必须要付出一定的代价，因此是有偿合同。

（四）技术合同的主体具有限定性

虽然《合同法》没有对技术合同的主体作出限定，但由于技术合同的标的与技术有关，因此，技术合同的主体有特定要求，即当事人通常至少一方是能够利用自己的技术力量从事技术开发、技术转让、技术服务或技术咨询的组织或自然人。随着技术市场的开放，技术合同的主体也呈现出扩张趋势，各种基金也逐渐作为技术合同的主体而出现，从而使技术合同呈现出多元化的趋势。[①]

[①]　王利明：《合同法研究》（第三卷），中国人民大学出版社2012年版，第558页。

二、技术合同的形式、种类和内容

（一）技术合同的形式

对于技术合同的形式，原来的《技术合同法》第9条规定："技术合同的订立、变更和解除应采用书面形式。"现行《合同法》规定，当事人有权约定技术合同不采用书面形式，而采用口头或者其他形式，但技术转让合同和技术开发合同应采用书面的形式。相对来说，它使得当事人在订立技术合同时在一定范围内有决定合同形式的自由，更多地体现了合同自由原则。

（二）技术合同的种类

技术合同是当事人围绕着技术的开发、利用而确定的权利义务关系的协议，因而依据技术开发、利用的不同方式为标准可以分为多种不同的技术合同。目前主要有四种类型：技术开发合同、技术转让合同、技术咨询合同和技术服务合同。

（三）技术合同的内容

根据《合同法》第324条的规定，技术合同的内容由当事人约定，但无论是哪一种类型的技术合同，一般应包括以下条款：（1）项目名称；（2）标的的内容、范围和要求；（3）履行的计划、进度、期限、地点和方式；（4）技术情报和资料的保密；（5）风险责任的承担；（6）技术成果的归属和分享；（7）验收标准和方法；（8）价款或者报酬及其支付方式；（9）违约金或者损害赔偿的计算方法；（10）解决争议的方法；（11）名词和术语的解释。

与履行合同有关的技术背景资料、可行性论证和技术评价报告、项目任务书和计划书、技术标准、技术规范、原始设计和工艺文件，以及图纸、表格、数据和照片等，按照当事人的约定可以作为合同的组成部分。

技术转让合同涉及专利的，应当注明发明创造的名称、专利申请人和专利权人、申请日期、申请号、专利号以及专利权的有效期限。

三、职务技术成果和非职务技术成果

职务技术成果是执行法人或者其他组织的工作任务，或者主要是利用法人或者其他组织的物质技术条件所完成的技术成果。未执行法人或者其他组织的工作任务，也未利用法人或者其他组织的物质技术条件所完成的技术成果，是非职务技术成果。

确认职务技术成果的标准有两条：一是执行法人或者其他组织的工作任务；二是主要是利用法人或者其他组织的物质技术条件。其中"执行法人或者其他组织的工作任务"包括以下情形：（1）履行法人或者其他组织的岗位职责或者承担其交付的其他技术开发任务；（2）离职后一年内继续从事与其原所在法人或者其他组织的岗位职责或者交付的任务有关的技术开发工作，但法律、行政法规另有规定的除外。另外，需要注意的是，法人或者其他组织与其职工就职工在职期间或者离职以后所完成的技术成果的权益有约定的，人民法院应当依约定确认。"物质技术条件"，包括资金、设备、器材、原材料、未公开的技术信息和资料等。① 合同法第 326 条第 2 款所称"主要利用法人或者其他组织的物质技术条件"，包括职工在技术成果的研究开发过程中，全部或者大部分利用了法人或者其他组织的资金、设备、器材或者原材料等物质条件，并且这些物质条件对形成该技术成果具有实质性的影响；还包括该技术成果实质性内容是在法人或者其他组织尚未公开的技术成果、阶段性技术成果基础上完成的情形。但下列情况除外：（1）对利用法人或者其他组织提供的物质技术条件，约定返还资金或者交纳使用费的；（2）在技术成果完成后利用法人或者其他组织的物质技术条件对技术方案进行验证、测试的。② 另外，尚需注意的是，个人完成的技术成果，属于执行原所在法人或者其他组织的工作任务，又主要利用了现所在法人或者其他组织的物质技术条件的，应当按照该自然人原所在和现所在法人或者其他组织达成的协议确认权益。不能达成协议的，

---

① 参见《技术合同司法解释》第 2 条、第 3 条的规定。
② 参见《技术合同司法解释》第 4 条的规定。

根据对完成该项技术成果的贡献大小由双方合理分享。① 有学者指出，《解释》的进步在于：对于学界争论已久的"主要利用"的含义作出了较为明确具体的回答；同时，《解释》虽然没有明确规定"利用本单位的物质技术条件"既包括次要利用，又包括主要与全部利用，但从该条的但书规定可以推定约定优先：该条规定即使是"主要利用法人或其他组织的物质技术条件"，但对于利用法人或者其他组织提供的物质技术条件约定返还资金或者交纳使用费的，该成果依照约定归属，不作为当然的职务成果。知识产权是私权，尊重知识产权和意思自治既是民商法的基本原则，也是社会发展的趋势。《解释》对"主要利用"从"量"和"质"上进行了明确，但没有从发明本身与单位的关系性质上进一步地明确和限定。因此，我国关于职务发明的适用范围仍显宽泛。②

合同法第326条、第327条所称完成技术成果的"个人"，包括对技术成果单独或者共同作出创造性贡献的人，也即技术成果的发明人或者设计人。人民法院在对创造性贡献进行认定时，应当分解所涉及技术成果的实质性技术构成。提出实质性技术构成并由此实现技术方案的人，是作出创造性贡献的人。提供资金、设备、材料、试验条件，进行组织管理，协助绘制图纸、整理资料、翻译文献等人员，不属于完成技术成果的个人。③

两种技术成果的权属归属不同。职务技术成果的使用权、转让权属于法人或者其他组织的，法人或者其他组织可以就该项职务技术成果订立技术合同。法人或者其他组织应当从使用和转让该项职务技术成果所取得的收益中提取一定比例，对完成该项职务技术成果的个人给予奖励或者报酬。法人或者其他组织订立技术合同转让职务技术成果时，职务技术成果的完成人享有以同等条件优先受让的权利。非职务技术成果的使用权、转让权属于完成技术成果的个人，完成技术成果的个人可以就该项非职务技术成果订立技术合同。

---

① 参见《技术合同司法解释》第5条的规定。
② 陈家宏、张放：《职务发明权属再研究》，载《西南交通大学学报》（哲学社会科学版）2006年第5期，第145页。
③ 参见《技术合同司法解释》第6条的规定。

四、技术合同的无效

目前规范技术合同无效的规则主要体现为《合同法》以及《技术合同司法解释》的有关规定。特别是《技术合同司法解释》关于技术合同无效的规定体现了维护意思自治和交易安全；维护技术市场的公平竞争和科学合理地平衡当事人的利益等价值观念。① 技术合同的无效当然适用《合同法》的一般规范，即该法第 52 条和第 53 条分别规定的合同无效的五种情况和免责条款无效的两种情况。除这些情况以外，《合同法》第 329 条②还规定了技术合同因非法垄断技术、妨碍技术进步或者侵害他人技术成果而无效的两种情况。有学者对该条进行了批评，指出："《合同法》第 329 条将'侵害他人技术成果'的技术合同规定为无效，过多限制了合同当事人本应享有的自由，此为'过'。《合同法》第 329 条将'非法垄断技术、妨碍技术进步'的技术合同规定为无效，尽管已对合同当事人的自由进行了必要的限制，但在限制的范围和限制的力度上仍明显不足，此为'不及'。《合同法》第 329 条集中体现了技术合同领域的合同自由及限制的矛盾，令人困惑地将对有关自由的限制过重以及限制过轻集于一身，致使我国的技术合同无效制度存在'过犹不及'的严重立法缺陷，亟待修改。"该学者还提出了自己的修改建议：首先，撤销该条中"侵害他人技术成果的技术合同无效"的规定，仿照效力待定合同的立法，赋予遭受损害的该特定"他人"以追认权，或者借鉴美国法的做法完全交由当事人双方私法自治。其次，保留该条中"非法垄断技术、妨碍技术进步的技术合同无效"的原则性规定，但在相关《司法解释》中应该增加兜底性条款，并可考虑对因合同无效所引发的民事赔偿问题进行特殊的安排，完全可以确立三倍甚至是三倍以上的惩罚性赔偿制度。③

技术合同因违法垄断技术、妨碍技术进步而无效，主要是由于其与订

---

① 孔祥俊：《技术合同效力的认定与处理》，载《人民法院报》2005 年 1 月 12 日。

② 《合同法》第 329 条规定：非法垄断技术、妨碍技术进步或者侵害他人技术成果的技术合同无效。

③ 王宏军：《我国技术合同无效制度的立法缺陷——评〈合同法〉第 329 条》，载《政治与法律》2008 年第 9 期，第 81 页。

立技术合同应当有利于科学技术的进步、加速科学技术成果的应用和推广的原则直接相违背,从根本上违反了国家扶植技术市场、实行技术合同制度的宗旨。违法垄断技术,妨碍技术进步,主要表现为通过合同条款限制另一方在合同标的技术的基础上进行新的研究开发,限制另一方从其他渠道吸引技术,或者阻碍另一方根据市场的需求,按照合理的方式实施专利和使用非专利技术。《技术合同司法解释》对此作了进一步的明确,其中第 10 条规定了以下六种情形:(1)限制当事人一方在合同标的技术基础上进行新的研究开发或者限制其使用所改进的技术,或者双方交换改进技术的条件不对等,包括要求一方将其自行改进的技术无偿提供给对方、非互惠性转让给对方、无偿独占或者共享该改进技术的知识产权;(2)限制当事人一方从其他来源获得与技术提供方类似技术或者与其竞争的技术;(3)阻碍当事人一方根据市场需求,按照合理方式充分实施合同标的技术,包括明显不合理地限制技术接受方实施合同标的技术生产产品或者提供服务的数量、品种、价格、销售渠道和出口市场;(4)要求技术接受方接受并非实施技术必不可少的附带条件,包括购买非必需的技术、原材料、产品、设备、服务以及接收非必需的人员等;(5)不合理地限制技术接受方购买原材料、零部件、产品或者设备等的渠道或者来源;(6)禁止技术接受方对合同标的技术知识产权的有效性提出异议或者对提出异议附加条件。

根据《合同法》第 329 条规定,"侵害他人技术成果"的技术合同无效。侵害他人技术成果,指侵害另一方或者第三方的专利权、专利申请权、专利实施权、技术秘密使用权和转让权或者发明权、发现权以及其他科技成果权的行为。对于侵害他人技术成果的效力学界和司法实践中并非没有争议。有文章指出:"技术合同纠纷案件的审理要兼顾技术成果权利人的利益和社会公共利益,对侵害他人技术成果的技术合同的效力不能一概而论,这类合同并不是必然无效;当事人事后取得技术成果权利人授权或经技术成果权利人追认的,技术合同有效。否则,技术合同无效。"[1]《技术

① 赵克:《侵害他人技术成果的技术合同的效力》,载《人民司法》(案例版)2012 年第 16 期,第 102 页。

合同司法解释》第 44 条规定："一方当事人以诉讼争议的技术合同侵害他人技术成果为由请求确认合同无效，或者人民法院在审理技术合同纠纷中发现可能存在该无效事由的，人民法院应当依法通知有关利害关系人，其可以作为有独立请求权的第三人参加诉讼或者依法向有管辖权的人民法院另行起诉。"有学者指出本条规定为权利人行使追认权提供了可能。如果真正技术成果权利人追认的，可以认定侵害他人技术成果的技术合同有效；拒绝追认的，合同则无效。①

无效的技术合同，从订立时起就没有法律约束力。但是，技术合同的部分无效，不影响其余部分的效力，其余部分仍然有效。技术合同被确认为无效后，对合同无效负有责任的一方应当赔偿因合同无效给另一方造成的损失，当事人双方对合同无效均负有责任的，各自承担相应的责任。技术合同无效的法律后果，具体依照合同法关于合同无效的有关规定办理。《技术合同司法解释》对技术合同无效的法律效果作了进一步的明确。主要体现在：

第一，技术合同无效或者被撤销后，技术开发合同研究开发人、技术转让合同让与人、技术咨询合同和技术服务合同的受托人已经履行或者部分履行了约定的义务，并且造成合同无效或者被撤销的过错在对方的，对其已履行部分应当收取的研究开发经费、技术使用费、提供咨询服务的报酬，人民法院可以认定为因对方原因导致合同无效或者被撤销给其造成的损失。技术合同无效或者被撤销后，因履行合同所完成新的技术成果或者在他人技术成果基础上完成后续改进技术成果的权利归属和利益分享，当事人不能重新协议确定的，人民法院可以判决由完成技术成果的一方享有（第 11 条）。

第二，根据合同法第 329 条的规定，侵害他人技术秘密的技术合同被确认无效后，除法律、行政法规另有规定的以外，善意取得该技术秘密的一方当事人可以在其取得时的范围内继续使用该技术秘密，但应当向权利人支付合理的使用费并承担保密义务。当事人双方恶意串通或者一方知道

---

① 赵克：《侵害他人技术成果的技术合同的效力》，载《人民司法》（案例版）2012 年第 16 期，第 104 页。

或者应当知道另一方侵权仍与其订立或者履行合同的，属于共同侵权，人民法院应当判令侵权人承担连带赔偿责任和保密义务，因此取得技术秘密的当事人不得继续使用该技术秘密（第12条）。

第三，依照前条第一款规定可以继续使用技术秘密的人与权利人就使用费支付发生纠纷的，当事人任何一方都可以请求人民法院予以处理。继续使用技术秘密但又拒不支付使用费的，人民法院可以根据权利人的请求判令使用人停止使用。人民法院在确定使用费时，可以根据权利人通常对外许可该技术秘密的使用费或者使用人取得该技术秘密所支付的使用费，并考虑该技术秘密的研究开发成本、成果转化和应用程度以及使用人的使用规模、经济效益等因素合理确定。不论使用人是否继续使用技术秘密，人民法院均应当判令其向权利人支付已使用期间的使用费。使用人已向无效合同的让与人支付的使用费应当由让与人负责返还（第13条）。

第二节　技术开发合同

一、技术开发合同的概念、种类和认定

（一）技术开发合同的概念和种类

技术开发合同，是指当事人之间就新技术、新产品、新工艺和新材料及其系统的研究开发所订立的合同。这里所称的新技术、新产品、新工艺、新材料及其系统，是指当事人在订立技术合同时尚未掌握的产品、工艺、材料及其系统等技术方案，不包括在技术上没有创新的现有产品改型、工艺变更、材料配方调整以及技术成果的检验、测试和使用。虽属国外或者国内已有的技术，但当事人不知道或虽然知道但不能获得，在这种情况下也可订立技术开发合同。至于何为研究开发，国内外并无统一的定义。我国合同法上所称的"研究开发"是指根据经济建设的需要，运用科学技术知识，完成新的技术方案的活动，包括探索新发现、创造新发明、开拓新产品等与技术方案有关的活动。"当事人之间就具有产业应用价值的科技成果实施转化订立的"技术转化合同，是指当事人之间就具有实用价值但

尚未实现工业化应用的科技成果包括阶段性技术成果，以实现该科技成果工业化应用为目标，约定后续试验、开发和应用等内容的合同。①

技术开发合同包括委托开发合同和合作开发合同。委托开发合同，是指当事人一方委托另一方进行研究开发所订立的合同。即委托人向研究开发人提供研究开发经费和报酬，研究开发人完成研究开发工作并向委托人交付研究成果。委托开发合同的特征是研究开发人以自己的名义、技术和劳务独立完成研究开发工作，委托人不得非法干涉。合作开发合同，是指当事人各方就共同进行研究开发所订立的合同。即当事人各方共同投资、共同参与研究开发活动、共同承担研究开发风险、共享研究开发成果。合作开发合同的各方以共同参加研究开发中的工作为前提，可以共同进行全部研究开发工作，也可以约定分工，分别承担相应的部分。当事人一方仅提供资金、设备、材料等物质条件或者承担辅助协作事项，由另一方进行研究开发工作的合同，是委托开发合同。

（二）技术开发合同的认定

技术合同的认定需要首先从把握技术合同的特点出发，技术开发合同除具有技术合同的一般特点外，还具有如下法律特点：

1. 技术开发合同的标的是具有创造性的技术成果

技术开发合同的标的是一种技术成果，即新技术、新产品、新工艺和新材料及其系统。其为在订立合同时尚未掌握、不存在的成果，只有经过研究开发的创造性科技活动才能取得。

2. 技术开发合同的当事人共担风险

技术开发合同的技术成果的取得具有一定的或然性。如果研究开发的课题在现有技术水平下具有足够的难度，即使研究开发人做了最大的努力也可能失败。这种失败属于技术开发合同的风险，应由研究开发双方共担，当然，当事人也可以约定风险责任的承担。

3. 技术开发合同是要式合同

根据《合同法》规定，技术开发合同应当采取书面形式，因此是要式

---

① 《技术合同司法解释》第18条。

合同。技术开发合同较为复杂，为正确履行合同和合理解决合同纠纷，技术合同应该采取书面形式。

司法实践中，我国目前技术开发合同的认定主要依据是《技术合同认定规则》。根据《技术合同认定规则》的有关规定，技术开发合同认定的三个基本条件是：有明确、具体的科学研究和技术开发目标；合同标的为当事人在订立合同时尚未掌握的技术方案；研究开发工作及其预期成果有相应的技术创新内容（第21条）。例如，小试、中试技术成果的产业化开发项目；技术改造项目；成套技术设备和试验装置的技术改进项目；引进技术和设备消化、吸收基础上的创新开发项目；信息技术的研究开发项目，包括语言系统、过程控制、管理工程、特定专家系统、计算机辅助设计、计算机集成制造系统等，但软件复制和无原创性的程序编制的除外；自然资源的开发利用项目；治理污染、保护环境和生态项目；其他科技成果转化项目。但是，属一般设备维修、改装、常规的设计变更及其已有技术直接应用于产品生产的，不属于技术开发合同（第23条）。下列合同不属于技术开发合同：合同标的为当事人已经掌握的技术方案，包括已完成产业化开发的产品、工艺、材料及其系统；合同标的为通过简单改变尺寸、参数、排列，或者通过类似技术手段的变换实现的产品改型、工艺变更以及材料配方调整；合同标的为一般检验、测试、鉴定、仿制和应用（第24条）。

二、委托开发合同

委托开发合同，是指当事人一方按照另一方要求完成约定的研究开发工作，另一个当事人接受研究开发成果并支付报酬的协议。完成工作的当事人称为研究开发人（或受托人），接受研究开发成果的当事人称为委托人。《技术合同司法解释》第19条规定："合同法第三百三十五条所称'分工参与研究开发工作'，包括当事人按照约定的计划和分工，共同或者分别承担设计、工艺、试验、试制等工作。技术开发合同当事人一方仅提供资金、设备、材料等物质条件或者承担辅助协作事项，另一方进行研究开发工作的，属于委托开发合同。"

（一）当事人的主要义务

委托人的主要义务有：（1）按照合同约定支付研究开发经费报酬；（2）按照合同约定提供技术资料、原始数据并完成协作事项；（3）按期接受研究开发成果。

研究开发人的主要义务有：（1）按照约定制订和实施研究开发计划；（2）合理使用研究开发费用；（3）按时完成开发工作，交付研究开发成果，提供有关的技术资料和必要的技术指导，帮助委托方掌握开发成果。

（二）当事人的违约责任

委托人违反约定造成研究开发工作停滞、延误或者失败的，应当承担违约责任。研究开发人违反约定造成研究开发工作停滞、延误或者失败的，应当承担违约责任。

三、合作开发合同

所谓合作开发合同，是指两个或两个以上的公民或法人，为完成一定的研究开发工作，当事人各方共同投资，共同参与研究开发，共享成果，并且共担风险的协议。

（一）合作开发合同各方当事人的义务

（1）当事人各方按照合同的约定进行投资，包括以技术进行投资；（2）当事人各方按照合同约定的分工参与研究开发工作；（3）合作各方相互之间协作配合。

（二）当事人不履行合同的责任

合作开发的各方当事人，任何一方违反合同，造成研究开发工作停滞、延误或者失败的，应当承担违约责任。

四、技术开发合同风险责任的承担

《合同法》第 338 条规定："技术开发合同履行过程中，因出现无法克服的技术困难，致使研究开发失败或者部分失败的，该风险责任由当事人约定。没有约定或者约定不明确的，依照本法第 61 条的规定仍不能确定的，风险责任由当事人合理分担。""当事人一方发现前款规定的可能致使研究开发失败或者部分失败的情形时，应当及时通知另一方并采取适当措施减少损失。没有及时通知并采取适当措施，致使损失扩大的，应当就扩大的损失承担责任。"这是合同法针对技术开发合同的特殊性而对其风险责任的规定。

五、技术成果的归属和分享

技术开发合同的特征是当事人的权利与义务关系存在于开拓未知的技术领域、解决新的技术课题的过程之中。在履行合同的过程中产生的发明和其他技术成果归谁所有，如何使用和怎样分配，在技术开发合同中是十分重要的问题。根据《合同法》的规定，履行技术开发合同所完成的技术成果的归属和分享原则是：

（一）委托开发人完成的发明创造，除当事人另有约定的以外，申请专利的权利属于研究开发人

研究开发人取得专利权的，委托人可以免费实施该专利。研究开发人转让专利申请权的，委托人可以优先受让专利申请权。

（二）合作开发所完成的发明创造，除当事人另有约定的以外，申请专利的权利属于使用开发的当事人共有

一方转让其共有的专利申请权的，其他各方可以优先受让其共有的专利申请权。合作开发的当事人一方声明放弃其共有的专利申请权的，可以由另一方单独申请或者由其他各方共同申请。申请人取得专利权的，放弃专利申请权的一方可以免费实施该项专利。合作开发的当事人一方不同意申请专利的，另一方或者其他各方不得申请专利。

（三）委托开发或者合作开发所完成的非专利技术成果的使用权、转让权以及利益的分配办法，由当事人约定

没有约定或者约定不明确的，依照《合同法》第 61 条的规定仍不能确定的，当事人均有使用和转让的权利，但是，委托开发的研究开发人不得在向委托人交付研究开发成果以前，将研究开发成果转让给第三人。

（四）委托开发或者合作开发完成的技术秘密成果的使用权、转让权以及利益的分配办法

委托开发或者合作开发完成的技术秘密成果的使用权、转让权以及利益的分配办法，由当事人约定。没有约定或者约定不明确，依照本法第61条的规定仍不能确定的，当事人均有使用和转让的权利，但委托开发的研究开发人不得在向委托人交付研究开发成果之前，将研究开发成果转让给第三人（《合同法》第341条）。《合同法》第341条所称"当事人均有使用和转让的权利"，包括当事人均有不经对方同意而自己使用或者以普通使用许可的方式许可他人使用技术秘密，并独占由此所获利益的权利。当事人一方将技术秘密成果的转让权让与他人，或者以独占或者排他使用许可的方式许可他人使用技术秘密，未经对方当事人同意或者追认的，应当认定该让与或者许可行为无效（《技术合同司法解释》第20条）。

第三节 技术转让合同

一、技术转让合同的概念、种类和认定

（一）技术合同的概念和种类

技术转让合同是指当事人就专利权转让、专利申请权转让、专利实施许可、技术秘密的转让所订立的合同。依照技术转让合同，一方当事人应将一定的技术成果转让给另一方当事人，另一方当事人接受技术成果，并支付一定的价款或者费用。其中，交付技术成果的一方成为让与人，接受技术成果并支付报酬的一方称为受让人。在现代社会，技术转让合同的推广有助于促进科技成果的转化，也有利于科技进步，实现资源的优化配置。①

技术转让合同主要有以下种类：（1）专利权转让合同。是指一方当事人（让与方）将其发明创造专利权转让受让方，受让方支付相应价款而订

---

① 王利明：《合同法研究》（第三卷），中国人民大学出版社2012年版，第589页。

立的合同。（2）专利申请权转让合同。是指一方当事人（让与方）将其就特定的发明创造申请专利的权利转让受让方，受让方支付相应价款而订立的合同。（3）专利实施许可合同。是指一方当事人（让与方、专利权人或者其授权的人）许可受让方在约定的范围内实施专利，受让方支付相应的使用费而订立的合同。（4）技术秘密转让合同。是指一方当事人（让与方）将其拥有的技术秘密提供给受让方，明确相互之间技术秘密使用权、转让权，受让方支付相应使用费而订立的合同。

（二）技术转让合同的认定

对技术转让合同的认定首先要从技术转让合同的一般特点出发，技术转让合同除具有技术合同的一般特点外，还具有如下特点：

1. 技术转让合同的标的是现有技术成果

作为技术转让合同标的的技术成果必须是现有的、能够为某人独占或者不具有公开性，能够在生产经营中产生经济效益的技术。尚待研究开发的技术成果或者不涉及专利或者非专利技术成果权属的知识、技术、经验和信息等，不能成为技术转让合同的标的。这是技术转让合同与技术开发合同的重要区别。

2. 技术转让合同转移的是技术成果的使用权或所有权等权利

在技术转让合同中，受让人的目的都是为了能够利用被转移的技术，即取得转让技术的独占权和使用权。但技术转让合同所转移的权利性质，因技术转让合同的种类不同而有所不同。在专利权转让合同和技术秘密转让合同中所转移的是专利权中的财产权；在专利实施许可合同中，让与人所转移的是专利权的使用权；在专利申请权转让合同中，让与人所转移的是专利申请权。

3. 技术转让合同是要式合同

根据《合同法》的规定，技术转让合同应当采取书面形式。因此，技术转让合同与技术开发合同一样，都属于要式合同。

司法实践中认定技术转让合同的法律依据主要有《最高人民法院关于审理技术合同纠纷案件适用法律若干问题的解释》和《技术合同认定规则》。"技术转让合同"，是指合法拥有技术的权利人，包括其他有权对外转让技术的人，将现有特定的专利、专利申请、技术秘密的相关权利让与他人，或者许可他人实施、使用所订立的合同。但就尚待研究开发的技术成果或者不涉及专利、专利申请或者技术秘密的知识、技术、经验和信息所订立的合同除外。

技术转让合同中关于让与人向受让人提供实施技术的专用设备、原材料或者提供有关的技术咨询、技术服务的约定，属于技术转让合同的组成部分。因此发生的纠纷，按照技术转让合同处理。当事人以技术入股方式订立联营合同，但技术入股人不参与联营体的经营管理，并且以保底条款形式约定联营体或者联营对方支付其技术价款或者使用费的，视为技术转让合同。① 技术转让合同的认定条件是：（1）合同标的为当事人订立合同时已经掌握的技术成果，包括发明创造专利、技术秘密及其他知识产权成果；（2）合同标的具有完整性和实用性，相关技术内容应构成一项产品、工艺、材料、品种及其改进的技术方案；（3）当事人对合同标的有明确的知识产权权属约定（《技术合同认定规则》第26条）。当事人就植物新品种权转让和实施许可、集成电路布图设计权转让与许可订立的合同，按技术转让合同认定登记（第27条）。

二、技术转让合同订立的规则

技术转让合同当事人可以根据具体情况对双方的权利义务进行约定。但是，这种约定必须符合有关的规则。依照《合同法》第343条的规定，技术转让合同可以约定让与人和受让人实施专利或者使用技术秘密的范围，但不得限制技术竞争和技术发展。这里的实施专利或者使用非专利技术的范围是指实施专利的期限、实施专利或者使用非专利技术的地区和方式。这种范围的约定不得限制技术竞争和技术发展，这是由技术合同的订立应当有利于科学技术的进步，加速科学技术的应用和推广的原则所决定的。违反这一原则，违法垄断技术、妨碍技术进步的技术转让合同是无效的。

---

① 参见《最高人民法院关于审理技术合同纠纷案件适用法律若干问题的解释》第22条。

三、技术转让合同的种类

(一) 专利权转让合同

专利权转让合同,是指专利权人作为转让人将其发明创造专利的所有权或持有权转交受让人,受让人支付约定价款而订立的合同。根据专利权转让合同,受让人向转让人支付约定的价款后,成为新的专利权人,享受实施该项发明创造的排他性;原专利权人就失去了专利的所有权或持有权。

(二) 专利申请权转让合同

专利申请权转让合同,是指转让人将其就特定的发明创造申请专利的权利移交受让人,受让人支付约定价款而订立的合同。

(三) 技术秘密转让合同

技术秘密转让合同,是指转让人将拥有的技术秘密提供给受让方,明确相互之间非专利技术成果的使用权、转让权,受让人支付约定使用费所订立的合同。

技术秘密转让合同的让与人应当按照约定提供技术资料,进行技术指导,保证技术的实用性、可靠性,并承担保密义务。

技术秘密转让合同的受让人应当按照约定使用技术,支付使用费,并承担保密义务。

(四) 专利实施许可合同

专利实施许可合同,是指专利权人或者其授权的人作为转让人许可受让人在约定的范围内实施专利,受让人支付约定使用费所订立的合同。

专利实施许可合同只在该专利权的存续期间内有效。专利权有效期限届满或者专利权被宣布无效的,专利权人不得就该专利与他人订立专利实施许可合同。

《合同法》第 345 条规定:"专利实施许可合同的让与人应当按照约定许可受让人实施专利,交付实施专利有关的技术资料,提供必要的技术指导。"

《合同法》第 346 条规定:"专利实施许可合同的受让人应当按照约定

实施专利，不得许可约定以外的第三人实施该专利；并按照约定支付使用费。"

（五）技术引进合同

技术引进合同是指中国境内的当事人（受让人）提供贸易或经济技术合作的途径，从中国境外的当事人（受让人）引进技术而订立的合同。这显然是从我国作为技术进口的角度来说的。从国际角度来看，技术引进合同属于国际技术转让合同。《合同法》对该合同未作详细规定。

四、技术转让合同的效力

（一）让与人的义务

技术转让合同的让与人应当保证自己是所提供的技术的合法拥有者，并且保证所提供的技术完整、无误、有效，能够达到约定的目标。让与人未按照约定转让技术的，应当返还部分或者全部使用费，并且应当承担违约责任；实施专利或者使用技术秘密超越约定的范围的，违反约定擅自许可第三人实施该项专利或者使用该项技术秘密的，应当停止违约行为，承担违约责任；违反约定的保密义务的，应当承担违约责任。受让人按照约定实施专利、使用技术秘密侵害他人合法权益的，由让与人承担责任，但当事人另有约定的除外。

（二）受让人的义务

技术转让合同的受让人应当按照合同的约定支付使用费。同时，还应当按照约定的范围和期限，对让与人提供的技术中尚未公开的秘密部分，承担保密义务。

受让人未按照约定支付使用费的，应当补交使用费并按照约定支付违约金；不补交使用费或者支付违约金的，应当停止实施专利或者使用技术秘密，交还技术资料，承担违约责任；实施专利或者使用技术秘密超越约定的范围的，未经让与人同意擅自许可第三人实施该专利或者使用该技术秘密的，应当停止违约行为，承担违约责任；违反约定的保密义务的，应当承担违约责任。

五、后续改进的技术成果的归属

《合同法》第354条规定："当事人可以按照互利的原则，在技术转让合同中约定实施专利、使用技术秘密后续改进的技术成果的分享办法。没有约定或者约定不明确，依照本法第61条的规定仍不能确定的，一方后续改进的技术成果，其他各方无权分享。"后续改进，是指在技术转让合同有效期内，一方或双方对作为合同标的的专利技术或者技术秘密成果所作的革新和改良。技术转让合同的订立和履行，不仅实现了现有技术的转移、推广和应用，而且也是当事人进行改良、革新和进行新的研究开发的基础。合同订立后，当事人一方或者双方在技术转让合同标的技术的基础上作出创新和改良是常见的现象。这种创新和改良推动了科学技术迅速发展。①

第四节　技术咨询合同和技术服务合同

一、技术咨询合同

（一）技术咨询合同的概念与特点

技术咨询合同，是指当事人一方为另一方就特定技术项目提供可行性论证、技术预测、专题技术调查、分析评价报告所订立的合同。在技术咨询合同中，需要技术帮助的一方称委托人，提供技术帮助的一方称受托人。

技术咨询合同具有如下法律特点：

（1）技术咨询合同的标的是技术性劳务成果

当事人订立技术咨询合同的目的，不是为了研究开发新的技术成果，也不是为了转让现有的技术，而是为了就特定的技术项目进行分析、论证、评价、预测和调查，即提供技术服务。

---

① 胡康生：《中华人民共和国合同法释义》，法律出版社2010年版，第522页。

（2）技术咨询合同是不要式合同

跟技术开发合同、技术转让合同不同，《合同法》没有规定技术咨询合同应当采取书面形式。因此，技术咨询合同是不要式合同。

（二）技术咨询合同当事人的主要义务

1. 委托人的主要义务

（1）按照合同约定阐明咨询的问题，提供技术背景材料及有关技术资料、数据。

（2）接受受托人的工作成果，支付报酬。

（3）技术服务合同的委托人应当按照约定提供工作条件，完成配合事项，接受工作成果并支付报酬。

2. 受托人的主要义务

（1）按照约定的期限完成咨询报告或者解答问题。

（2）提出的咨询报告达到约定的要求。

（3）技术服务合同的受托人应当按照约定完成服务项目，解决技术问题，保证工作质量，并传授解决技术问题的知识。

（三）技术咨询合同当事人不履行合同的责任

根据《合同法》第359条规定，技术咨询合同的委托人未按照约定提供必要的资料和数据，影响工作进度和质量，支付的报酬不得追回，未付的报酬应当如数支付。

技术咨询合同的受托人未按期提出咨询报告或者提出的咨询报告不符合约定的，应当承担减收或者免收报酬等违约责任。

技术咨询合同的委托人按照受托人符合约定要求的咨询报告和意见作出决策所造成的损失，由委托人承担，但当事人另有约定的除外。

（四）当事人的违约责任

1. 委托人的违约责任

技术咨询合同的委托人未按照约定提供需要的材料和数据，影响工作进度和质量的，支付的报酬不得追回，未付的报酬约定如数支付。

2. 受托人的违约责任

根据《合同法》第 359 条第 2 款的规定，技术咨询合同的受托人未按期提出咨询报告或者提出的咨询报告不符合约定的承担减收或者免收报酬等违约责任。

二、技术服务合同

（一）技术服务合同的概念

技术服务合同，是指当事人一方以技术知识为另一方解决特定技术问题所订立的合同。

这里所称的特定技术问题，是指需要运用科学技术知识解决专业技术工作中有关改进产品结构、改良工艺流程、提高产品质量、降低产品成本、节约资源能耗、保护资源环境、实现安全操作、经济效益和社会效益等问题。例如，服务方为委托方进行产品设计、工程计算、产品及材料鉴定等科技活动。至于以常规手段或者为生产经营目的进行一般加工、定作、修理、广告、印刷、测绘、标准化测试等订立的加工承揽合同和建设工程的勘察、设计、施工、安装合同中，虽然也有一定的技术服务问题，但它们所反映的主要是物质形态商品的生产和交换关系，而不是知识形态商品的生产和交换关系，因而不属于技术服务合同的范畴。

（二）技术服务合同当事人的主要义务

1. 委托人的主要义务

（1）按照合同约定为受托人提供工作条件，完成配合事项。

（2）按期接受受托人提供的工作成果，并支付报酬。

2. 受托人的主要义务

按照约定完成服务项目，解决技术问题，保证工作质量，并传授解决技术问题的知识。

（三）技术服务合同当事人不履行合同的责任

《合同法》第 362 条规定："技术服务合同的委托人不履行合同义务或者履行合同义务不符合约定，影响工作进度和质量，不接受或者逾期接受工作成果的，支付的报酬不得追回，未支付的报酬应当支付。技术服务合同的受托人未按照合同约定完成服务工作的，应当承担免收报酬等违约责任。"

三、新技术成果的归属

根据《合同法》第363条规定，在技术咨询合同、技术服务合同履行过程中，受托人利用委托人提供的技术资料和工作条件完成的新的技术成果，属于受托人。委托人利用受托人的工作成果完成的新的技术成果，属于委托人。当事人另有约定的，按照其约定。

参考文献

一、著作类

1. 易军、宁红丽：《合同法分则制度研究》，人民法院出版社 2003 年版。

2. 黄茂荣：《买卖法》，中国政法大学出版社 2002 年版。

3. 王利明：《合同法研究》（第三卷），中国人民大学出版社 2012 年版。

4. 陈小君主编：《合同法学》，高等教育出版社 2003 年版。

5. 郭明瑞、房绍坤：《新合同法原理》，中国人民大学出版社 2000 年版。

6. 郭明瑞、王轶：《合同法新论·分则》，中国政法大学出版社 1997 年版。

7. 史尚宽：《债法各论》，中国政法大学出版社 2000 年版。

8. 崔建远主编：《新合同法原理与案例评释》，吉林大学出版社 1999 年版。

9. 李永军：《合同法》，法律出版社 2010 年版。

10. 邱聪智：《新订债法各论》（上），中国人民大学出版社 2006 年版。

11. 李双元主编：《比较民法学》，武汉大学出版社 1998 年版。

12. 最高人民法院民事审判第二庭编著：《最高人民法院关于买卖合同

司法解释理解与适用》，人民法院出版社 2012 年版。

13. 胡康生主编：《中华人民共和国合同法释义》，法律出版社 2009 年版。

14. 奚晓明主编：《最高人民法院关于融资租赁司法解释的理解与适用》，人民法院出版社 2014 年版。

15. 王旭光：《建筑工程优先受偿权制度研究——合同法第 286 条的理论与实务》，人民法院出版社 2010 年版。

16. 龙翼飞等：《合同法教程》，法律出版社 2008 年版。

17. 邱聪智：《新订债法各论》（中），中国人民大学出版社 2006 年版。

18. 隋彭生：《合同法要义》，中国人民大学出版社 2011 年版。

19. 崔建远：《合同法》，北京大学出版社 2012 年版。

20. 杨立新：《债与合同法》，法律出版社 2012 年版。

21. 谢怀栻等：《合同法原理》，法律出版社 2000 年版。

22. 田涛：《千年契约》，法律出版社 2012 年版。

23. 朱伯玉、苑全耀、徐德臣编著：《合同法学》，群众出版社 2011 年版。

24. ［日］我妻荣：《债法各论》（中卷一），徐进、李又又译，中国法制出版社 2008 年版。

25. ［美］查尔斯·费里德：《契约即允诺》，郭悦译，北京大学出版社 2006 年版。

二、论文类

1. 王利明：《典型合同立法的发展趋势》，载《法制与社会发展》2014 年第 2 期。

2. 屈茂辉：《论无名合同及其法律适用》，载《人民法院报》2000 年 11 月 4 日。

3. 王利明：《所有权保留制度若干问题探讨——兼评〈买卖合同司法解释〉相关规定》，载《法学评论》2014 年第 1 期。

4. 李永军：《所有权保留制度的比较法研究——我国立法、司法解释和学理上的所有权保留评述》，载《法学论坛》2013 年第 6 期。

5. 宁红丽：《分期付款买卖法律条款的消费者保护建构》，载《华东政法大学学报》2013 年第 2 期。

6. 郭富青：《建立我国拍卖法律制度初探》，载《法商研究》1995 年第 1 期。

7. 陈小君、易军：《论我国合同法上赠与合同的性质》，载《法商研究》2001 年第 1 期。

8. 柴振国、史新章：《所有权保留若干问题研究》，载《中国法学》2003 年第 4 期。

9. 李玫：《买卖合同的当事人资格》，载《法学研究》1999 年第 2 期。

10. 《最高人民法院民二庭庭长宋晓明就〈最高人民法院关于审理买卖合同纠纷案件适用法律问题的解释〉答记者问》，载《人民法院报》2012 年 6 月 6 日。

11. 宁红丽：《论我国买卖合同的标的物范围——以〈买卖合同司法解释〉为主要分析对象》，载《宁夏社会科学》2013 年第 5 期。

12. 姚欢庆、陈亚飞：《买卖合同若干法律问题研究》，载《浙江社会科学》2002 年第 6 期。

13. 姜凤武、贾宏斌：《不动产交易中无权处分合同的效力——兼评买卖合同司法解释第 3 条》，载《人民司法》（应用版）2012 年第 17 期。

14. 翟云岭：《论凭样品买卖》，载《法学》2004 年第 1 期。

15. 隋彭生：《论试用买卖的预约属性》，载《政治与法律》2010 年第 4 期。

16. 吴志忠：《论我国〈合同法〉有关试用买卖规定的完善》，载《暨南学报》（哲学社会科学版）2008 年第 6 期。

17. 章志远：《公用事业特许经营及其政府规制》，载《法商研究》2007 年第 2 期。

18. 屈茂辉、张红：《继续性合同：基于合同法理与立法技术的多重考量》，载《中国法学》2010 年第 4 期。

19. 何秉群：《合同法应明确赠与合同为实践合同》，载《河北法学》

1998 年第 3 期。

20. 宁红丽：《分期付款买卖法律条款的消费者保护建构》，载《华东政法大学学报》2013 年第 2 期。

21. 周江洪：《特殊动产多重买卖之法理——〈买卖合同司法解释〉第 10 条评析》，载《苏州大学学报》2013 年第 4 期。

22. 刘保玉：《论多重买卖的法律规制——兼评〈买卖合同司法解释〉第 9、10 条》，载《法学论坛》2013 年第 6 期。

23. 唐敏：《反思与重构：电网企业强制缔约义务立法完善研究》，载《华东电力》2009 年第 7 期。

24. 唐明：《试论赠与合同的立法及司法实践》，载《中国法学》1999 年第 5 期。

25. 薛文成：《关于赠与合同的几个问题》，载《清华大学学报》（哲学社会科学版）1999 年第 5 期。

26. 陈小君、易军：《论我国合同法上赠与合同的性质》，载《法商研究》2001 年第 1 期。

27. 丁寿兴、王俊：《附义务赠与合同的性质及法律后果》，载《人民法院报》2004 年 3 月 26 日。

28. 宁红丽：《附义务赠与合同的法律构造》，载《江海学刊》2013 年第 5 期。

29. 王文军：《论赠与合同的任意撤销》，载《法学论坛》2010 年第 6 期。

30. 姬新江、赵家琪：《对赠与合同撤销的法律思考》，载《暨南学报》（人文科学与社会科学版）2004 年第 4 期。

31. 刘定华等：《借款合同三论》，载《中国法学》2000 年第 6 期。

32. 宁红丽：《借款合同性质的厘定》，载《社会科学研究》2012 年第 4 期。

33. 孙永全：《租赁合同在审判实践中的问题研究》，载《山东审判》2005 年第 3 期。

34. 陈界融：《承租人优先购买权法律性质研究》，载《北京航空航天大学学报》（社会科学版）2013 年第 2 期。

35. 冉克平：《论房屋承租人的优先购买权——兼评最高人民法院房屋租赁合同司法解释第 21—24 条》，载《法学评论》2010 年第 4 期。

36. 魏秀玲：《出租房屋承租人优先购买权法律问题之探讨》，载《政法论坛》2003 年第 3 期。

37. 张洪波：《优先购买权在民法体系中的定位》，载《烟台大学学报》（哲学社会科学版）2002 年第 3 期。

38. 范李瑛：《房屋承租人优先购买权的几个问题》，载《法学论坛》2007 年第 4 期。

39. 常鹏翱：《论优先购买权的行使要件》，载《当代法学》2013 年第 6 期。

40. 雷继平、原爽、李志刚：《交易实践与司法回应：融资租赁合同若干法律问题——〈最高人民法院关于审理融资租赁合同纠纷案件适用法律问题的解释〉解读》，载《法律适用》2014 年第 4 期。

41. 郭洁：《承揽合同若干法律问题研究》，载《政法论坛》2000 年第 6 期。

42. 崔建远：《承揽合同四论》，载《河南省政法管理干部学院学报》2010 年第 2 期。

43. 张继承：《论建设工程合同规范定位的嬗变及完善》，载《时代法学》2013 年第 1 期

44. 李志国：《建筑工程合同并入承揽合同是契约精神的理性回归》，载《学术交流》2010 年第 11 期。

45. 王建东、王亚敏：《建设工程合同的主体资格》，载《政法论坛》2007 年第 4 期。

46. 张巍：《建设工程承包人优先受偿权之功能研究》，载《北大法律评论》2005 年第 7 卷第 1 辑。

47. 王建东：《评〈合同法〉第 286 条》，载《中国法学》2003 年第 2 期。

48. 梁慧星：《合同法第二百八十六条的权利性质及其适用》，载《人

民法院报》2000 年 12 月 1 日。

49. 余能斌、范中超：《论法定抵押权——对〈合同法〉第 286 条之解释》，载《法学评论》2002 年第 2 期。

50. 温世扬：《建设工程优先权及其适用》，载《法制日报》2000 年 10 月 22 日。

51. 梅夏英：《不动产优先权与法定抵押权的立法选择》，载《法律适用》2005 年第 2 期。

52. 张长青：《关于货物运输合同法律特征的探讨》，载《物流技术》2010 年 7 月刊。

53. 宁红丽：《论我国保管合同制度的法律适用》，载《暨南学报》（哲学社会科学版）2008 年第 6 期。

54. 王卉、郭嗣彦：《浅谈行纪人的介入权》，载《湖北社会科学》2000 年第 6 期。

55. 李亮：《论行纪人的介入权》，载《求实》2001 年第 11 期。

56. 税兵：《居间合同中的双边道德风险——以"跳单"现象为例》，载《法学》2011 年第 11 期。

57. 蒋蕾：《媒介居间合同是否履行的认定》，载《人民法院报》2012 年 11 月 21 日。

58 周江洪：《"上海中原物业顾问有限公司诉陶德华居间合同纠纷案"评释》，载《浙江社会科学》2013 年第 1 期。

59. 隋彭生：《居间合同委托人的任意解除权及"跳单"——以最高人民法院指导案例 1 号为例》，载《江淮论坛》2012 年第 4 期。

三、法律法规、司法解释类

1. 中华人民共和国合同法

2. 最高人民法院关于适用《中华人民共和国合同法》若干问题的解释（一）

3. 最高人民法院关于适用《中华人民共和国合同法》若干问题的解释（二）

4. 最高人民法院关于审理买卖合同纠纷案件适用法律问题的解释

5. 最高人民法院关于审理商品房买卖合同纠纷案件适用法律若干问题的解释

6. 最高人民法院关于人民法院审理借贷案件的若干意见

7. 最高人民法院关于审理城镇房屋租赁合同纠纷案件具体应用法律若干问题的解释

8. 最高人民法院关于审理融资租赁合同纠纷案件适用法律问题的解释

9. 最高人民法院关于审理建设工程施工合同纠纷案件适用法律问题的解释

10. 最高人民法院关于建设工程价款优先受偿权问题的批复

11. 最高人民法院关于审理技术合同纠纷案件适用法律若干问题的解释

12. 技术合同认定规则

13. 最高人民法院关于审理涉及国有土地使用权合同纠纷案件适用法律问题的解释

14. 最高人民法院关于审理涉及农村土地承包纠纷案件适用法律问题的解释

15. 中华人民共和国民法通则

16. 最高人民法院关于适用《中华人民共和国民法通则》若干问题的意见

责任编辑:宫 共

封面设计:徐   晖

图书在版编目(CIP)数据

合同法分则研究/朱伯玉,管洪彦 著. -北京:人民出版社,2014.9

ISBN 978 - 7 - 01 - 013919 - 7

I.①合… Ⅱ.①朱…②管… Ⅲ.①合同法-分则-研究-中国 Ⅳ.①D923.64

中国版本图书馆 CIP 数据核字(2014)第 203131 号

合同法分则研究

HETONGFA FENZE YANJIU

朱伯玉 管洪彦 著

人 民 出 版 社 出版发行

(100706 北京市东城区隆福寺街 99 号)

北京瑞古冠中印刷厂印刷 新华书店经销

2014 年 9 月第 1 版 2014 年 9 月北京第 1 次印刷

开本:710 毫米×1000 毫米 1/16 印张:17

字数:260 千字

ISBN 978 - 7 - 01 - 013919 - 7 定价:46.00 元

邮购地址 100706 北京市东城区隆福寺街 99 号

人民东方图书销售中心 电话 (010)65250042 65289539